教育评估文库

ZHONGWAI HEZUO BANXUE RENZHENG
TIXI DE GOUJIAN YU YUNZUO

中外合作办学认证体系的构建与运作

上海市教育评估院　组织编写

张民选　李亚东等　编著

高等教育出版社·北京
HIGHER EDUCATION PRESS　BEIJING

内容简介

本书是在"中外合作办学认证体系研究"课题研究的基础上形成的,其成果曾获上海市第九届教育科学研究成果奖一等奖。通过案例分析了教育输入方和教育输出方以及国际性、区域性组织进行跨境教育质量保障的做法,并详细介绍了美国教育认证体制及具体方法;在了解我国中外合作办学规范管理和质量监控的现状和问题的基础上,以上海为例介绍了行政部门加强中外合作办学监管的可贵探索;借鉴国外经验并立足我国现状,系统构建了中外合作办学质量保障的宏观框架,并深入研究了中外合作办学的认证体系、质量标准;以上海进行中外合作办学认证的实践为案例,全面介绍具体制度建设、程序设置、实施办法以及经验与成效,进而就中外合作办学认证加强国际交流与合作提出了建议和努力的方向。前瞻性、创新性、应用性和可操作性是本书的显著特点,值得教育管理者、中外合作办学者、教育评估研究人员及专家阅读和参考。

图书在版编目(CIP)数据

中外合作办学认证体系的构建与运作/张民选等编著.—北京:高等教育出版社,2010.1

(教育评估文库/上海市教育评估院组织编写)

ISBN 978 – 7 – 04 – 028298 – 6

Ⅰ.①中… Ⅱ.①张… Ⅲ.①高等教育 – 国际合作 – 教育质量 – 质量管理 – 研究 – 中国、外国 Ⅳ.①G648.9

中国版本图书馆 CIP 数据核字(2009)第 243475 号

出版发行	高等教育出版社		购书热线	010 – 58581118
社　　址	北京市西城区德外大街 4 号		咨询电话	400 – 810 – 0598
邮政编码	100120		网　　址	http://www.hep.edu.cn
总　　机	010 – 58581000			http://www.hep.com.cn
			网上订购	http://www.landraco.com
经　　销	蓝色畅想图书发行有限公司			http://www.landraco.com.cn
印　　刷	中原出版传媒投资控股集团		畅想教育	http://www.widedu.com
	北京汇林印务有限公司			
开　　本	787 × 1092　1/16		版　　次	2010 年 1 月第 1 版
印　　张	16.5		印　　次	2010 年 1 月第 1 次印刷
字　　数	320 000		定　　价	35.00 元

物料号　28298 – 00

建立科学的教育评估理论
——《教育评估文库》总序

　　教育评估不外乎由家庭、社会、政府或是由受教者、育人者、专家学者,或是对学生、教师、设施、课程等的微观性评估,或是对教育过程、教育内容、教育效果、教育策略等的宏观性评估。其范围之广与教育步步相应。就评估本身而言,又涉及评估标准、评估人员、评估方法、评估技术、评估结果、评估自身估计等诸多内容,并涉及许多学科和技术。但评估不外乎是运用各种合理的手段对教育的各方面进行评估,以发现优良之举,找出不足之处,继而以公布排名、分级或评估分析报告的形式让公众知晓,以供选学之用;让教育方得知,以改进教学;让政府了解,以供决策之依据。

　　教育的重要性决定了人们对教育评估的关注度。目前,世界上许多国家都有专门的评估机构,国际上还成立了国际高等教育质量保障组织联盟(INQAAHE),亚太地区也成立了教育质量保障组织联盟(APQN),每年召开会议研讨教育评估的开展。

　　教育管理结构科学化决定了世界上大部分国家和地区教育管理和服务的"1+3"形式,即政府教育主管部门加上教育科学研究、教育评估和教育考核。我国许多省市自 20 世纪 90 年代中期开始就形成了这样的科学框架,并发挥了很好的作用。

　　教育本身的开放性和当今国际交流的发展要求每个国家和地区的教育要参与到相应的国际活动中去,并提出有水平的建议,共同提高教育水平。教育评估也是如此。

　　上海市教育评估院成立于 2000 年,前身是成立于 1996 年的上海市高等教育评估事务所。现在,上海市教育评估院已发展为拥有基础教育评估所、职成教评估所、高等教育评估所、医学教育评估所和综合教育事务评估所共五大评估所的从事各级各类教育评估的专门机构。为适应教育评估的发展与提升,上海市教育评估院除了参与评估、参与国内外交流外,还意在教育评估的理论和应用研究上建立更系统的内涵,于是决定出版《教育评估文库》。

　　《教育评估文库》是教育评估理论和应用研究成果的汇集,它包含了教育评估的基础内容,如《中国教育评估史》等一系列著作;也包括了涉及教育评估应用技术的汇编,如"教育评估标准"、"教育评估规程"等;还包括教育评估的专业理论,如"跨境教育认证"等;并涉及了评估本身评价的《教育评估的可靠性研究》等著作;当然也可包含对境外著作的翻译。总之,它涉及了教育评估的基础理论、专业基础、专业科学、应用技术等多个方面。我们的期望是一册又一册地出版,不断丰富文库。

《教育评估文库》将是众多学者的知识贡献,我们非常热忱地欢迎各方学人参与文库建设,共同托起教育评估的辉煌。

教育犹如奔腾不息之江,前浪不止,后浪又涌;教育又如连绵的山脉,一峰才登,又是高山。作为一名教育人,为此事业而奉献,无限欣慰;为此而建树,无限光荣。人们将永远感谢为教育而为的人,当然也包括为教育评估而为的人。以此为序,愿教育评估成功!

张伟江

上海市教育评估院　院长

2009 年 3 月

前　言

　　我国对外开放,特别是加入 WTO 之后,各级各类教育的国际合作与交流空前活跃,中外合作办学也得到迅速发展。国家鼓励中外合作办学的初衷,是引进国外优质教育资源,借鉴国外有益的教学和管理经验。然而,现实的办学状况及其质量并不尽如人意。虽然国家先后出台了一系列政策法规,但中外合作办学毕竟是跨境教育的一种特殊形式,政府主管部门时常处于"一管就死,一放就乱"的两难境地。尤其是在国家颁布《行政许可法》之后,进一步规范了中外合作办学的行政审批,更需要在加强规范管理和质量保障方面想方设法。

　　先锋者需要远见和创造。上海自 1991 年诞生第一家中外合作办学机构,其数量一直居于全国之首(约占总量的 1/4)。为了加强对中外合作办学的规范管理,上海市政府率先出台有关政策法规,教育主管部门还创建了项目评审、许可证颁发、广告备案、年度审查等行之有效的监管制度与措施。为了改变现实中存在的行政部门"重审批、轻监管"的现象,顺应切实转变政府职能的时代要求,2004 年在上海市教委的直接指导下,上海市教委国际交流处与上海市教育评估协会、上海市教育评估院多次磋商,决定由上海市教育评估协会牵头,联合成立"上海市中外合作办学认证项目组",以期研究借鉴教育认证的国际通行做法,探索建立"中外合作办学认证"机制。同时,以此为基础,构建"管教育、办教育、评教育相对分离","行政部门依法审批、合作办学机构自我保证、社会中介机构认证监控"的质量保障体系。这一涉及教育管理体制机制的创新之举,得到了时任上海市教委主任张伟江教授的大力支持。经市教委批准,于 2005 年 9 月成立了"上海市中外合作办学认证委员会",使开展中外合作办学认证活动有了组织上的保障。

　　开拓者需要热情和奉献。教育认证在美国已有 100 多年的历史,随着教育的国际化,认证活动得到越来越多的国家、教育机构以及社会的认可。20 世纪 90 年代,教育认证已成为欧美许多国家教育质量保障的重要手段和"学历互认"、"学分转移"的凭证和标志。在国内,关于教育认证的研究和制度设计也逐渐展开,2001 年教育部基础教育课程教材中心(简称"NCCT")开展对外籍人员子女学校的认证试点工作。张民选教授直接参与了外籍人员子女学校认证制度的研制工作。其后,张民选教授又将教育认证研究扩大到高等教育领域,在《教育研究》上发表了题为"关于高等教育认证机制的研究"的论文;同济大学毕家驹教授译介了美国高校认证情况,董秀华以"高校专业认证"为题作了博士论文研究,方乐研究了美国教育认证中政府、认证机构、被认证院校的关系。正是在这些研究探索和尝试的基础上,从2004年7月起,上海市教委副主任张民选教授与李亚东、董秀华、沈玉顺、方乐、严芳等一些教育认证的关注者聚集到一起,开始了"上海中外合作办学认证方案"研制工作,并得到当时上海市教委国际交流处江彦桥处长和市教育评估协会郑令德会长及上海市教育评估院金同康院长的热情关心和大力支持。为了不断完善"上海中外合作办学认证方案",教育部国际交流司有关部门的领导徐永吉、聂瑞麟及国内外教育认证专家莫景祺、毕家驹、孙建荣(美国)等,也给予了科学论证和具体指导。特别是2005年"中外合作办学认证体系研究"被确立为"上海教育新一轮发展研究"决策咨询招标课题之后,原项目组成员中增添了蔡盛泽、傅志田、谭向明、林江涌、吴小东、江国强等实践研究力量,使"中外合作办学认证体系研究"更注重理论联系实际,其研究成果荣获了上海市第九届教育科学成果奖决策咨询一等奖。

本书正是在"中外合作办学认证体系研究"课题研究成果的基础上丰富而成的。张民选教授负责总体策划、指导和书稿的审定,李亚东研究员拟定内容框架、组织力量并对全书进行统稿。参加编著的主要有:前言(张民选、李亚东)、导论(严芳、李亚东)、第一章(俎媛媛)、第二章(方乐、董秀华)、第三章(郭朝红)、第四章(谭向明、龚思怡)、第五章(杨琼)、第六章(李亚东)、第七章(方乐)、第八章(傅志田、龚思怡)、第九章(俎媛媛、董秀华)、附录一(俎媛媛、杨长亮译)、附录二、三、四(李亚东、方乐)。在本书编著过程中,参考和引用了联合国教科文组织和经合组织及国际高等教育研究所等组织和专家的有关跨境教育质量保障方面的资料,也参考和借鉴了国内中外合作办学领域岑建君、江彦桥、顾建新等专家的研究成果,并总结了上海大学悉尼工商学院和上海法语培训中心两家认证试点的经验。上海市教育评估院、上海市教育评估协会和高等教育出版社的领导,对本书的出版也给予了大力支持,在此谨向他们表示诚挚的感谢。

改革者需要胆识和智慧。中外合作办学认证在上海的成功实践,根植于国际大都市这片土壤,得益于"天时、地利、人和"的环境条件,也是顺应了时代的潮流和改革的趋势。在国外,以教育认证保障跨境教育质量已成为共同的选择;在国内,加强中外合作的规范管理和质量监控也已成为政府、学校和社会的现实要求。建立教育质量保障新体系、探索中外合作办学认证新机制需要有远见与创新,推广中外合作办学认证同样需要胆识、智慧、共识和努力。目前,中国教育国际交流协会与上海市教育评估院联合成立了认证中心,着手在全国范围内研究和推广"中外合作办学认证"。为了保障我国中外合作办学的健康发展,为了深化中外合作办学的管理体制改革,让我们携手并肩贡献力量。

　　本书是我们理论研究和实践探索的初步成果,更是集体劳动的结晶。限于我们的能力和水平,不足之处在所难免。衷心期望有关专家和同仁的批评、指导,热切期待有更多的地区开展中外合作认证活动并提供丰富的经验,以便今后的修订与完善。

编著者

2009 年 7 月

目　　录

现　状　篇

体 系 篇

探　索　篇

导　论　中外合作办学认证与
跨境教育质量保障

第一节　中外合作办学与跨境教育

一、中外合作办学的发展历程

中外合作办学是我国改革开放之后教育领域出现的新生事物。自 1986 年我国成立第一个中外合作办学机构后,伴随着我国社会主义市场经济体制的建立和加入世界贸易组织(简称"WTO"),特别是我国教育事业的发展和教育国际化进程的加快,20 多年来中外合作办学有了蓬勃发展。与此同时,我国中外合作办学的法律法规也在不断完善。如果以两部有关中外合作办学的国家政策、法令颁布为分界,可将中外合作办学的发展历程划分为三个阶段。[1]

1. 中外合作办学的探索阶段(20 世纪 80 年代至 90 年代初期)

20 世纪 80 年代中后期,我国在对外开放的大环境下,确立了由计划经济向社会主义市场经济转型的发展战略,社会各行业都急需适应经济全球化发展的高素质人才。我国教育体制的改革、教育思想的变革、教学内容与方法的调整势在必行,促使教育与科技、经济和社会发展相适应成为重要的时代课题。正是在这一背景下,我国将视野投向国外,试图引进优质教育资源和先进教育管理经验,于是开始了中外合作办学的尝试。

我国中外合作办学的源头,可以追溯到中国人民大学、复旦大学等高等院校相继举办的中美经济学、法学培训班,以及天津财经学院与美国俄克拉何马市大学合作举办的 MBA 班。严格意义上的第一个中外合作办学机构,则是经国务院批准于 1986 年 9 月成立的南京大学—约翰·霍普金斯大学中美文化研究中心。在中外合作办学起步阶段,机构和项目数量不多,规模也较小,管理也比较松散,审批单位不统一,既有国家教委、省级人民政府,又有省级教育行政部门。此外,国家也尚未出台专门针对规范中外合作办学的政策法规,致使中外合作办学的合作方在商谈办学事宜和审理办学申请过程中,出现无章可循、无法可依的状况。1989 年我国的政治风波和苏联解体,使中外合作办学一度趋于停滞,我国对中外合作办学采

---

① 顾建新.跨国教育发展理念与策略.北京:学林出版社,2008.

取了严格控制的政策。直至 1993 年随着改革开放的深入,原国家教委发布了《关于境外机构和个人来华合作办学问题的通知》。该通知对中外合作办学采取积极态度,并提出合作办学应坚持"积极慎重、以我为主、加强管理、依法办学"的原则,遵守我国法律,贯彻我国教育方针,经过教育主管部门批准并接受其监督和管理。该通知对不同层次的合作教育机构审批做出了具体规定,规定基础教育不属于合作办学范围。该通知是我国第一个比较全面地规范中外合作办学的政策文件。

发展到 1994 年底,"据对 20 个省、自治区、直辖市的不完全统计,当时国内已经设立的中外合作办学机构有 70 个,其中实施高等学历教育机构 20 个,高等非学历教育机构 23 个……"①在 1995 年《中外合作办学暂行规定》(以下简称《暂行规定》)颁布以前的这一阶段,中外合作办学的发展基本上处于探索实验阶段。

2. 中外合作办学的迅速发展阶段(1995 年至 2002 年)

1995 年国家发布了《暂行规定》,使我国合作办学有了法律依据。《暂行规定》指出,"中外合作办学是中国教育对外交流与合作的重要形式,是对中国教育事业的补充",并明确了中外合作办学的意义和必要性。《暂行规定》还明确规定了中外合作办学应遵循的原则、办学的范围、主体以及审批权限和审批程序,办学机构的领导体制、发放证书以及国(境)外文凭、学位授予等问题。《暂行规定》的颁布标志着中外合作办学走上了依法办学、依法管理的轨道,中外合作办学进入了一个新的规范管理阶段。②

但是,随着《暂行规定》的出台和实施,中外合作办学在学位授予等问题上出现了新情况,一些机构和组织在未经核准情况下擅自在办学活动中变相授予学位。为此,1996 年国务院学位委员会办公室发布了《关于加强中外合作办学活动中学位授予管理的通知》,严格划分了非学历培训与学历教育、非学位项目与授予学位项目的界限,对在我国境内设置的中外合作办学机构授予中国相应的学位和境外的学位作了详细规定。此外,政府还与其他部委有关单位采取了一系列的相应措施,促进中外合作办学的健康发展,加强对中外合作办学的引导和宏观调控。如1997 年 12 月 29 日经国务院批准,国家计委、国家经贸委和商务部联合发布《外商投资产业目录》,将中外合作办学(基础教育除外)列入乙类限制服务业,允许投资。2000 年,国务院学位办委托全国学位与研究生教育发展中心,对在办的授予国外和香港地区学位的合作办学项目进行教学评估。2001 年 12 月 5 日,国家外国专家局办公室发布了《关于印发〈社会力量办学和中外合作办学单位聘请外籍专业人员管理暂行办法〉的通知》,对加强中外合作办学机构或项目聘请外籍教师的管理,提高聘用效益做出了进一步规定。至此,国家一些相关政策法规的出台,使中外合作办学逐步走上规范化道路,全国大部分城市的中外合作办学机构和项

① 邬大光,林莉. 危机与转机:WTO 视野中的中国高等教育. 厦门:厦门大学出版社,2004.
② 梁燕. 论我国中外合作办学质量保障体系建设. 北京:对外经贸大学硕士论文,2006.

目迅速增长。据不完全统计,截至 2002 年底,全国共有中外合作办学机构和项目712 个,学历教育 372 个,其中大专以上学历教育 225 个,非学历教育 313 个。与 1995 年初相比,增加了 9 倍多,除了西藏、宁夏以外已经覆盖 23 个省、市、自治区。[①] 这些中外合作办学机构主要分布在京、沪、苏、鲁等省级行政区,其中大多数分布在我国东南沿海经济发达地区。

3. 中外合作办学的规范管理阶段(2003 年至今)

2001 年我国加入 WTO,就教育服务做出了具体承诺,即允许中外合作办学,允许外方获得多数所有权,但不承诺给予外方国民待遇,也不允许外国机构单独在我国设立学校及其他教育机构。为应对加入 WTO 带来的新挑战,加强中外合作办学的管理工作,2002 年 6 月,教育部发布《关于加强中外合作办学管理的紧急通知》,要求各省、市、自治区教育部门对区域内的中外合作办学活动进行复审,将复审合格的机构名单在指定时间前通过当地省级媒体向社会公示,同时报教育部备案。

在前一阶段的快速发展期,中外合作办学也暴露出许多问题,最为突出的有:未经批准违法开展合作办学;在招生、收费、证书颁发方面违反国家规定;教育服务质量低劣、收费昂贵,甚至有欺诈行为;教育行政部门缺乏有效的监管;等等。如何保护中外合作办学机构受教育者的权益,保证接受优质教育服务成为核心问题,与此同时,中外合作办学立法不足问题也日益突现,原有《中外合作办学暂行规定》及相关法律法规明显不能适应新的形势,颁布新的相关法律法规刻不容缓。

依据 2002 年颁布的《民办教育促进法》,"境外的组织和个人在中国境内合作办学的办法,由国务院规定。"2003 年 3 月 1 日,国务院正式颁布了《中华人民共和国中外合作办学条例》(以下简称《条例》),该条例共 8 章 64 条,包括总则、设立、组织与管理、教育教学、资产与财务、变更与中止、法律责任与附则。《条例》的核心内容是:引进国外优质教育资源,依法审批、监督管理中外合作办学机构,依法保护办学者、受教育者和教师的合法权益。"国务院颁布的中外合作办学条例,是我国适应加入 WTO 的新形势,进一步扩大教育对外开放,满足人民丰富多样的教育需求,推进教育改革与发展的重要措施。制定中外合作办学条例,最重要的原则和出发点是扩大开放,引进优质教育资源;规范管理,维护各方合法权益。它的颁布实施将对我国教育改革与发展产生深远的影响","有利于引进外国优质教育资源,规范中外合作办学行为,提高办学质量,维护中外合作办学者双方、中外合作办学机构和受教育者的合法权益"。[②]《条例》不仅要保护受教育者的合法权益,也保护中外合作办学者、中外合作办学机构的合法权益,这是制定中外合作办学条例的重要出发点。2004 年更是合作办学法规行政规章的完善年。2004 年 6 月,教育部

① 岑建君.落实中国教育交流与合作发展与展望.http://edu.sina.com.cn/l/2004-08-24/81299.html.

② 教育部部长周济就中外合作办学条例答记者问.http://news.tom.com/Archive/1002/2003/4/4-67426.html.

公布了与《条例》配套的《中外合作办学条例实施办法》,并于 2004 年 7 月 1 日起实施。从 2004 年 8 月至 12 月短短四个月间,教育部先后出台了包括《关于做好中外合作办学机构和项目复核工作的通知》、《关于启用中外合作办学许可证和中外合作办学项目批准书等的通知》和《关于下发〈中外合作办学许可证编号办法(试行)〉的通知》等在内的 6 项规范性文件。这一系列行政规章的出台,是我国中外合作办学进入规范化和法制化发展阶段的重要标志,对保障中外合作办学质量,促进中外合作办学健康发展具有重要意义。

二、跨境教育形式与发展现状

伴随经济全球化和教育国际化的进程,国际教育流动日益频繁,尤其是 20 世纪 90 年代,WTO 将教育服务作为《服务贸易总协定》(简称"GATS")的一部分,引起世界各国的广泛关注。然而,由于全球性推动教育服务贸易的进程遇到了不少问题,所以联合国教科文组织(简称"UNESCO")、经济合作与发展组织(简称"OECD")等所倡导的以"跨境教育"来推动全球教育服务贸易发展的理念得到了越来越广泛的认同。

对跨境教育内涵的界定,最初引用较多的是加拿大学者简·奈特(Jane Knight)(2002)的定义:教师、学生、项目、机构/办学者或课程材料在跨越国家司法管辖边界情况下开展的教育活动。[①] 同时,依据跨境教育中不同的流动主体和资格授予方,Knight 提出了跨境教育的教育框架(见表 0 - 1)。

表 0 - 1　跨境教育的教育框架

类型/模式	描述	安排	备注
1. 人员			
学生/学习者、接受培训者	➤ 完全学术项目 ➤ 在国外学习一学期或一年 ➤ 实习项目 ➤ 研究/田野研究	➤ 交换协议 ➤ 奖学金/助学金 ➤ 政府/公共/私人赞助 ➤ 自费	➤ 包括基于学分的教育活动和项目
教授、教师、学者、专家	➤ 教学和/或研究目的 ➤ 技术支持/咨询 ➤ 学术假/专业发展	➤ 自费或机构出资 ➤ 政府/公共/私人赞助 ➤ 合同/服务费	

---

① Knight J. GATS – higher education implications,opinions and questions//First Global Forum on International Quality Assurance,Accreditation and the Recognition of Qualifications in Higher Education:"Globalization and Higher Education". UNESCO,17-18 October,2002.

类型/模式	描述	安排	备注
2. 机构			
机构、提供者、组织、公司	➤ 国外提供者对项目的学术性负责 ➤ 颁授国外学位、文凭 ➤ 提供者在输入方以实体或虚拟方式存在	➤ 在输入方可能有学术/财务方面的合作伙伴，但不一定 ➤ 包括私立、公立、商业或非商业的提供者	➤ 分校 ➤ 特许 ➤ 在国外单独提供 ➤ 某些双联安排
3. 项目			
基于学分/学位授予的学术合作项目	➤ 包括输入方颁授本国资格或双文凭/联合文凭 ➤ 课程与项目流动，而不是学生流动	➤ 基于提供机构与接受机构的学术联系 ➤ 可以是商业或非商业的	➤ 主要包括机构之间的联系 ➤ 某些双联与授权安排
4. 计划与服务			
广泛的与教育相关的计划与服务	➤ 不涉及项目的文凭授予 ➤ 计划包括如研究、课程设计、专业发展、能力建设、技术支持与服务等	➤ 包括发展/援助计划，伙伴项目和商业合同	➤ 包括各种类型的高等教育机构、提供者和教育组织/公司

资料来源：Knight J. GATS，trade and higher education，perspective 2003—where are we?. The Observatory on Borderless Higher Education，May 2003.

　　2003 年 11 月 3 日至 4 日，在挪威特隆赫姆（Trondheim）召开了"第二届教育服务贸易论坛"。本次论坛由 OECD 与挪威教育部共同举办，来自 OECD、WTO 和 UNESCO 的官员，OECD 成员国和其他国家的教育与贸易官员，一些非政府机构、教育与培训机构，以及教师和学生组织的代表近 200 人出席了会议。论坛中反复强调和频繁使用"教育跨境提供"（cross-border education provision），以"跨境教育"的概念替代商业味过强的"教育服务贸易"。会议指出，跨境教育活动由来已久，是教育国际化的重要方面。教育服务贸易迅速发展并不断创新，为跨境教育注入了新的内容，提供了观察跨境教育的新观点。

　　为了区别 GATS 的四种教育服务贸易方式，会议将"跨境教育"活动归纳为三种主要形式：

（1）人员跨境流动，包括学生跨境学习和教师跨境进修。

（2）项目跨境流动，主要指教育/培训课程或项目通过面授、远程或组合形式跨境提供，学分授予机构可能是输出方提供机构，或授权本地合作伙伴，或者两者兼有。包括特许经营、双联、双学位/联合学位、函授/远程提供等模式。

（3）机构跨境流动，主要指教育提供者（机构、组织、公司）以实体或虚拟形式跨越国境存在，为学生和其他消费者提供教育/培训项目和/或服务。机构流动与项目流动的区分特征是随着机构的流动，学习者不一定要在学位授予机构所在国学习。包括在国外设立分校、独立机构、学习中心、虚拟大学、合作办学等。

该分类模式基本参照了 Knight 的跨境教育框架，并随后在 OECD（2004）正式出版物中引用。① 跨境教育作为国际认可度极高的术语被学术界和贸易界广泛使用。

在最新的 UNESCO 和 OECD《保障跨境高等教育办学质量的指导方针（中文版）》（以下简称《指导方针》）中，将 cross-border higher education 译为"跨国界高等教育"，即本文所指"跨境高等教育"。《指导方针》中指出："跨国界高等教育指的是在教师、学生、课程、机构/办学者跨越国家管辖边界情况下开展的高等教育。跨国界高等教育可包括公共/私立以及非营利和营利性办学者开办的高等教育。其模式多种多样，既包括面对面的学习（也有多种形式，如学生出国留学和校园设在国外），也包括远程学习（采用多种技术，包括电子学习）。"②

当前，跨境教育已经成为国际教育交流的重要组成部分。每年留学生人数的飞速发展，各种形式的境外办学和远程教育等形成了一项涉及数百亿美元资金流动的巨大市场。跨境教育形式各异、种类繁多，主要分布在中国香港、马来西亚、新加坡等发展中国家和地区。2003 年 6 月的统计数据表明，我国香港共有来自 11 个国家和地区的 858 个学位水平的教育项目；新加坡的跨境学位项目也达 522 个，涉及 12 个国家。接受跨境教育的学生数量也迅速递增，IDP 对国际教育的需求预测显示，国际学生的数量将从 2000 年的 180 万增加到 2025 年的 720 万。③ 这些需求不仅是通过留学方式满足，还将以课程、项目和机构流动的形式实现。面对如此迅猛的发展，跨境教育输出方、输入方和一些国际组织都十分关注跨境教育的质量保障、资格认可和监管体系等问题。

① OECD. Internationalisation and trade in higher education-opportunities and challenges. 2004.

② UNESCO. 保障跨境高等教育办学质量的指导方针. 2006. http://www.unesco.org/education/hed/guidelines.

③ Bohm A, Davis D, Meares D, Pearce D. The global student mobility 2025 report: forecasts of the global demand for international education. IDP, Canberra, Australia, 2002.

三、中外合作办学与跨境教育

我国的中外合作办学与国际上的跨境教育,既有区别又有联系。所谓中外合作办学,2003年《中外合作办学条例》的界定是:"外国教育机构同中国教育机构在中国境内合作举办以中国公民为主要招生对象的教育机构的活动。"概念界定明确了办学主体、服务对象、办学地点和举办模式等。2004年《中外合作办学条例实施办法》又对中外合作办学项目做出明确定义:"中外合作办学项目是指中国教育机构与外国教育机构以不设立教育机构的方式,在学科、专业、课程等方面,合作开展的以中国公民为主要招生对象的教育教学活动。"

可见,中外合作办学属于跨境教育的范畴,但是存在一定的差异。

1. 办学主体

中外合作办学强调一定是教育机构办学(尽管不排除企业和其他非教育机构以某种形式参与办学),而跨境教育包括各种形式的人员、组织或机构的跨境流动,对办学主体没有严格限制。

2. 办学形式

中外合作办学仅仅限于通过契约式的合作供给模式实施,不包括股权式的合作办学形式,也不包括国外教育机构独立设置分校或者国外举办者独立设置国际教育机构(海外教育机构)的办学形式。

3. 招生对象

中外合作办学机构或项目的招生对象以中国学生为主,这与中外合作办学引进优质教育资源的基本理念相契合,而许多国家的跨境教育允许以外国公民为主。

4. 办学地点

中外合作办学仅限于在中国境内举办的教育机构或项目,排除了中国教育机构的教育输出,即境外办学。

中外合作办学是我国跨境教育输入的特定形式,其发展形成有着深刻的时代背景和国情基础,教育国际化是催生中外合作办学的土壤。一方面教育国际化推动了中外合作办学的发展;另一方面,中外合作办学的健康发展又进一步推动和加快了教育国际化的进程。① 中外合作办学本身具有政治、经济、文化、教育等多层面意义的复杂活动,政治上合作办学是国际交流的重要形式,可服务于一定的政治目标。经济上是涉及外资注入和高额学费,减少了出国留学带来的人才外流和资金流失,也适应了高等教育国际化对人才的需求。中外合作办学增进了文化交流,人员往来可以推动国外对我国教育、文化和社会各方面的了解和沟通,也有利于我国吸收国外的先进文化,促进国际理解。

为此,开展中外合作办学工作涉及政治、经济、法律、贸易、教育和外交等多角

---

① 转引自:顾建新.跨国教育发展理念与策略.北京:学林出版社,2008.

度,具有较强的政策性,需要充分借鉴国际上关于跨境教育的研究成果和实践经验。

第二节　跨境教育质量保障视野下的中外合作办学认证

一、跨境教育质量保障已成为国际通行做法

跨境教育逐渐成为教育服务贸易的替代术语,广泛使用于教育国际化的合作与交流当中,而在教育服务贸易中所涉及的各种敏感问题,如质量保障和资质认可等,依然是跨境教育中最受关注的议题。

国际高等教育质量保障机构网络组织(简称"INQAAHE")对于高等教育质量保障的定义是:一个为利益相关者建立信心的过程,使他们相信教育提供(输入、过程和结果)能够达到所期望的或最基本(最低)的要求。[①] 现任 INQAAHE 主席 David Woodhouse 认为:质量保障可能与一个项目、机构或整个高等教育体系相关联。在每一类情况下,质量保障包含了保障质量的态度、目标和程序,通过其存在与使用以及质量控制活动,来确保适当的学术标准在每个项目中得以维持和强化。[②]

可见,跨境教育的质量保障也是通过对跨境教育提供的输入、过程和结果的全方位保障,使其达到所期望的或最低的质量标准。跨境教育质量保障关注的是对教育提供过程中的利益相关者(包括输入方和输出方),尤其是学生和家长的利益保护,以及对学术标准的期望。跨境教育质量保障体现的是一种多主体即利益相关者共同建构的保障体系,需要跨境教育提供者和接受者共同承担维持质量的职责,同时政府、中介机构、学术组织和教育机构等实现质量保障的角色分工。其次,质量保障体现全面质量管理的理论,覆盖了跨境教育提供的各个环节,如学习机会与公平、教学质量、研究与交流活动、学历认证和资格认可等。再者,质量保障不是一劳永逸的,而是建立一个持续的长效机制,通过各种质量评估和质量监控活动来保证跨境教育达到期望的标准要求,并能够健康可持续发展。

跨境教育输出方对其质量保障的政策选择,通常是在本国教育国际化战略的指导下,通过立法和颁布实施准则,并拓展国内已有的教育质量保障模式,对跨境教育实施质量保障。

1. 准则规范

英国质量保障局(QAA)1999 年颁布《高等教育境外合作办学学术质量和标准保障实施准则》。澳大利亚大学校长委员会 1995 年颁布《澳大利亚高等教育机构

---

① http://www.qualityresearchinternational.com/glossary/#assurance.

② David Woodhouse. QA newsletter. INQAAHE,1992.

提供海外教育和教育服务的实施准则》,2001 年颁布新的《澳大利亚大学为国际学生提供教育的准则与指导纲要》,2005 年澳大利亚提出跨境教育质量战略(trans-national quality strategy),对有效质量保障框架提出了以下标准:(1)确保学生获得有质量的教育服务;(2)通过对服务质量的核查和审批支持教育提供者;(3)公开透明、易于理解和普遍关注的;(4)便于进行国际资格认可;(5)鼓励提供者评估他们的教育过程与服务,以了解需进一步完善的领域。① 1991 年美国当时的中学后教育认证委员会(简称"COPA")颁布《非美国国民教育项目良好实践原则》,2001 年高等教育认证委员会(简称"CHEA",其前身是 COPA)颁布《美国国际认证机构认证非美国教育机构和项目的原则》,提出了跨境教育认证的重要原则。

2. 质量审核

英国有大学自治的传统,政府和专业机构主要采用质量审核的模式实施保障,对实施海外教育的机构也进行定期的学术质量审核,主要审查合作办学的质量以及有权授予学位的大学对其合作组织进行管理的有效性。② 澳大利亚大学质量保障署(简称"AUQA")全面负责对跨境教育实施的质量审核,澳大利亚联邦政府也大力支持 AUQA 对海外项目的审核,为跨境教育质量保障的研究和合作交流项目提供资助。

当前,跨境教育输出方已开始尝试与输入方建立质量保障的合作机制,如英国质量保障局与马来西亚国家认证理事会之间在跨境教育质量标准与评价方法上的双边合作。欧洲质量保障协会(简称"ENQA")2002 年推出"欧洲跨国评估项目",通过苏格拉底项目的合作网络实施跨国评估。

3. 评估与认证

在一些实施政府主导的教育管理体制的国家,通常会采用政府授权的专门机构实施质量评估,如法国教育委员会通过法国—波兰基金对跨境教育开展评估。美国的分层认证系统虽然是院校自愿的,但与政府资助和学位认可紧密相连,美国院校的国外办学活动受制于该系统。

此外,美国认证机构还为第三国院校提供认证服务,而隶属美国的工程技术认证委员会(简称"ABET")等专业性组织和认证机构,也为跨境项目提供认证服务。1995 年组建的跨国教育联盟(简称"GATE")也试图为全球的跨境教育项目提供认证服务。

4. 院校自我保障

院校内部质量保障是跨境教育质量保障体系中的重要组成部分。2004 年美国教育委员会、美国高等教育认证委员会、加拿大大学和学院协会,以及国际大学协会联合起草了《分享高质量的跨境高等教育:代表世界高等教育机构的声明》,

---

① http://aei.dest.gov.au/AEI/GovernmentActivities/QAAustralianEducationAndTrainingSystem/TQS_pdf.pdf.

② 缪苗,许明. 20 世纪 90 年代以来英国高等教育质量保障机制的变迁. 比较教育研究,2005(6).

提出跨境教育提供的原则和行动建议。一些大学联合体也建立了自己的质量保障和认证机制,如欧洲创新大学联合体为跨国教育项目提供评估服务。①

跨境教育输入方在跨境教育机构或项目的入口环节,所采用的质量保障手段包括注册、审批、许可和资质认可等方法;而在过程质量控制环节则采用质量评估、认证、年审等方法;在出口质量环节和处罚与责任追溯环节也通过资格认可、吊销等方法建立起系统的工作机制。

除了国家层面的准则,区域性和国际性组织对于跨境教育也提出了有关的指导纲要。如 UNESCO 和欧洲委员会 2001 年制定《跨国教育提供的良好实践准则》;UNESCO 和 OECD 在 2005 年共同制定了《保障跨境高等教育办学质量的指导方针》,对政府包括教师在内的高等教育机构/办学者、学生团体、质量保障和资质认定机构、学术认证机构以及专业团体等六个有关方面提出了保障跨境高等教育质量的行动建议。

《指导方针》的宗旨是保护学生和其他有关方面,使其免受办学质量低下或滥发学位和证书的违规办学者之害,鼓励能够满足人文、社会、经济和文化需要的高质量跨国界高等教育的发展。《指导方针》明确指出,"一个国家的高等教育部门及其评估和监测工作的质量,不仅对于该国的社会经济发展十分关键,而且还是影响其高等教育在国际上地位的一个决定性因素。建立质量保障体系,不仅对监督国内高等教育办学质量必不可少,对参与国际上高等教育办学活动亦是如此。"

《指导方针》对政府的建议是:① 制定或鼓励制定一套完整、公正而透明的制度,对希望在其领土上开办跨境高等教育的办学者进行登记或发放办学许可证;② 制定或鼓励制定一种可靠的跨境高等教育办学质量保障和资质认定制度,要认识到跨境高等教育办学的质量保障及资质认定,同时涉及输入方和输出方;③ 咨询和协调国内国外负责质量保障和认证的各有关机构;④ 提供有关下述方面的准确、可靠和便于得到的信息:跨境高等教育的注册、申办许可证、质量保障和办学资质认定的标准和规范,这些标准和规范对学生的学费、办学机构的资金或课程资金的影响,以及属于自愿还是强制的性质;⑤ 考虑参加联合国教科文组织有关学历认证的地区性公约和参与制定和/或更新这类公约,并建立有关公约所规定的国家信息中心;⑥ 如有必要,签订或鼓励签订双边或多边认证协议,推动各国学历在双边协议所规定之程序和标准基础上的相互承认或同等;⑦ 参与有关努力,使国际上更加容易及时、准确和全面地了解到有关地位得到承认的高等教育机构/办学者的情况。②

---

① Adam,Stephen. Transnational education project report and recommendation. Brussels:Confederation of European Union Rector's Conferences,2001.

② UNESCO.保障跨国界高等教育办学质量的指导方针. 2006. http://www.unesco.org/education/hed/guidelines.

二、质量保障中的教育认证

教育领域的质量保障(quality assurance)可追溯到 100 多年前美国的教育认证,之后欧洲大陆也相继产生了质量评估、审核等不同的保障措施,发展至今世界各国的教育质量保障手段各异,但殊途同归,其目的是为了促进教育质量的提升。简要地说,教育质量保障是指教育质量的各相关主体(包括政府、院校和社会),通过质量管理、质量监督、质量控制、质量审核、质量认证和质量评估等各种手段,保证并促进院校教育质量的持续提升。

教育认证制度起源于美国。在美国的背景下,教育认证的含义为:一个由合法负责的机构或者协会,就教育机构或者专业项目是否达到既定资质和教育标准进行公共认定的过程,其中包括初始性评估和阶段性评估;它具有自愿性,以学术自律原则为基础;高等院校或学科专业自愿申请参与外部质量评审过程,认证的目的在于质量保障和质量提高。①

教育认证机构是独立的非政府和非营利性机构,一般而言认证机构可以分为院校认证机构和专业认证机构两大类,院校认证机构又可分为地区性认证机构和全国性认证机构。其中,地区性认证机构是美国最具代表性的认证机构,从 1885年开始,美国先后成立了新英格兰、中部、中北部、南部、西北部和西部六大地区性认证机构。为了规范和协调教育认证机构,美国联邦教育部(简称"USDE")或CHEA 对认证机构实施周期性认可,即对认证机构的质量和水平做出鉴定。所有认证机构可以自愿选择前述两者的认可。截至 2005 年,获得认可的认证机构有81 家。② 2004 至 2005 学年,认证机构认证了美国 6 814 所高等院校(包括学历教育和非学历教育)和 18 152 个学科专业,其中地区性认证机构认证了 2 986 所院校。③

美国教育认证周期一般为五到十年,如果出现重大变革会调整缩短周期,通常认证包括以下几个步骤:① 自我评估。院校或专业项目组织教师、学生、管理人员自行评估,依据认证机构的认证标准撰写自评报告。② 自评审议。认证机构组织同行专家和公众代表审议院校或专业项目的自评报告。③ 现场考察。认证机构组织同行专家赴现场考察,核实自评报告,并采集有关信息,提交现场考察报告。④ 认证决策。认证机构的董事会依据现场考察的报告作出认证决定,主要有首次认证通过、再次认证通过、有条件通过和撤销认证等。⑤ 过程监控。获得认证资格的院校或专业项目需要提交年度报告或中期报告,如果发生重大变革需要提前

① 方乐. 美国政府与高等教育认证机构之间关系的研究. 上海:上海师范大学教育科学学院硕士学位论文,2002.

② CHEA. The condition of accreditation:US accreditation in 2005. http://www.chea.org.

③ CHEA. Profile of accreditation. (April 2006). http://www.chea.org.

告知认证机构,认证机构将视情况作出是否现场考察的决定。⑥ 周期性的外部评审。在认证有效期的最后一两年,院校或专业项目需要准备和申请新一轮的认证。①

美国各地区性认证机构的标准不一,但一般包含以下几方面:宗旨目标、组织管理、学科专业、教师、学生与学生服务、学习资源和财务状况等。通常这些标准较为宽泛,强调院校整体的发展和办学特色,更多地着眼于院校使命和目标达成情况,近年来还关注学生的学习成就和院校的办学绩效。

美国认证机构的专家队伍和工作人员专业化程度较高。为了保障高质量的认证服务水平,认证机构非常注重专家的遴选、培训和考核,并为专家提供认证实践机会。认证机构的工作人员通常具有高等院校教学或管理方面的经验,对高等教育具有深刻的见解和思考。在认证过程中,强调社会公众代表的参与,这使认证具有一定的公开性和透明性,也使一定的社会需求能够反映在认证中。

美国教育认证制度为美国高等教育的优良品质提供了有效的保障,并作为教育质量保障的重要模式之一冠之为"美国认证模式",为世界许多国家构建教育质量保障体系提供了借鉴和参考。

在教育认证制度中,质量保障的各利益相关者之间存在着一种牵制和动力机制。教育认证过程中自评过程有助于院校和专业进行自我监督、自我诊断、自我调整,以促进教育质量持续提升。与此同时,教育认证虽然是自外而内、由院校自发组织的认证机构实施的,但是联邦政府对于认证机构的控制却持续存在,两者的控制与反控制的博弈一直在进行着。之所以监管教育的美国政府与要求自律的认证机构之间能保持一种相互牵制的张力,一个原因是联邦政府和州政府在很大程度上都依赖教育认证机构来鉴定院校或专业的质量,联邦政府在发放学生贷款和助学金时,将院校是否经过认证机构(获得美国教育部认可的)的认证作为一个重要条件,州政府也将院校的认证资格作为划拨院校办学经费的重要依据,而且州的各种从业资格考试都要求参加者毕业于通过认证的院校。

教育认证还通常作为社会公众鉴别院校教育质量的重要依据。个人和基金会在捐赠时,也总将院校认证资格作为重要依据。用人单位在招聘人员时,也将毕业于通过认证的院校作为一个重要条件,此外,在决定是否给予员工继续教育的经费资助时,也将申请继续教育院校的认证资格作为重要依据。甚至在《美国新闻和世界报道》等新闻媒体发布大学排行榜时,也将院校或专业得到认证机构认证作为进入排行榜的前提条件。

三、中外合作办学认证是一种新的制度设计

改革开放以来,我国中外合作办学从 20 世纪 80 年代末的探索起步,到 90 年

---

① 上海市教育评估院美国高等教育认证考察团.美国高等教育认证考察报告.2008.

代的迅速发展直至现在的稳定发展,已经经历了 20 多年的发展历程,中外合作办学的质量保障也不断应对新挑战。

中外合作办学的质量保障和监管一直受到政府的高度重视,政府采用了多种管理与监督机制,包括审批制度,实施分类分层审批,集中受理和专家评审;颁发办学许可证;还有招生简章、广告备案审核制度、财务审计制度、办学公示与报告制度,以及年审制度等。2003 年《中外合作办学条例》也提出审批机关应组织或委托社会中介组织进行质量评估,并公示结果。但是,中外合作办学的市场特征日益突出,办学质量低劣、滥发文凭、乱收费和非法办学等负面问题依然令人担忧,国际跨境教育发展对我国带来的机遇和挑战也不容忽视,而当前我国跨境教育质量保障与监管体系还处于逐步形成和不断发展中,许多政策规范、执行和监管方面还有待完善。2004 年下半年教育部要求各省、市、自治区对已有的中外合作办学机构和项目进行复核,复核中发现了多年来积累的一些问题。2006 年教育部下发《关于当前中外合作办学若干问题的意见》,针对中外合作办学中所存在的“突出问题”提出加强中外合作办学的质量管理等六点意见,着重强调了招生录取、培养过程、学科专业规划、证书颁发四方面的质量管理要求。2007 年教育部又下发了《关于进一步规范中外合作办学秩序的通知》。

可见,单纯的行政监控难以有效地保障《中外合作办学条例》和《实施办法》的施行,既存在着政策法规实施中的失真现象,也不符合国际上保障跨境教育质量的通行做法。在中外合作办学政策执行中具体、切实的监督检查计划和措施(中外合作办学复核除外)不够,比较普遍的情况是教育行政管理部门审批结束后,监督管理措施跟不上。① 并且,中外合作办学的利益相关者,不仅包括中方教育机构、组织、个人,也包括与之合作的外方教育机构、组织和个人,中外合作办学要实现引进优质教育资源的初衷,并保护受教育者的利益,对中外合作办学的质量保障可以尝试采用国际通用的质量认证模式。

国际上关于跨境教育质量保障的准则和讨论,值得我们借鉴和吸纳。此外,许多跨境教育输入方,如印度、新加坡、马来西亚和我国香港地区已经在吸取经验教训和实证研究的基础上,建立了系统的质量保障体系,其中包括立法、有选择地引进、不承诺国民待遇、减少中间环节、办学审批注册、认证评估、检测境外教育机构在本地通过的“认证”状况、建立双方之间的教育机构和教育文凭的资质确认,等等。这些成功的经验也值得我们学习。

美国的教育认证制度为我国中外合作办学的质量保障提供了新的思路。美国的认证制度在教育质量保障中发挥了显著功效,而且得到了其他国家的效仿和国际组织的倡导,教育认证制度已经演变成一种国际通行的教育质量保障模式。教育认证制度得到了世界银行(World Bank)、UNESCO 和 OECD 的大力倡导和推广。

---

① 江彦桥.中外合作办学政策失真及其对策措施.复旦教育论坛,2005,3(6).

世界银行 2004 年 6 号工作文件,即《东亚和太平洋地区的高等教育质量保障和认证》(*Quality Assurance and Accreditation in Higher Education in East Asia and the Pacific*)用很多篇幅介绍分析了教育认证制度,并指出认证制度"既可以用在成熟的高等教育体系当中,又可以用在发展中的体系当中,十年来世界银行一直运用认证制度来保障其高等教育项目的质量。" UNESCO 的国际教育规划研究所(简称"IIEP")2002 年出版了一套介绍美国、哥伦比亚、菲律宾、印度和匈牙利等国教育认证制度的丛书。OECD 在其出版的大量书籍和材料中也对教育认证制度进行了细致介绍,如 2004 年推出的《质量和认可:跨境的挑战》(*Quality and Recognition: the Cross Border Challenge*)等。

当前,我国迫切需要构建起具有中国特色并与国际接轨的中外合作办学质量保障体系,而教育认证制度在中外合作办学领域的运用,开辟了一条新的制度设计路径。中外合作办学认证试图从重视自上而下、一次性、强制性、评优性的政府评估,转变到提倡自下而上、过程性、螺旋性、基准性的社会认证。从中外合作办学机构和项目评估,到建立符合国际规范、具有中国内涵的教育认证。

中外合作办学认证是一种行业自律性行为,旨在确保中外合作办学质量和水平达到共同认可的标准,并促进其不断改进工作和提高质量。中外合作办学认证既是一种合格性评估,也是一种发展性评估,通过校外同行评估,承认它们的工作业绩、教育质量和总体发展均达到了一定的水准,使它们有资格得到教育界以及社会公众的信任。中外合作办学认证与行政监控是一种互补关系,而非取代关系。经教育行政部门授权,中外合作办学认证的结果将成为政府办学审批和年度审核的重要参考依据。认证所发挥的功能,不仅是向公众公布所有获得认证通过的院校和专业名单,还负责协助院校和专业不断提高教育质量。认证的主要特征是:非官方组织的、自愿参加的、非统一标准的、持续不断的以合格为基准的发展性评估。

第三节　中外合作办学认证体系研究的思路、内容和方法

一、中外合作办学认证体系研究的基础及思路

国外相关研究主要集中在跨国认证的实践方面。教育认证在美国已有 100 多年的历史,如今认证不仅成为许多国家进行教育质量保障的重要手段,也成为国际"学历互认"、"学分转移"的凭证和标志。近年来,跨国认证活动也越演越烈,一些发达国家在向外进行教育输出的同时,也以"跨国认证"的方式推行自己的质量标准。"跨国认证"在形式上是教育输出方加强对质量的自我保证,实质上也是在推行本国的教育文化,并对教育市场进行变相垄断。国外对跨境教育质量保障的理论研究成果相当多,跨国认证的实践活动也比较活跃,也有少数教育输入方对跨境教育的质量监管采取了一些有效措施,但由于跨境教育与中外合作办学之间有一

定的差异性,并没有完整的体系或现成的方案可供中外合作办学认证借鉴。

国内相关研究主要集中在监管制度和质量评价方面。上海中外合作办学起步早、发展快,相应的研究也较为前位和深入。近几年来,在中外合作办学的法规建设和监管制度方面,取得了一定的研究成果,并积累了丰富的实践经验。论文主要有王奇的《加强管理,依法规范,促进上海中外合作办学健康发展》,江彦桥的《上海中外合作办学质量保障的实践与思考》,毕家驹的《MBA 的国际性专业认证》,还有一些有关美国教育认证体制、标准的研究成果;承接相关的研究课题主要有江彦桥的"《中外合作办学条例》实施办法的研究",王奇的"中外合作办学的规范与监管研究",金同康的"中外合作办学的质量评价与实践研究"。

研究的基本思路是:借鉴国际上的有益经验,立足上海教育评估事业发展的现状,充分发挥社会中介组织在教育宏观管理与社会监督中的作用,努力形成一种"管、办、评"相对分离的有效运行机制。通过行业自律的形式对中外合作办学进行认证,实行市场准入制度,保证公认的质量标准,以规范上海中外合作办学的市场秩序,为政府加强对中外合作办学的宏观管理,发挥社会中介组织应有的作用。

二、中外合作办学认证体系研究的内容和重点

研究主要包括四方面的内容:

国外研究:收集并分析国外教育认证和跨国认证的有关资料,了解国外教育认证制度、模式和认证办法、标准等,分析认证机构的地位、作用以及与政府、学校之间的相互关系,把握国际上教育认证机构合作的通行做法和跨国认证的发展趋向。

现状研究:研究我国教育管理体制改革的现状与发展趋势,以及在政府转变职能背景下,社会中介组织的应有地位和作用;了解中外合作办学规范管理和质量监控的现状和存在问题;分析现行教育评估的主要类型和弊端,把握评估与认证之间的差别,总结我国开展教育认证方面的成功经验。

体系研究:在国外研究和现状研究的基础上,着力研究在市场经济条件下和教育国际化背景下,我国中外合作办学认证的组织机构、运行机制、认证办法、认证标准,以及认可制度、质量监督和行业自律等基本问题,研制一整套相关的《中外合作办学认证办法》、《中外合作办学机构(项目)认证标准》等文件。

实践研究:为了提高本课题研究成果的科学性和可操作性,选择 2～3 家具有一定代表性的中外合作办学机构(项目)作为认证的试点单位,不断完善认证办法和修正认证标准,并结合具体操作形成《中外合作办学认证指南》。

研究的重点主要有:一是对国外教育认证与我国教育评估的机构、功能、模式、标准、机制等进行比较研究;二是在市场经济体制条件下,从转变政府职能的角度,对中外合作办学认证的组织机构和运行机制进行设置;三是根据上海教育管理体制改革趋势,结合社会中介组织和教育评估机构的发展基础,科学建立中外合作办学认证体系,为我国开展各类教育认证提供经验,为完善我国教育评估制度作出贡献。

最终,努力寻求三点突破:一是在中外合作办学管理体制上有所创新。借鉴国际高等教育质量保障的有益经验,改变单纯依靠政府对中外合作办学行政管理的传统做法,充分发挥行业组织和中介机构在宏观管理中的作用,优化中外合作办学的政策环境,扩大引进国外优质教育资源的空间。二是构建起上海中外合作办学质量保障机制。理顺中外合作办学机构/组织与政府、行业组织之间的关系,实行"教育行政部门依法审批、合作办学机构自我保证、社会中介机构认证监控"相结合,构建起"齐抓共管、以外促内"的质量保障体系。三是研制出有特色、可操作的教育认证体系。按照国际通行做法,结合我国国情和管理体制改革的趋向,在国外教育认证体系本土化方面积极探索,研制出一整套具有先进性、可操作性和实效性的中外合作办学认证体系,并为各类教育认证提供经验,从而进一步完善我国教育评估制度。

三、中外合作办学认证体系研究的主要方法

课题研究的主要方法有:

文献检索法:通过 Internet 和图书馆,检索国内外已有的相关科研成果和个案,了解国际上相关的最新理论研究和实践探索动态,重视国外理论成果和实践经验的继承和借鉴。

比较研究法:通过国外教育认证和跨国认证制度、模式和认证办法、标准等的纵向发展研究,分析认证机构的地位、作用以及与政府、学校之间的相互关系,把握国际上教育认证机构合作的通行做法和跨国认证的发展趋向;通过我国教育评估和国外教育认证的横向比较研究,分析我国现行教育评估的主要类型和弊端,把握评估与认证之间的差别,总结我国开展教育认证方面的成功经验。

行动研究法:发挥课题组成员的优势,把理论工作者与实际工作者结合起来,边研究、边实践、边总结,使本课题的研究更切合实际,更具有科学性和可操作性,从而在保证其理论价值的同时,缩短研究成果转化的周期,提高其实践价值。

实验研究法:为了提高本课题研究成果的科学性和可操作性,选择 2～3 家具有一定代表性的中外合作办学机构(项目)作为认证的试点单位,不断完善认证办法和修正认证标准,并结合具体操作形成《中外合作办学认证指南》。

借鉴篇

第一章 国际跨境教育外部质量
保障组织及其活动

在经济全球化、高等教育国际化的今天,各国都在构建高等教育质量保障体系。通过评估手段来促进高校教育质量的提高,倍受世界各国的青睐,特别是一些发达国家探索出了认证、审核等多种行之有效的模式。国际上对跨境教育("中外合作办学"是其中一种形式)进行质量保障,逐步形成了一套通行做法。如政府入门审批和专业机构过程认证相结合,教育输入方与教育输出方合作管理跨境教育质量,甚至 UNESCO 和 OECD 还共同推出了《保障跨境高等教育办学质量的指导方针》。

第一节 教育输入方的外部质量保障活动

20 世纪 90 年代以来,高等教育越来越朝着跨越边界的方向发展。OECD 国家留学生在过去 20 年翻了两倍,到 2002 年达到 180 万。1998 年到 2001 年期间,OECD 国家留学生数量的增长速度,超过了其整个接受高等教育学生数量的增长速度(前者为16%,而后者为12%)。20 世纪 90 年代中期,OECD 国家接受世界上大约 85% 的留学生,现在可能更多。而 2002 年 OECD 国家所接收的所有留学生中,有 57% 来自于非 OECD 国家。跨境教育通过机构或项目流动,主要出现在马来西亚、南非和中国香港。

一、马来西亚

18 世纪初,马来西亚沦为英国殖民地,政府对教育事业采取放任自流政策,直至 1905 年才创办了第一所高等学府。独立后,马来西亚建立了以公立学校为中心的高等教育系统。20 世纪 80 年代中期以后,政府采取较为开放又控制发展的私立高等教育政策。2005 年,马来西亚有高校 1 630 所,其中私立高校 1 590 所。

在马来西亚,跨境教育被当作私立教育纳入国家高等教育质量保障体系当中。《国家学术认证理事会法》明确了国家认证理事会(The National Accreditation

Board,简称"LAN")①对私立高等院校提供项目的标准和质量有监控权。LAN 对跨境教育开展三个层次的活动:对申请办学项目进行评估,以便向政府提供是否予以审批的意见;对办学项目是否达到最低标准进行认证,以便向政府提供是否准其授予学位的意见;对授予学位的办学项目进行认证,以便向政府提供持有其学位证书的毕业生到公共部门就业是否予以认可的意见。院校必须参与前两者,但可以自愿参与后者。②

1. 较为健全的高等教育质量保障机制

1996 年以前,马来西亚教育部就对公立大学的课程进行认证,如今有比较健全的高等教育质量保障机制,即由高等教育司质量保障处和国家认证理事会分别对公立和私立高校进行外部质量保障监控。其作用主要是组织专业认证机构,运用全国统一的指导方针、资格认证框架和质量保障程序,对公立高校的课程开设、教学质量和管理水平等进行评估;制定私立高等教育的质量标准和课程、证书、文凭及学位的最低标准,确保所有学院在课程设置、师资力量、课程大纲、教学设备、管理体系以及授课基本原则等方面达到国家规定的最低标准。1998 年起,马来西亚所有私立院校的新专业开办半年或一年后,要按最低标准接受评估并达到合格水准。与此同时,马来西亚各公立和私立高校也注重内部的质量保障,注重自身的质量管理、评估和提高,并将工作目标确定为使学校达到教育部设立的包括教育资源、管理人员、学生、师资、专业教学等方面的既定标准。

2. 政府主导型的跨境高等教育监管体系

马来西亚支持跨境高等教育,并将其纳入私立教育一并管理。与高等教育质量保障整体运行机制相适应,马来西亚对跨境高等教育的监管是以政府为主导的。马来西亚规定:① 跨境高等教育必须与马来西亚的文化、经济要求相一致;② 在马来西亚的海外高等教育提供者必须遵守马来西亚国家质量保障规定;③ 马来西亚教育部高等教育司质量保障处负责所有公立高校的质量保障;④ 马来西亚教育部的私立教育处负责处理私立高等教育提供者的设置与注册;⑤ 国家认证理事会主要负责教育项目的质量保障,对私立教育举办者提供质量标准和指南,确保其办学质量与公立院校可比。③

3. 外部质量保障机构及其职能

为保证马来西亚私立高等教育的健康发展,20 世纪 90 年代中后期,马来西亚成立国家认证理事会,其目的是保证私立高等学校所提供的专业课程具有高质量,符合国家标准,促进人力资源开发和个人发展等。LAN 受委托制定有关对高等教

① LAN 是 1997 年成立的具有独立法人地位的专业机构。2005 年 12 月,国家认证理事会(LAN)和负责公立高等教育的高等教育司质量保障处(QAD)合并成马来西亚资质管理局(MQA)。

② UNESCO-APQN toolkit: regulating the quality of cross-border education. http://www2. unescobkk. org/elib/publications/087/APQN_Toolkit. pdf.

③ 郭朝红. 国际视野下的跨境高等教育质量监控. 教育发展研究,2006(23).

育进行监测,以维护其水平和质量为目的的政策和规章。例如,制定专业课程标准和质量的规章,关于证书、文凭和学位的规章。LAN 也设置、检查、评价和监督所提供专业课程的水准和质量,以及认证证书、文凭和学位。此外,针对私立高等教育机构的批准设立,向马来西亚教育部提出推荐性意见和建议。LAN 同时也是一个依照设定的标准、水平和质量,来确定私立高等学校是否达到办学最低水平的主要权威机构。LAN 按照这些设定的标准,根据学校的申请,对其所提供的专业/课程进行评价。同时,按法律要求向所有利益相关者提供信息、申请的规则、办学最低标准以及专业课程认证。由于跨境教育按私立教育进行管理,在其质量保证方面,LAN 起到了非常重要的作用。①

二、南非

南非高等教育体制是从西方特别是英国继承下来的。根据南非法律,高校具有办学自主权,同时政府有一套宏观控制的制度和措施,保障整个国家高等教育质量保持在很高的水准上。南非高等教育质量享誉非洲大陆,一些大学在世界上也有相当的影响。20 世纪 90 年代,跨国教育机构纷纷进入南非开设跨境教育项目,独立或与南非公、私立教育机构合作提供课程。主要合作形式有授权项目、合作项目、开办分校、远程跨境教育等。

对于"授权项目",按照南非教育部有关管理规定,被授权的南非教育机构必须获得高等教育质量委员会认证并在教育部注册,与之合作的国外教育机构必须获得其所在国相关机构的认证,同时要求所授课程获得该国教育机构的认可,否则被视为违法项目。对于"合作项目",由国外教育机构提供课程、颁发证书、实施评估,本地教育机构注册管理该项目。对于"开办分校",根据南非教育部相关管理办法规定,跨境教育机构必须申请并满足对境外私立教育机构的注册和认证要求。1999 年,南非教育部启动了私立高等教育机构注册工作,包括外国跨境教育机构,"远程跨境教育"不在监管框架内。由此可见,南非政府对跨境教育项目严把入口关,要求参与跨境教育活动的双方教育机构均必须经过相应机构的资质认证;同时非常关注跨境教育项目的学习文凭证书在教育输出方的同等效力,以维护学习者的利益;跨境教育项目的学术质量监管,主要通过教育输出方的国家质量保障体系实施。②

1. 南非高等教育外部质量保障体系构成

南非高等教育质量保障体系由南非资格局(South African Qualifications Authority,简称"SAQA")、国家资历框架(National Qualifications Framework,简称

---

① Shahabudin S A. Regulation of cross-border education in Malaysia. 方乐,译. Paper presented at the IIEP Policy Forum,Paris,France,13-14 June,2005.

② 教育部国际教育质量考察团. 关于南非、西班牙教育质量的考察报告. 世界教育信息,2007(4).

"NQF"）、高等教育委员会（Committee of Higher Education，简称"CHE"）和高等教育质量委员会（Higher Education Quality Committee，简称"HEQC"）组成。高等教育质量委员会作为高等教育领域教育与培训质量保障的主要团体，在国家资历框架内运行，经由南非资格局认证，遵从《南非资格局法案》及相关政策，尤其要遵照1998年《南非资格局条例》。这四者共同建构了完整的南非高等教育国家质量保障体系。

● 南非资格局（SAQA）。在南非，学历学位认证工作是 SAQA 的主要职能之一，其认证工作包含对外国学历学位证书的认证和本国证书的认证。外国学历学位证书认证由 SAQA 下属的"国家教育证书评估中心（CEEQ）"实施，本国证书的认证是以 SAQA 建立的"国家学员信息数据库（NLRD）"为基础进行的。SAQA 也是一个国家级认证机构，负责确定民间质量组织注册的基本准则，并对各种层次的教育和培训质量机构进行认证和注册。

● 国家资历框架（NQF）。是在 SAQA 理念指导下成立的，用于对公民取得的教育、培训资格进行认定的框架。它通过一系列的原则和指南，为学习者的学业成就提供注册，将学习者获得的技能和知识资格纳入国家统一管理，进而鼓励终身学习，保障教育与培训的质量。其主要目标是：建立一个对学业成就进行注册的一体化全国框架，加快教育、培训和就业途径的准入、流动和持续进行，提高教育与培训的质量。

● 高等教育委员会（CHE）。在南非高等教育发展中，高等教育委员会扮演着政策建议者、实施者和监督者的角色。1997 年南非《高等教育法案》以立法形式将高等教育质量保障的责任授权给高等教育委员会。CHE 成立于 1998 年，其主要职责是：为教育部提供关于高等教育政策的咨询意见，指导开展高等教育质量保障工作并公布年度报告，通过发布高等教育的相关信息、召开高等教育发展会议以及成立高等教育工作组等形式实施全国高等教育工作。

● 高等教育质量委员会（HEQC）。2001 年高等教育委员会成立了永久性的下属委员会——高等教育质量委员会，进一步完善高等教育的质量保障体系。HEQC 专门负责与高等教育质量保障相关的一切事务，它的成立标志着南非高等教育外部质量保障体系的完全建立。HEQC 的具体职责包括：促进高等教育质量的提高，对高等院校内部质量保障机制的建立进行指导、监督和认证，对高等教育机构进行审核，对高等教育学位进行认证。[①]

2. 高等教育质量委员会的外部质量保障活动

根据高等教育委员会的规定，从 2004 年开始 HEQC 每六年对每所公立和私立高等院校进行一次评估，包括：① 评审公立、私立高等院校的教学质量是否符合国家资历框架规定的标准，② 建立和发展对学位项目的认证和评估机制，③ 促进高

---

① 陈珊. 南非高等教育质量外部保障体系研究. 武汉：华中师范大学硕士学位论文,2008.

等教育培养的人才能够达到 NQF 中的要求,④ 对新的高校学位进行认证和对已有学位项目进行重新审查。①

● 项目认证。HEQC 项目认证的主要目的是:① 对满足 HEQC 最低标准的教学项目授予许可权,② 保护学生免受低质量教学的侵害,③ 鼓励和支持院校超越最低标准,④ 增加公众对大学的信心,⑤ 增加不同高校之间的透明度。② 项目认证包括对新项目的认证和已有项目的再认证。新项目需按最低标准经过两个认证步骤,即候选资格阶段和全面认证阶段。只有达到标准后,大学才能设置新教学项目,才能在国家资格框架内注册。

● 机构审核。HEQC 建立了专门的机构审核部门,从 2004 年开始以六年为一周期进行院校审核,主要是审核公、私立高校内部质量管理系统的有效性。HEQC 将考查院校质量管理政策和质量管理系统的开发和运行、系所质量管理的参与程度、促进和提高质量的具体做法。院校审核促进了大学内部质量概念的重建,加深了大学对质量问题的反思;发现了大学质量方面存在的不足,促进了大学的改进;带来了大学文化、治理结构等方面的变革。

● 国家评估。国家评估是一种特殊的认证形式,是对特定学科或教学领域现有教学项目的再认证。国家评估遵照 HEQC 的普通认证标准,但同时包含针对某一学科的特定标准。国家评估全面考虑专家、利益相关者的观点和学生的利益。评估包括三个部分:教学项目再认证、关于再认证结果的后续进程、认证结果分析基础上的报告。

● 自行评审。除了那些参加国家评估或由于特殊原因进行再认证的项目,HEQC 没有能力也没有足够的资源对现存所有的教学项目进行再认证。因此,高等教育机构必须承担起自我认证的责任。被 HEQC 授予自行评审权的高校,可以对现有的教学项目自行评审;没有自行评审权的高校需按照 HEQC 的标准对现有项目加以评审,然后接受 HEQC 专家小组的评估,最终的评估报告将在网站上公布。③

三、中国香港

我国香港的高等教育质量保障体系,主要移植和借鉴英国高等教育质量保障的相关模式及经验,既考虑高等教育国际化的特性,又注重不同政治、经济、文化背景下如何面对本地需求,形成了适应本土化的高等教育质量保障体系。

在香港,依照《高等与专业教育条例》,非本地课程(即跨境教育)必须接受政府的审批注册,审批标准与该课程输出方的标准具有可比性;在此基础上,非本地

---

① 陈珊. 南非高等教育质量外部保障体系研究. 武汉:华中师范大学硕士学位论文,2008.

② HEQC. Framework for programme accreditation. Pretoria:CHE,2004.

③ 牛长松,顾建新. 南非高等教育质量保障体系:框架、特色与挑战. 比较教育研究,2007(12).

课程可以自愿申请香港学术评审局(HKCAA)①的认证,认证标准以香港本地的标准为基准。当然,对于审批注册来说,那些和香港本地大学进行合作的非本地课程,可以申请免去政府注册,但本地大学负有监控其质量达到规定标准的义务;而那些和香港本地其他机构合作的非本地课程,则由香港学术评审局对其是否达到标准向政府提出参考意见,然后由政府决定。②

1. 外部质量保障中介机构及其运行

香港高等教育的外部质量保障主要由大学教育资助委员(简称"UGC")和香港学术及职业资历评审局等中介机构实施,通过组织对不同类型的院校进行质素检讨和监控,在高等教育质量外部保证方面发挥重要作用。香港高等教育外部质量保障机构在其活动范围各司其职,各有侧重。

● 大学教育资助委员会(UGC)。该委员会是一个没有法定权力的咨询团体,属于非官方机构,负责就香港八所大学的发展及经费需要,向香港政府提供建议。UGC 的委员由香港特别行政区行政长官委任,委员都是所属专业领域的知名人士。为了使大学能有质量保障,其辖下的研究资助局定期进行研究评审,同时还进行教学评估和管理评估等活动。自 1995 年至 2003 年,在 UGC 资助的 8 所大学内,共推行了两轮"教与学质量保证过程评估"。

● 香港学术及职业资历评审局。前身是香港学术评审局,2007 年被教育局局长委派为资历架构的评审当局及资历名册管理当局,同时履行学术、职业技能的评审与教育、培训及质量保障工作。在香港,非大学高等院校的学位教育质量和水准,无论学科门类和学位层次,统一由 HKCAAVQ 负责评审。而各大学均设有内部评估机制,实行自我评估。HKCAAVQ 评估着重详细考察院校本身的质量保障机制,同时,任何一所获准全责甄审其学位课程的院校,仍须接受不定期的外部检查和评估。

2. 跨境高等教育的质量监控

香港将境外教育机构或组织为香港学生提供的高等及专业教育课程称为非本地课程。早期提供的一些课程是护理、教师教育、商务管理、健康类的专门课程。这些非本地课程在 20 世纪 80 年代后期发展得非常快。1986 年由于非本地课程激增,其中一些质量令人生疑,当时的政府组织了一个工作班子,来研究立法控制这些课程的可行性。前后准备了 6 年时间提出了一个对当时香港教育法规的补充条例,1993 年通过立法程序,1994 年生效。那时对与本地高等教育机构合作举办的课程不在控制之列,条件是海外学校在港举办的课程标准必须与其在本土国(和地区)举办的高等教育课程标准具有可比性,必须已被海外高等教育机构承

---

① 香港学术评审局成立于 1990 年,是一个具有独立法人地位的非营利机构。2007 年更名为"香港学术及职业资历评审局"(HKCAAVQ)——笔者注。

② UNESCO - APQN toolkit:regulating the quality of cross-border education. http://www2. unescobkk. org/elib/publications/087/APQN_Toolkit. pdf.

认,已在其本土国(和地区)得到权威认证机构或学术团体的认证。认识到要长期进行监管这些措施仍是不够的,工作班子又设计了一个新的采用注册制度对海外课程提供者进行管理的条例,即现行的《非本地高等及专业教育(规管)条例》(香港特别行政区政府第493号法规,以下简称《(规管)条例》)。1996年通过立法程序,1997年底生效。

《(规管)条例》的管理对象是基于海外的、与香港伙伴合作举办或独立举办的高等教育或专业培训课程。立法意图旨在规范非本地课程,从而保护消费者的利益。从宏观上看,对于那些本地发展需要的而本地又不能提供的非本地高等及专业教育、培训课程,政府视其为香港学生拓宽入学渠道的措施之一,以保证在10年内将高等教育毛入学率提高到60%目标的实现。

《(规管)条例》共分为七个部分44条:① 导言及对非本地高等或专业教育的限制,② 处长及注册记录册,③ 豁免注册,④ 课程的注册,⑤ 经注册课程的营办,⑥ 上诉,⑦ 杂项。另附有四种审报表及填表说明,分别为:高等学术性课程注册登记申请表、职业培训课程注册登记申请表、高等学术性注册课程年度报告和职业培训注册课程年度报告。该条例对非香港本地的学术机构和专业团体在香港设置课程的审批机关、设置条件、注册过程、上诉程序及已获准注册或豁免注册课程的广告刊登、学员付费期限、方式和退赔安排等事项作出了规定。

《(规管)条例》鼓励香港的高等教育机构与海外合作办学,同时进一步保护教育消费者的合法权益,让他们能享受到与自己所付教育费用相当的教育消费,免受不规范、不标准办学的危害。规范的手段主要是通过获取海外教育机构的详细资料,把信息公布于众,把获得批准的课程在相关网站公布,从而作为学生选择不同高等教育、不同课程的有力参考依据。它最突出的特点是把全香港的非本地大学课程划分为注册课程和豁免课程。凡是与本地大学联合举办的课程必须申请办理课程豁免手续,前提是这些本地大学必须是政府认可的,而且是有学位授予权的大学。相对于豁免课程来说,注册课程是指非与本地大学合作举办的课程,由海外大学单独提供,例如特许办学、海外分校等开设的课程,必须经过注册申请,获得许可后方能在香港授课。①

3. 对非本地课程的规管措施

● 审批和仲裁部门。《(规管)条例》涉及三个主要的部门:① 香港教育统筹局下属的非本地课程注册处,专门负责非香港地区高等及专业教育/培训课程的登记注册及日常管理事宜。由教育署署长委任的一名公职人员担任处长。非本地课程注册处1996年底设立,并全面运作。② 香港学术评审局,应注册处处长的要求提供专家评估意见,帮助处长决定是否批准注册或豁免注册。③ 非本地高等及专

---

① 王剑波,薛天祥.马来西亚、香港、以色列等国家(和地区)跨境高等教育比较研究.青岛科技大学学报,2005(1).

业教育上诉委员会。该委员会主席和副主席必须具备职业律师或大律师资格,任期两年。上诉委员会对一宗上诉所作的裁定及所作出有关讼费的任何命令,均属最终决定。

● 注册程序。① 非本地课程向注册处申请登记注册或豁免注册。② 注册处处长委托 HKCAA 专家对提出申请的课程是否达到注册或豁免注册的标准进行评估,给出意见。③ 非本地课程未经同意注册或豁免注册不得开班招生,违者将被处以 4 级罚款(港币 25 000 元)及 2 年的监禁。④ 对注册申请的审批时间一般为 4 个月,甚至更长。处长可视同期收到的申请数量而定。

所谓豁免注册,是指一所本地高等教育机构的行政主管如能证明该课程是由非本地机构或团体与本地高等教育机构联合主办的,可以申请豁免。但同注册课程一样,要上交周年报告。1997—2002 年,注册处共接到注册和豁免注册申请 912 宗,其中 337 个被批准注册,363 个被批准豁免注册。批准注册数与豁免注册数基本持平。豁免注册的高等教育机构分别是:香港大学拨款委员会资助的大学和公开大学、树仁学院及演艺学院。豁免注册体现了对正规本地教育机构负责人的充分信任,但在享受权利的同时要求其承担相应的办学责任。

非本土课程提出注册申请,同一种课程只可注册一次,避免了同一所非本地教育机构到处设点开课,其专业或课程被低层次重复引进的状况。

● 注册标准。申请在香港颁发其本土国(和地区)的高等学术性证书及专业资格证书的非本土课程,必须保证课程的水平不低于在其本土国(和地区)内进行的可使学员获取同一资格的课程的水平。这一事实需经其本土国(和地区)的学术团体及有关的权威评审机构的认证。注册处向每一个申请注册的课程收取 33 000 港元注册费及 18 000 港元年度维持费。

● 广告。未经注册或豁免注册的课程不能刊登招生广告,任何广告中出现虚假或误导消费者的材料和信息都是违法的。远程教育不属必须提出注册申请的课程之列,如要刊登广告,必须说明和提醒消费者。刊登的广告上必须标明注册号,如系豁免注册课程也必须注明。违者处以一定数量的罚款和监禁的处罚。

● 前置审批。为了确保课程教学场所(premises)的安全性,申请注册或豁免注册的课程的主办者必须提前取得消防、住宅安全及土地使用等方面的许可和证明,并在开班前三个月对办学场所向注册处提出前置审批的申请。如注册课程在正规的学校、教育机构及其他由具有相当教学条件的场所中进行,可以不经此程序。

● 周年审核。在获准注册课程的每一学年结束后 6 个月内,或在处长行使《(规管)条例》赋予的权利而容许的较长期间内,该课程的主办者须向处长送交该学年或 12 个月期间的周年报告,提供该课程过去一年的开办情况,包括收费、招生、课程内容、师资等运作情况。HKCAA 就课程质量和水平向注册处提供意见,在有需要时会向课程主办者及外地院校详细了解课程运作,亦会审核课程的周年报告。如课程由非本地教育及职业机构与本地大专院校合办,课程质量保证由本地院校负责。

总体来看,香港跨境高等教育监管制度的特点有:① 对远程教育不做强制监控要求。② 奖惩结合,实行对不服从者进行惩罚、对优秀者进行奖励的制度。③ 认证与注册分离。在法律规定下,所有跨境教育都要强制注册。注册之前,教育机构可自愿寻求认证。认证不是法定程序,而是一个单独的过程,合作办学教育机构可向当地认证机构——香港学术评审局提出申请。注册标准与输出方的标准具有可比性,但认证要以香港当地的标准进行。④ 如果非本地院校提供的项目满足注册的法定要求,则允许其与香港第三级教育或非大学教育机构合作。法定的注册是基于项目的。在项目或课程进行了首次注册后,根据法律规定,要求每年进行再注册。⑤ 香港法律没有要求跨境教育必须符合当地社会的民族、文化、经济等方面的标准。⑥ 注重消费者保护。⑦ 学历认可与项目注册不相关,根据法律规定进行注册了的项目并不是自动就被政府认可或可以任职的。①

4. 香港《非本地高等及专业教育(规管)条例》对我们的启示②

综观香港的《(规管)条例》,不难发现香港对引进非本地课程、合作教育所采用的管理措施,在许多方面给了我们具有思考价值和借鉴作用的启迪。

● 侧重对课程/专业的引进。我国内地现行的中外合作办学管理规章中的审批模式和思路,可能当初主要是借鉴审批设立外资企业的做法,审批标准和程序及鉴定的注意力一般主要集中在对机构的设立、性质、合作双方的组织结构、章程、协议及理事会组成情况等方面,疏于对课程和教学标准的审核。由于上述原因,难免会出现教学质量缺乏有效保证和监控,机构运作和教学质量、课程内容相脱节,低层次、有名无实、以营利为主要目的的中外合作办学机构不断滋生等现象。在香港,政府受理部门只接受作为课程的申请。审批的重点是鉴定境外教育机构的资质、课程内容、课程授权、授课计划、授课师资、作业及考试的要求与规定、证书颁发及认证等情况,从而在受理和评审的过程中,能把握住双方合作的实质。这样有利于政府机构对批准项目的监管,有利于强化境外教育合作机构的参与责任,也有利于有关各方明确教学安排、目标和质量评估标准。同时也能避免因机构而产生的诸多难以解决的问题。中外合作办学的真正目的是引进国(境)外优质的教育资源,尤其是优质的课程/专业,我们不需要那么多的对引进国(境)外优质教育资源并无促进的办学机构。过分侧重对机构设立的审批,不仅有违中外合作办学初衷,也会误导中外合作办学真正的努力方向。

● 统一归口受理。《(规管)条例》将学历教育专业和职业培训课程置于同一

---

① 郭朝红.国际视野下的跨境高等教育质量监控.教育发展研究,2006(23).

② 江彦桥,蔡盛泽,卫懿.《香港非本地高等及专业教育(规管)条例》及其对制定中外合作办学法规的启示(内部资料).

个注册部门(非本地高等及专业教育课程注册处)的统一监管之下,便于掌握标准(使用两套不同的注册申请表和年度报告书),增加了审批的可比性和公平性。在香港,非本地课程注册处是唯一负责受理各类非本地教育申请的机构,负责普通类和职业培训类教育的全部申请。这种采取归口管理,并由政府指定的一个窗口,按统一的规范程序接受社会申请的办法,能避免审批要求政出多头、标准不一,部门间界限不清、各自责任不明等有碍管理的问题的产生,有助于防止出现政策真空及因审批标准和政策掌握上的差异,形成不公正和不正当竞争。内地的实践表明,分头审批极容易产生真空地带,谁也管不到,尤其是对那些非法进行合作办学的机构和办学者难以监督,容易被人钻空子。对一些专业性或职业性较强的办学机构(项目)的审批,如采取专业职能部门前置审核,教育部门统一审批的办法是行之有效的。借鉴香港的办法对非本地课程实施统一归口注册,将有助于促进和完善我国内地中外合作办学的教育市场。

- 完善法律框架。我们强调依法办学,然而,能否依法办学在很大程度还取决于是否有完备的法规可依。香港的《(规管)条例》在较完备的配套法律框架体系的支撑下,对合作办学追踪经常碰到的问题从法律的角度作了明确规定或限制。对非本地高等及职业教育注册和管理过程中的可能出现的违规行为作了明确的定义,并且有明确的处罚措施,起到了警示的作用。如不遵守《(规管)条例》,刊登误导性虚假广告,未经批准擅自合作办学,未按注册处规定送交指定的通知或文件等,有关办学主办者都将受到包括监禁在内的法律处罚。我国内地现有的中外合作办学有关法规,虽列有处罚的款项,但这些处罚仅针对办学机构,而且很少有针对非法或违规办学者的有威慑、可操作的处罚条款。这样不利于对合作办学的监督和管理,也难以对非法办学者采取有效的打击措施。

- 公示与监管机制。为方便社会的监督,香港非本地教育注册处须在媒体刊登告示,向社会公布经批准注册课程,或建议撤销及决定撤销注册等有关信息。在监管方面,注册处要求课程主办者每年提交一份课程周年运作报告,并送有关质量评审机构对周年报告内容进行核实。较有特点的是将课程主办者提交的周年报告存放在政府对外开放的办公场所,供广大消费者免费自由查阅。对公众开放周年报告的做法,不仅从形式上,而且在实际意义上加大了社会对办学者的广泛监督,在机制上保证了办学者依法办学和自律规范办学的意识。

- 周到的消费者保障机制。《(规管)条例》的立法宗旨,是为了保证进入香港教育市场的非本地课程都达到相当的水准之上,保证香港的消费者免受劣质教育之苦,保证香港的高等及职业教育一贯的良好声誉。因此,《(规管)条例》通篇贯穿着对消费者的提醒和忠告。告诫消费者:选择已经注册或获准豁免注册的课程,并通过注册处的注册记录及登录专门网站核对非本地注册课程名单。提醒消费者:纯粹的非本地远程教育课程不在登记之列,但可以选择申请注册,以证明其达到了注册的标准;注册或豁免注册的行为只是证明此项非本地课程的开设的合法性,注册本身并不能赋予该课程特殊的声誉,更不能因此将其等同于本地的学历教育专业。为保护消费者权益,为了保障学生的利益,《(规管)条例》规定注册课程一般不得收取多于三个月的学费。一旦课程被撤销注册或撤销豁免注册,或提前结束时,主办者必须在一个月内退还未完成课程的学费给学生。如有违反,即视为犯法。一经定罪,可罚港币 25 000 元及监禁 6 个月。

第二节　教育输出方的外部质量保障活动

教育输出方通常是高等教育普及程度高、经济比较发展的国家,如澳大利亚、美国、英国、日本、加拿大等国家。在经济全球化和教育国际化的背景下,特别是在WTO 的框架中,教育被看成服务贸易的组成部分,澳大利亚甚至把高等教育视为一种产业向国外输出。与此同时,教育输出方也十分关注对海外教育项目的监控,主要有以下几个方面的原因:① 维护本国教育体系、资格体系的声誉;② 海外教育项目对本土教育机构的影响,如一个教育机构的海外项目陷入财务危机,那么该机构本身也将受到拖累;③ 处于外交关系和国际援助政策及理念的考虑,期望确保本国教育机构提供优质的海外服务;④ 输入方在设置审批之前,可能需要来自输出方的外部质量保障或政府认可;⑤ 整个教育体系的国际声誉。①

一、澳大利亚

1991 年澳大利亚为发展"教育服务出口产业",颁发了《海外留学生教育服务法》,最终确立了教育出口战略和高等教育国际化战略。十多年的教育输出已使澳大利亚跻身教育输出大国行列,在 2002 年华盛顿"国际教育服务贸易论坛"上赢得了"教育出口大国"的赞誉。澳大利亚跨境教育的快速发展,得益于其政府有效作用的发挥和教育输出战略的法律保障机制。

1. 颁布海外从业道德准则

为配合政府制定的教育出口战略,澳大利亚大学校长委员会制定了一系列相关准则。比如,1990 年制定的《澳大利亚高校在本土向海外学生提供教育的从业道德准则》,1995 年出台的《澳大利亚高校在境外向留学生提供教育和教育服务的从业道德准则》,1998 年将上述两个准则合并成了统一的从业道德准则。这些准则的宗旨是,让接受澳大利亚高等教育的留学生都能得到高质量、专业性的教育。这些准则在 2001 年进行了修订,2005 年在新颁布的《澳大利亚大学从业准则与指南》中,规定了一整套实施细则,旨在保障海外学生的利益,确保大学教育质量合乎标准。

---

① UNESCO-APQN toolkit: regulating the quality of cross-border education. http://www2. unescobkk. org/elib/publications/087/APQN_Toolkit. pdf.

2. 成立专门机构加强管理

一直以来,澳大利亚针对跨境教育出现的问题积极成立各种各样的组织,来指导和促进跨国教育贸易的发展。为了积极有效地推进跨国教育贸易的发展,澳大利亚政府成立了有关的组织机构:① 1969 年成立澳大利亚高等学校国际发展计划组织(简称"IDP")。IDP 是由澳大利亚政府出资组建的、政府直接领导下的教育推广机构。现在 IDP 已经成为澳大利亚 40 所大学所共同拥有,并由 1 000 多会员院校组成的全球性非营利机构,每年为 20 多万学子办理入学申请。② 澳大利亚国际教育基金会(简称"AIEF")。该机构名义上是非政府机构,实际上直属教育部,在海外有近 40 个办事机构,主要为政府提供国际教育交流方面的建议,代表政府参与国际教育交流活动,推进澳大利亚的教育国际化活动等。③ 1993 年成立澳大利亚教育、科学与培训部国际教育司(简称"AIE"),主要负责制定并实施《海外学生教育服务法》,撰写国家教育概况,更新亚太地区学术认可网,推动澳大利亚奋斗奖学金及国际奖学金项目计划等。①

3. 推出《海外学生教育服务法》

澳大利亚政府在 2000 年推出了新的《海外学生教育服务法》,规定了国家使用法律手段监督国际教育服务提供者的权力,建立国家的国际教育服务机构的认可、注册制度,以及学生利益保护制度等相关制度。同时,制定一系列配套政策,以保护学生权益。随后颁布了具体实施办法,设置了全国统一的教学质量规范与标准,以维护澳大利亚教育培训行业的声誉。此外,政府还通过建立"学费保障计划"和"学费保障基金"等经济保障制度来保护持有学生签证的在澳留学生的合法权益。

4. 资助教育的国际化发展

澳大利亚联邦政府积极增加教育投入,加强高等教育的建设,促进本国国际教育的全面推广。2003 年,澳大利亚联邦政府在 2003—2004 年度财政预算中提出:用 1.13 亿美元来扩大高等教育出口,全面推广澳大利亚国际教育。具体内容包括:完善质量保障措施,从而保证招收的海外学生的教学质量和境外办学质量;推出新的签证类别,优化学生签证的管理,防止舞弊和作假行为;向 4 个从事教育、科学创新和旅游领域研究的国际知名研究中心提供拨款;建立研究项目奖学金,吸引海外优秀学生赴澳深造;向澳大利亚语言教学人员的短期海外培训项目提供资助;成立国家语言中心,加强语言技能和商务文化技能培训。这项计划中包括附加的4 100 万美元用于海外教育的宣传工作。与此同时,澳大利亚教育、科学与培训部发布官方信息,政府将拨款 4 300 万澳元用于澳大利亚大学的建设,以增强澳大利亚大学的国际竞争力。②

---

① 黄建如,张存玉.澳大利亚政府在跨国教育贸易中的角色分析及启示.煤炭高等教育,2008(5).
② 黄建如,张存玉.澳大利亚政府在跨国教育贸易中的角色分析及启示.煤炭高等教育,2008(5).

5. 建立管理系统和信息平台

由澳大利亚教育、科学与培训部和澳大利亚移民、多元文化及土著事务部,研制成海外学生管理系统。该系统的启用大幅度降低了签证作假的比率,提高了信息资源共享程度,对加强国际教育行业的质量监控发挥了举足轻重的作用。为完善留学生教育服务工作,使学生及家长得到准确信息,澳大利亚政府重视相关信息的公开化和公正性,创建海外留学生教育公开信息平台。如在网上公布经政府注册批准招收海外留学生的高等院校名单,未经政府注册批准招收海外留学生的高等院校名单以及提供过假文凭的院校名单。①

二、英国

大学自治和确保质量是英国高等教育的传统。对输出的跨境教育,英国不对其实施法律控制,也没有相应的行政管理规定,主要靠大学内部的质量控制和办学自律,同时辅之以一定的外部评价制度。对跨境教育进行外部监管,主要通过英国质量保障局(简称"QAA")来实施。QAA 是 1997 年成立的一个独立机构,它并不直接审批或认证项目,只是公布期望公立院校达到和保持的基本标准和资格框架,以及具体的行为准则和相关信息。

1. 外部质量保障体系及其演变

1997 年之前,英国有两套不同的高等教育外部质量保障系统:高等教育基金委员会在学科层次上进行学科评估,监控教学质量;高等教育质量保证委员会在院校层次上进行学术质量和标准的审核。1997 年英国高等教育质量保障局成立,试图将评估和审核融合起来,进行大学学术质量评估(包括学科专业评估和院校质量管理评估)。

虽然 QAA 开展了大量工作,但学科评估和院校评估在合并后并未产生实质性变化,而高校应对评估的负担有增无减,评估耗费了大量人力、财力,评估结果却缺乏可信度。人们对评估方法和结果的可靠性表示怀疑,认为评估背离了英国学术文化的核心价值。基于此,英国于 2002 年停止大学学术质量评估,开始实施以院校审核为基础的质量保障模式。院校审核在理念上和过去的评估方法有着重要区别。其最显著的特点是认为高等教育质量保障是院校自己的责任,因此,院校审核的重点不是直接评估高校的教育质量,而是评估高校内部质量保障机制的有效性。

2. 院校审核的主要内容和重点

院校审核的内容包括:院校内部质量保障体系与机制的有效性;教育质量与学位学术标准定期评估方式以及评估建议执行方式;院校提高研究生研究课程质量措施的有效性;院校对其内部质量保障结果的使用效果,对外部评估结论以及来自学生、毕业生、雇主信息的利用效果;院校公布的学位学术标准、教育质量信息以及

① 王留栓.澳大利亚教育出口战略的法律保障机制.世界教育信息,2005(9).

教学质量信息的准确性与完整性。

院校审核的重点主要集中在六个方面：学术标准的院校管理、学习机会的院校管理、院校质量提高方案、合作安排、研究生院校管理、信息发布等。审核一方面重点考察院校如何对自身质量管理体系及质量管理机制进行批判性评估，以便将质量体系控制在适度范围内，从而实现既定的教育方针和目标；另一方面，通过审核确保院校的学位学术标准及教学质量得到合理管理，值得公众信任。

3. 审核依据资历框架和学术标准

QAA 不但负责对大学和学院进行评审，而且致力于促进和支持教育与标准的持续改进。该机构负责对学校的审核和审查(audit and review)，对学科的审查，就各校关于学位授予权及大学头衔的申请向政府提出建议，对预科课程认可计划进行管理，对英国高等教育学术结构（资历框架、学科基准、专业规格以及质量保障实施规则）进行管理，并就学术质量与标准有关的问题向高等学校及其他机构提出建议和指导。

2004 年 QAA 发布了带有高等院校行业自律性质的《保障高等教育办学学术质量和标准实施准则：合作提供、灵活与分散学习》。QAA 还定期对实施跨境教育的机构进行学术质量审核，主要审查合作办学的质量以及有权授予学位的大学对其合作组织进行管理的有效性。[1] 2005 年 9 月，QAA 对上海财经大学的中外合作本科教育项目的教学质量，进行了为期两天的考察和评估。[2] 2006 年，QAA 更是大规模展开了对英国高等院校在中国办学项目的审核。

第三节　国际性组织及跨境教育质量保障的相互合作

随着教育在社会政治、经济发展中地位的彰显，以联合国为首的国际性组织日益重视对教育问题的研究和投入，联合国教科文组织积极探索制定跨境教育的指导方针，保障跨境教育办学质量。作为非教育专门性国际组织，经济合作与发展组织注意到跨境教育发展对未来经济发展的影响，与联合国教科文组织以及区域性高等教育质量保障网络组织开展了一系列跨境教育的研究与合作。另一方面，作为高等教育质量保障的全球专门性组织，国际高等教育质量保障机构网络组织（INQAAHE）将跨境教育作为未来世界高等教育发展的重要方向，对其质量保障问题作出了探索、行动及指南。而作为区域专门性国际组织，亚太地区质量保障网络（APQN）等组织也在积极与联合国教科文组织开展合作的同时，致力于本地区跨境教育的实践，并对未来发展作出指导和建议，以更好地保障跨境教育的质量。

---

① 顾建新. 跨国教育研究. 杭州：浙江大学教育学院博士学位论文,2003.

② QAA 检查团来我校评估中外合作本科教育. http://www. shufe. edu. cn/xiaoban_htm/news/2005/20052801. htm.

一、国际组织的跨境教育质量保障行动

国际组织包括：政府间组织（IGOs）、非政府间组织（INGOs）、全球综合性组织、全球专门性组织、区域综合性组织、区域专门性组织。国际组织在国际文化合作中发挥着多种作用，主要体现在四个方面：① 研究、收集和发布信息，② 制定国际性的标准和规范，③ 通过举办会议发展交流与合作，④ 参与技术性的合作活动。① 国际性组织的建立是为了达到各成员所无法独立完成的目标，国际性组织在某一领域所发挥的作用主要取决于其成员的利益取向。因此，各成员不会允许国际性组织危害或干涉其国家（和地区）内部事务，国际性组织只能通过指导性的建议来为各成员服务。

1. 联合国教科文组织与跨境教育质量保障

UNESCO 是目前世界上最大的国际组织，它是各国政府间讨论关于教育、科学和文化问题的国际组织，也是国际教育的重要协调和指导机构。其宗旨是通过教育、科学和文化促进各国间合作，对和平和安全作出贡献。它以促进国际理解和交流、维护世界和平、实现人类的基本权利为诉求，遵循的是人道原则。因此，它对成员国的影响主要是借助于通过的宣言或行动纲领，产生道德或责任上的影响与约束。

在教育方面，UNESCO 的主要活动包括：召开地区性部长会议，讨论教育政策和规划问题，并对本地区的教育活动和国际合作问题提出建议；组织发展中国家的学生到发达国家留学；帮助发展中国家办学；提供教育仪器和设备；研究世界教育动向和问题；出版教育期刊和著作。目前，高等教育质量保障已经成为 UNESCO 的重要议题，高等教育质量保障研究的国际化趋势日益凸现。

在跨境教育质量保障方面，UNESCO 通过召开各种国际会议或是推动各类合作项目，增进各成员国之间的理解与信任，达成共识并促使各成员国朝共同的方向前进。UNESCO 的各类宣言与行动纲领，主要就是基于各国间的共识及行动方向而制定的。

（1）UNESCO 有关跨境教育质量保障的活动

早在 20 世纪 60 年代，UNESCO 就开始推动高等教育学位的跨国互认。在 70、80 年代，共有六个区域性或区域间的资格互认公约得以签署和批准。这些互认公约，是国际高等教育界和各国政府处理因学生和高技能劳动力国际流动而带来的认可问题的最重要工具。

1998 年 10 月，UNESCO 在巴黎总部召开了首次世界高等教育大会。作为大会分主题，高等教育的质量和高等教育的国际合作成为大会讨论的热点。会议指

---

① Böhning W R. The role and functions of international organizations in the field of migrant workers. (1999-01-11) [2008-02-27]. http://www.oit.org/public/english/region/asro/mdtmanila/speeches/miworker.htm.

出,开展质量评估,将是高等教育改革与发展的重要行动。高等教育的质量是一个多重的范畴,对高等教育质量的衡量依赖于内部自我评估和外部专家评估。应当建立独立的国家评估机构,制定国际范围认可的质量标准。高等教育的质量还包括国际交往工作,如知识交流、教师和学生流动、国际研究项目等,应促进教师在国家之间、高等院校之间以及高等院校与职业界之间的流动。

随着高等教育国际化发展,跨境教育成为国际高等教育发展的重要组成部分,跨境教育的形式日益多样化。针对教育国际流动日益频繁的现状和趋势,UNESCO 协同区域组织,在资格互认方面采取了一系列的行动,包括修订资格互认公约、制定跨境教育办学质量指导方针、与区域性组织或国家质量保障组织和机构合作开发跨境教育合作项目、建立信息中心和数据库等。

为了促进跨国教育资格的认可,UNESCO 和欧洲理事会(简称"COE")于 2001 年制定了《关于提供跨国教育的实施准则》(*Code of Good Practice in the Provision of Transnational Education*),把跨国教育资格认可与质量保障联系起来。该准则在 2001 年获得《里斯本公约》(*Lisbon Convention*)政府间委员会的批准,已成为公认的《里斯本公约》的一部分。UNESCO 与 COE 还联合制定了《关于评定外国资格的标准和程序的建议》,并于 2001 年获得里斯本公约政府间委员会通过。该文件为文凭和学位评定者提供了一套指导纲要,其原则也同样适用于跨国教育资格的认可。

随着跨境教育发展的多样化以及新的跨境高等教育办学形式的出现,各国有待进一步提高对跨境教育质量保障的认识。除了加强本国质量保障和认证体系以外,通过开发跨境教育质量保障指导方针来开展国际合作、协调各利益相关者之间的关系,也是加强跨境教育质量保障的重要途径。2003 年 9 月至 10 月,UNESCO 大会通过一项决议,请总干事"依靠教科文组织和其他国际机构的力量,与质量保障机构和办学机构合作,制定引导跨境高等教育办学的做法和原则"。2003 年 12 月,联合国教科文组织与经济合作与发展组织联合发起行动,着手开发《保障跨境高等教育办学质量的指导方针》(*Guidelines for Quality Provision in Cross-border Higher Education*)。《指导方针》的开发邀请了多个国家的高校协会、学生联合会、质量保障和认证机构、专业协会参与讨论。经过 90 多个国家代表参与的三次起草会议和为期一个月的全球征求意见活动,UNESCO 第 33 届大会和 OECD 理事会分别于 2005 年 10 月和 2005 年 12 月通过了这一文件。《指导方针》的正式发布,其目的在于鼓励国际合作,增进各国对跨境高等教育办学质量重要性的理解。

作为对《指导方针》的补充,2006 年,UNESCO 又与 APQN 通过项目合作,制定了《关于规范跨境高等教育质量保障的信息包》(*UNESCO-APQN Toolkit:Regulating Quality Assurance in Cross-border Education*,以下简称"《信息包》")。《信息包》主要是为输入或输出方在制定跨境教育管理规范时提供参考,通过提供例证,为各国思考和发展本国跨境教育的监控制度、形成质量保障体系提供指导和帮助。目前,

《信息包》主要关注的是政府和政策制定者层面的跨境教育质量保障活动。下一步,它将会在此基础上继续对更多领域和层面的跨境教育质量保障进行开发和研究。

2007 年,联合国教科文组织国际教育规划研究所(简称"IIEP")开发了《外部质量保障:高等教育管理者的选择》(*External Quality Assurance: Options for Higher Education Managers*),作为其培训、远程教育和自学教材使用。IIEP 成立于 1963 年,是世界教育规划和管理领域的高级培训和研究中心,致力于通过传播知识和培训专家来促进全世界教育的发展,主要负责协调并管理国际高等教育机构、保证跨国教育质量、帮助高校筹措资金、帮助高校与企业之间建立关系。为加强各国尤其是发展中国家的能力建设,UNESCO 在这些国家开展了培训和技术支持项目。其培训教材《外部质量保障:高等教育管理者的选择》,从外部质量保障的角度,探讨了如何以外部质量保障来保证高等教育的办学质量。其中第五模块专门论述了"跨境高等教育的监管和质量保障"(Regulating and Assuring the Quality of Cross-border Providers of Higher Education)问题,对跨境教育尤其是发展中国家的跨境教育所面临的问题、跨境教育的监管、跨境教育的外部质量保障、国际跨境教育的监管和质量保障框架进行了探讨。该教材对于进一步认识高等教育的质量、外部质量保障机构的运行和作用,以及跨境教育的监管和质量保障起到了重要作用。

(2) UNESCO 关于跨境教育质量保障的观点

UNESCO 关于跨境教育质量保障的指导思想,主要反映在其与 OECD 联合开发制定的《指导方针》中。该方针支持和鼓励国际合作,提高对跨境高等教育质量保障重要性的认识。其宗旨是保护学生和其他有关各方免受办学质量低下或违规办学者的危害,鼓励能够满足人文、社会、经济和文化需要的高质量跨境高等教育的发展。

UNESCO 认为,跨国界办学的宗旨应该是为接受国的人文、社会、经济和文化发展服务。随着跨境教育的大发展,全面协调各种办学方式的国际体系尚未形成;另一方面,各国质量保障和资格认证体系也存在多样性和差异性,这使跨境教育的质量面临挑战。现有的各种质量保障和资格认证制度所面临的挑战是,制定相应的程序和制度来管理境外开办的课程以及本国的办学者和课程,以充分发挥高等教育国际化的优势,限制其潜在的负面作用。同时,学生、教师、研究人员和专业人员跨国界交流的增加,使学术水平和专业资格认证问题成为国际合作议事日程上的重要问题。

《指导方针》的目标,是提供保障跨境高等教育办学质量的国际框架,以迎接跨境教育对质量保障和资格认证的国家框架和机构,以及承认海外学历制度的挑战。《指导方针》按职能划分从政府、高等教育机构/办学者、学生团体、质量保障和认证机构、学术认证机构以及专业团体等 6 个方面向跨境教育各国提出了行动建议。其中:

——在促进必要的质量保障、资质认定和学历认证方面,政府可以施加其影响,也可以出面负责。在大多数高等教育体系中,政府肩负着政策协调者的角色。当然,也有些国家监督质量保障的职权掌握在地方政府或非政府组织手中。针对政府的部分,共有七项原则,而主要在于对于有意前来设置跨国高等教育提供者建立一个全面、公平且透明的注册系统,提升跨国高等教育质量保障及认可的能力;支持各国及国际的质量保障认可团体与合作;发展或签订双边或多边的文凭认可约定;提供最正确、及时且可取得的咨询等。

——在保障跨境教育办学质量方面,教学人员积极的和具有建设性的参与是必不可少的。不论在何地或用何种方式开展教育,高等教育机构都要对自己所办教育的质量以及所颁发的学历水准负责。因此,建议高等教育机构的重点在于确保跨境课程与境内课程质量的可比较性;确保学术人员的工作环境、条件与自主性;各机构内必须设置、维持或审查其内部质量系统的运作、信息分享与网络的建立;督查使用现存的准则,与质量认可组织、学生团体合作以利信息的传播等。

——针对质量保障及认证机构,重点在于确保质量及认可机制涵盖跨境部分,应建立区域网络,促进两方彼此质量保证及认可系统的了解;提供资讯,可采纳国际的同行评价、国际水准标杆等,以确保各式的质量保障及认证机构评价活动的可比性。

——针对学术认证机构,UNESCO学历认可地区公约是十分重要的文书,有助于对高等教育学历的公平认可,在现有措施的基础上,需要进一步采取国际行动,使认证制度更透明、更有可比性,以促进对学术资格的公平认可。因此,建议学术认证机构重视实务经验与信息的交换,与质量保障及认可组织的合作以协助认定该文凭是否达到基本水准;对雇主提供就业市场专业文凭的相关信息等。

(3) UNESCO在跨境教育质量保障中的作用

半个多世纪以来,UNESCO一直是国际教育合作与交流的主要倡导者,它通过各种智库不断发布新的教育理念,发起和组织各类国际合作项目并在其中发挥技术支持的作用,促进了各国在教育领域的交流与合作。UNESCO从成立之日起便一直致力于促进高等教育和国际合作与发展。1998年UNESCO组织召开的“世界高等教育大会”发表的《21世纪的高等教育:展望和行动世界宣言》,已成为高等教育国际化的重要宣言。

UNESCO强调的是国际合作,即以真正的伙伴关系、相互信任与团结一致为基础,而高等教育国际化正是增进信任与团结的重要手段。在跨境教育质量保障中,UNESCO通过召开各种国际会议或是推动各类合作项目,增进各成员国之间的理解与信任,最终达成共识并促使各成员国朝共同的方向前进。UNESCO的各类宣言与跨境教育行动纲领及其质量保障指导方针,主要就是基于各国间的共识及行动方向而制定的。UNESCO认为,各国间的相互了解与信任是推进跨境高等教育发展的主要基础,因此,在跨境教育发展的过程中,UNESCO积极发动政府、高校、举办者、师生以及各种涉及高等教育的非政府组织（NGO）共同参与讨论。此外，UNESCO还专门成立了一个高等教育的"非政府组织集体咨询组"，来帮助其确定高等教育的发展计划并参与计划的实施。

从UNESCO的跨境教育活动可以看出，UNESCO主要是通过以下几个方面加强跨境教育的质量保障和发展的：① 促进资助跨境教育国际合作计划和项目的政府组织、非政府组织、各种机构和基金会之间的进一步协调，通过集体协商和评议的方式，扩大行动的影响和增强对项目有效性的信心；② 与国际性、区域性高等教育组织或质量保障组织合作，组织有关高等教育国际化发展以及跨境教育质量保障的国际论坛，统一认识，制定指导方针，拟定和发布国际性文件；③ 收集各国跨境教育发展的信息，整合跨境教育发展中出现的问题，编写世界各地对跨境教育问题最新看法的报告；④ 鼓励有新意的培训和研究项目，发挥跨境教育在能力建设方面的特殊作用；⑤ 普及跨境教育的基本知识，帮助发展中国家积极应对未来跨境教育发展所带来的挑战，从根本上保证跨境教育的质量和可持续发展；⑥ 促进信息交流并在必要时建立信息库和资料库，为跨境教育的发展提供经验、信息和咨询。

作为政府间国际性组织，UNESCO在促进高等教育国际化发展以及保障跨境教育的质量方面作出了重要贡献。它在通过跨境教育加强地区和国家的能力建设、关注跨境教育质量保障的热点问题、组织质量保障与认证全球论坛、提供跨境教育办学的指导性意见和建议等方面起到了积极的作用。

2. 经济合作与发展组织与跨境教育质量保障

OECD成立于1961年，其职能主要是研究分析和预测世界经济的发展走向，协调成员国关系，促进成员国合作。OECD每年以英文和法文出版约500部书，其中许多还译为其他文字，在传播和沟通世界信息方面作出了重要贡献。OECD下设教育、就业、劳动及社会事务司，研究和分析教育及培训系统、劳动力市场的趋势和政策以及人口在国家间的流动和影响。此外，还通过教育研究与分析中心研究新的教育与学习方法。主要出版物有《教育要览》、《就业展望》、《人口国际移居趋势》、《高等教育管理》。

从"教育服务贸易"到"跨境教育"，OECD在跨境教育的发展过程中起到了重要的推动作用。这可以从它三次与UNESCO联合召开国际教育服务贸易论坛，以及与UNESCO合作发起并制定《保障跨境高等教育办学质量的指导方针》中得到印证。

（1）OECD与国际教育服务贸易论坛

2002年到2004年，OECD和UNESCO先后三次召开国际教育服务贸易论坛，力图避开服务贸易总协定（GATS）的敏感问题，通过召开论坛，以对话和协商的方式实现教育服务贸易自由化，打开教育市场，实现共同发展。

2002年的华盛顿论坛主要对WTO/GATS的规则进行了质疑和澄清。2003年的挪威论坛,以"跨境教育"代替了"教育服务贸易",减少了教育的商业色彩。此次会议的主导观点已经转向教育服务贸易的规范与管理问题。会议指出,资历认证的国家框架在很多情况下对于跨国教育和私人提供是不充分的。与会者认为,教育服务贸易不能等同于"跨境教育"和教育国际化发展趋势。追求商业利益仅仅是各国发展"跨境教育"的政策目标之一而不是全部,加强本国人力资源建设和增进国与国之间的联系,也是不可忽视和无可替代的重要目的。2004 年以"跨境教育与能力建设"为主题的悉尼论坛,质量保障成为各国关注的焦点,"亚太地区通过跨境教育加强高校机构能力建设问题"成为会议中心议题。与会国家达成共识,认为加强质量保障和认证的能力建设,是亚太地区通过实施跨境教育实现高等教育机构能力建设的根本。加强对跨境教育质量保障和认证,不仅能够维护发达国家的教育声望,更能保障发展中国家和学生的利益。①

(2) OECD 与《保障跨境高等教育办学质量的指导方针》

OECD 在召开教育服务贸易国际论坛的同时,组织开展了一系列专题研究,短期内发表了一系列研究成果,在此基础上还抓紧起草了一些专门协定。其中最具影响的是与 UNESCO 联合起草的《指导方针》。

《指导方针》是在高等教育商业化日渐突出的背景下拟订的,它所应对的是跨境教育所面临的四个挑战:国家对跨境教育的质量保障能力不足;质量保障机构缺乏跨境资格认证的经验;对质量认证日益增加的需求和必须面对的困难;确保有价值的专业服务资格认证的需求。这些挑战增加了消费者落入信息误导、低质量跨境高等教育和伪劣学位、文凭、证书的陷阱的几率。为了应对这些挑战,指导方针草案提出,希望建立一个保障跨境高等教育办学质量的国际框架体系,其核心是保护学生获取高质量的跨境高等教育。

二、国际质量保障网络组织与跨境教育质量保障行动

随着高等教育的国际化以及跨境高等教育的发展,国际高等教育质量保障体系日趋完善,质量保障开始走向国际化,出现了促进国家(和地区)间质量保障与认证机构相互交流的国际组织。这些组织自 20 世纪 90 年代以来得到了蓬勃发展,有力促进了跨境高等教育质量的提高。

1. 国际高等教育质量保障机构网络组织

自上个世纪 90 年代中期以来,随着世界范围内高等教育质量保障热潮的兴起,需要建立相关的国际化组织,以应对高等教育的发展变化。UNESCO 于 1991 年在我国香港召开"高等教育质量保证"国际研讨会,成立了国际高等教育质量保障机构网络组织(INQAAHE),并随即召开了第一次会议。INQAAHE 被看作是一

① 高云,闫温乐,张民选.从"教育服务贸易"到"跨境教育":三次国际教育服务贸易论坛精要解析.全球教育展望,2006(7).

个国际性质量保障机构的平台,其宗旨是收集、宣传关于高等教育质量保证的现行的和发展中的理论和实践经验,分享其成员在高等教育领域的研究成果,帮助其成员开展国际(和地区)合作,以期在高等教育评估上建立国际公认的统一标准和评估机构的行为规范。INQAAHE 成立至今,其首要使命就是促进世界各地高等教育评估机构的交流与合作,推动高等教育评估的国际化。

(1) INQAAHE 及其质量保障活动

INQAAHE 通过促进国家(和地区)间教育认证机构合作与交流,逐渐形成相对一致的国际性的认证标准和方法。1993 年 5 月,INQAAHE 第二次会议在加拿大的蒙特利尔召开,会后出版了《高等教育质量保证的国际发展》论文集。1995 年 5 月,国际网络第三次会议在荷兰召开,就以下四个问题展开了讨论:提供质量与向公众负责,政府和大学的作用,外部质量保证的后续推进,全面质量管理是否适用于高等教育。INQAAHE 第四次会议于 1997 年 5 月在南非共和国著名的克鲁格(Krugor)国家公园召开,会议的主题包括:质量和多种文化间的教育、开放入学、学分互认、教师素质的提高、多重鉴定、大学与非大学、小型开发体系、远距离教育、质量检查和专业认证的作用等。

INQAAHE 的主要工作除了不断发展新成员,定期出版学术刊物以外,召开高等教育评估的学术研讨会、推动以国际标准对评估机构进行评估,帮助经济欠发达地区开展高等教育质量保障工作也是其重要任务。目前为止,在 UNESCO 的支持下,INQAAHE 已组织召开了九次世界性大会,它于 2003 年制定的关于评估机构的《行为规范指导原则》,经过 2006 年修订,已成为质量保障机构尤其是外部质量保障机构开展合作、相互了解、提高认证能力、加强自身能力建设的指南。这份文件同时提供给各国和各地区的外部质量保障机构。2007 年多伦多 INQAAHE 第八次双年会上,对实施这一准则的成就再次进行了评价、审查和修订,并将这一指导原则作为普适性的行为准则进行推广。

(2) INQAAHE 力推普适性的行为准则

高等教育的国际化使以服务国家(和地区)为定位的质量保障机构也加入国际化的进程,不仅需要关注跨境教育的质量,也要提供跨越国界的评估服务,机构自身更要达到国际的标准和专业水准。在教育质量保障机构和评估机构国际化的背景下,INQAAHE 试图提出一个全球普适的评估机构行为规范,使全球评估机构能够目标一致、标准统一,而且更具可比性。

INQAAHE 的宪章中明确地写道:在保证和提高高等教育质量方面倡导规范行为。2006 年 10 月,INQAAHE 向该组织的每一个成员寄送了《INQAAHE2006 行为规范指导原则》(*INQAAHE Guidelines of Good Practice* 2006)的小册子,此次修订经过了 65 个国家(和地区)的充分讨论。制定这些原则的根本目的是确保全世界的学生们能够享有高质量的高等教育,执行这些原则将给世界各地的人们带来深远的影响。

INQAAHE 制定的《行为规范指导原则》共有 11 条,包括评估机构的宗旨、评估机构与高等学校的关系、评估决策过程、机构外的专家委员会、公众知晓情况、文件管理方式、经费来源、申诉系统、对评估机构的评估、与其他评估机构的合作情况、跨国(和地区)高等教育情况。INQAAHE 在这 11 个方面都制定了相应的行为规范。这对评估机构提出了更具体更专业的要求,并在不同的组织、机构以及利益相关者之间对行为规范给予了统一的定义,给那些学术词汇赋予了实际应用价值,对以前思考的一些问题给予了明确答案,确保了评估程序的合理性,为新建的评估机构树立了样板,加强了运作的透明度。有专家认为,如果采用国际标准,那么各个评估机构就在框架上具有可比性,因此,INQAAHE 制定的行为规范准则是一个全球化的尺度,可以适应高等教育的全球化和迅速增长的流动的学生群体的需求。但是,也有专家认为,这样的行为规范对于一些国家(和地区)的评估机构是不恰当、不符合国情的,即使这个行为规范在所有的方面都是完美的,但是要将它付诸实施也是要付出很高的代价的,其成本甚至会高出它所带来的好处。

不管这种普适性的行为准则是否可行,在高等教育评估全球化的进程中,IN-QAAHE 无疑都起着重要的推动作用,它为不同国家(和地区)的评估机构搭建一个共同的平台,有利于相互的交流与合作。1991 年 INQAAHE 只有 8 个成员,如今该组织的正式成员已经超过 160 个,分别来自 70 个国家(和地区)。随着国际高等教育质量保障机构影响的扩大,据来自 2001 年第六次世界高等教育质量保障大会的消息,世界上现在已经有 120 多个国家和地区建立了质量保障机构,极大地促进了世界范围内高等教育质量保障工作的开展和经验的传播。未来国际高等教育质量保障机构组织将吸引越来越多的国家和地区参与,变成全球性的共同行动,在多元的文化背景中推进融合和创新。

2. 亚太地区质量保障网络组织

APQN 于 2003 年元月成立于我国香港,它是 INQAAHE 的一个地区性分支机构,是一个非营利性的国际组织。截至 2009 年 5 月,APQN 共拥有 59 名会员。其宗旨是:通过加强亚太区域质量保障机构的建设,促进彼此之间的合作交流,共同提高亚太区域高等教育的质量。APQN 的主要目的为:收集、分享和传播有关教育质量保障的信息和知识,保障和提高亚太地区高等教育的质量。具体包括:① 推广高等教育质量保障的良好实践;② 进行高等教育质量管理方面的研究;③ 指导新兴质量保障机构的发展;④ 推进质量保障机构之间的交流和合作;⑤ 帮助 APQN 成员明确院校跨境运作的标准;⑥ 推进学分转换和资格的相互认可;⑦ 使 APQN 成员警惕虚假的质量保障机构;⑧ 在与其他网络组织或国际组织交往过程中,代表和维护本区域的利益。APQN 的主要活动包括定期举办会议和工作坊、组织课题项目研究、建立评估专家库等。

作为区域性国际组织,APQN 定期举行会议、专题研讨会以及提供培训,共同商讨高等教育质量保障的有关议题和合作事宜。APQN 自成立至今已召开过 4 次年会,涉及国家(和地区)教育质量保障框架、区域性跨境教育质量保障合作、跨境教育质量标准、国际跨境教育质量保障经验、跨境教育与能力建设等多个方面的议题。其与 UNESCO 合作开发的《关于规范跨境高等教育质量保障的信息包》,是有关跨境教育质量保障的重要文献。《信息包》主要是为输入或输出方在制定跨境教育管理规范时提供参考,主要突出了目前各国(和地区)在跨境教育经验中的重大争议和思考、不同模式的管理规范、建立管理规范时的实际步骤、可能出现的问题等。《信息包》不是为跨境教育的质量保障提供确切的、系统的答案,而是通过提供例证,为各国(和地区)思考和发展本国(和地区)跨境教育的监控制度、形成质量保障体系提供指导和帮助。其内容主要涉及跨境教育的质量保障问题,不涉及影响监控体系的细节问题,如贸易政策、跨境教育与发展国(和地区)内教育能力的关系等。

3. 其他区域性质量保障网络组织

随着国际组织对跨境教育质量的关注,以及各国家和地区对跨境教育质量保障要求的提高,一些国家和地区纷纷加入质量保障领域。十多年来,世界各地相继成立了区域性质量保障网络组织,如北欧质量保障机构网络组织(NNQAA,1992)、欧洲质量保障协会(2000)、欧洲认证机构联合体(ECA,2003)等。值得注意的是,这些区域性质量保障组织都在积极制定区域性质量保障标准和外部质量保障机构准则。欧洲质量保障协会制定了欧洲高等教育区域质量保障标准和准则(The Standards and Guidelines for Quality Assurance in the European Higher Education Area),并要求欧洲各国的质量保障体系都要遵循这一标准和准则。其中包括欧洲高等学校内部质量保障的标准和准则、欧洲高等教育外部质量保障的标准以及欧洲外部质量保障机构的标准等。由此可见,建立区域性统一的质量保障框架和外部质量保障机构标准,是国际质量保障机构组织活动的主要努力目标。教育比较发达的地区,尤其是欧洲,都已在不同程度上建立了质量保障体系。亚洲的泰国、马来西亚、越南、蒙古等国也都已建立了本国的质量保障体系。

第二章 美国高等教育认证体系评介

美国高等教育在世界上具有一定的独特性,主要在于这个国家对高等教育的管辖权从一开始就归属各州,并不实施统一管理与统一标准,这也造成了美国的高等教育从规格到质量存在着较大的差异性。但是,到了 19 世纪后期,美国开始建立高等教育认证体系,通过认证活动来确保教育质量,并注重培育持续改进的质量文化。这种质量管理体系独树一帜,对现时的国际高等教育质量保障运动产生了较大的影响。

第一节 美国高等教育认证体制

一、高等教育认证体系概况

在美国,教育认证是以学术自律原则为基础的,由高等院校或者学科专业自愿申请参与外部质量评审过程,目的在于督促高等院校或者学科专业进行质量保障和提高。[①] 教育认证机构是独立的非政府和非营利性组织,一般分为院校认证机构和专业认证机构两大类,其中院校认证机构又划分为地区性院校认证机构和全国性院校认证机构。地区性认证机构是美国最具代表性的认证机构(见表 2 - 1)。

表 2 - 1 美国地区性高等教育认证机构基本情况表

地区性高等院校认证委员会	成立时间	覆盖州数	认证学校数(2004—2005)
新英格兰学校与学院协会之职业与技术教育委员会	1885	6	10
新英格兰学校与学院协会之高等教育委员会			239
中部学校与学院协会之高等教育委员会	1887	5	526
中北部学校与学院协会之高等教育委员会	1895	19	1 005

---

① Judith S Eaton. Accreditation and recognition in the United States. [2008-05-15]. http://www.chea. org.

地区性高等院校认证委员会	成立时间	覆盖州数	认证学校数（2004—2005）
南部学校与学院协会之高等教育委员会	1895	11	797
西北部学校与学院协会之高等教育委员会	1917	7	155
西部学校与学院协会之初级学院认证委员会	1924	2	137
西部学校与学院协会之大学认证委员会			156

资料来源：CHEA. 2007 CHEA almanac of external quality review. [2008-11-26]. http://www. chea. org.

注释：表格中的成立时间为委员会所属协会的成立时间。

为了规范和协调教育认证机构，联邦教育部（USDE）和美国高等教育认证理事会（CHEA）对认证机构进行了周期性认可。认可与认证的区别是：认证是对高等院校或学科专业质量或水平做出鉴定，而认可则是对认证机构的质量和水平做出鉴定。美国高等教育认证理事会是独立的非营利性民间机构，目前是美国最大的高等院校协会。联邦教育部是美国联邦政府的教育行政部门。因此，两者的对认证机构的认可分别代表着民间认可和官方认可，是从不同角度对认证机构提出要求。CHEA的认可强调高等教育的自律和学术质量的提高，如CHEA的认可标准包括提高学术质量、展示问责、鼓励有目的的变化和必要的改进、对认证实践进行持续的反思等。USDE的认可不仅要认证机构关注学术质量方面，如课程、教职员、学生服务和学生成就等，还要强调联邦学生资助经费的有效使用和教育消费者权益的保护。USDE的认可使认证机构所认证的高等院校有资格参与联邦学生资助项目。任何一家认证机构都可以自愿地选择参加或退出CHEA或USDE的认可。

从整体上来看，美国高等教育的认证体系包括认证和认可两个层次，涉及高等院校或学科专业、认证机构、联邦教育部和高等教育认证理事会。它们之间的关系为：院校或学科专业联合起来创设认证机构，自愿申请接受其认证；通过认证的院校或学科专业成为认证机构的会员，资助其运行发展；认证机构需要接受以院校为会员的CHEA行业自律性认可或者联邦教育部的官方认可（见图2-1）。

教育认证在美国社会中举足轻重的作用，主要包括以下方面：

（1）认证有助于院校或专业进行自我诊断，促进质量保障和质量提升。

（2）院校的认证资格是学生转学到另一所学校时学分能否得到转换的重要依据。

（3）认证是美国政府监控和管理教育的一个重要手段。不论是联邦政府还是州政府，在很大程度上都依赖教育认证机构来鉴定院校或学科专业的质量。联邦

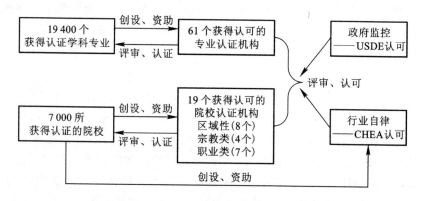

图 2 - 1　美国高等教育认证体系结构图

资料来源:CHEA. Accreditation and Recognition in the United States. [2008-11-26]. http://www.chea.org.

政府在发放学生贷款和助学金时,把院校是否获得 USDE 所认可的认证机构的认证作为一个重要条件;州政府也把院校的认证资格作为划拨院校办学经费的重要依据,并且州的从业资格考试一般都要求参加者毕业于通过认证的院校。

（4）认证是社会公众鉴别院校教育质量的重要依据。社会上个人和基金会把院校认证资格,作为是否给予捐赠的重要依据;用人单位在招聘人员时,把毕业于通过认证的院校作为一个重要条件,同时,还把现有员工申请接受继续教育院校的认证资格作为是否给予经费资助的重要依据。

（5）《美国新闻和世界报道》等新闻媒体的大学排行榜,要求院校或专业进入排行榜的前提是必须得到认证机构的认证。

二、教育认证体系的历史演变

1. 教育认证机构产生与发展

19 世纪末 20 世纪初,伴随着高等教育的大发展,在缺乏政府统一标准的背景下,临近区域的高等院校为了保障生源质量,自发地与本区域的中学联合形成协会,对中学进行认证。后来这些协会也对高等院校进行认证,并演变成区域性院校认证机构。1895 年 3 月 29 日至 30 日,美国中北部 7 个州的 36 所学校、学院和大学的管理人员聚会西北大学,会议的目的是"组织一个被认为是有所助益的中北部学校和学院协会"。在协会章程中指出,中北部协会的目的是"建立本区域内院校和中学的紧密联系"。[1] 在此前后,陆续出现了其他四个类似性质的高等院校和中学协会,他们是 1885 年成立的新英格兰学校与学院协会（NEASC）,1887 年成立的中部学校与学院协会（MSA）,1895 年成立的南部学校与学院协会（SACS）和

---

[1]　The Higher Learning Commission of North Central Association. Handbook of accreditation. Third edition. [2004-12-10]. http//www.ncahigherlearningcommission.org.

1917 年成立的西北部学校与学院协会（NWASC）。这些组织为中等学校和高等院校之间沟通和交流搭建了一个平台。1905 年,中北部协会首先依据一定的标准对所在区域的中学进行考核评估,也就是对中学进行认证。随后,其他协会也开始对中学进行认证。

随着高等教育的飞速发展,其本身也出现了许多质量问题,并引起了人们的普遍关注。一些院校协会从中学认证中获得灵感:为什么不把中学认证的模式扩展到高等院校以保证其基本质量? 中北部学校与学院协会在 20 世纪初就试图对"学院"（college）加以规范。1909 年,美国中北部学校和学院协会制定了高等院校的认证标准。1910 年,根据此标准对本地区的院校进行认证。1913 年,协会公布了获得认证资格的院校名单,这是美国现代意义上的高等院校认证。而此后,南部学校与学院协会于 1919 年,中部学校与学院协会于 1921 年,都先后开展了高等教育认证。西部学校与学院协会（WCA）①成立于 1924 年,但它一开始便成为高等院校探讨共同关心的问题的论坛,并于 1948 年开始了院校认证。美国历史最长的区域性认证机构——新英格兰学校与学院协会,直到 1952 年才正式开展院校认证。不过在此之前,成为该协会的会员也要达到一定的标准,这类似其他区域性认证机构的认证标准。

行业协会为了保障公共卫生和安全,成立了对高等院校的学科专业进行质量检查的委员会或机构,并最终演变成专业认证机构。早在 1847 年美国医学协会（AMA）就建立了第一个专门负责医学教育的委员会,其目的是"保护本行业的发展,与低质量的专业教育做斗争"。② 1905 年,美国医学协会的医科教育和医院理事会（CMEH）建立了一套医学院认证标准。1906 年,该委员会首次对医学院进行考察,1907 年公布了医学院的等级排名,这个排名的主要依据是毕业生在医师资格考试中的成绩。在 1914 年至 1948 年间,许多专业协会如商业、法律、图书馆学、建筑、音乐、工程、造林以及医学教育中细化的领域（牙科、骨科、儿科、麻醉等）等都开展了认证活动。③ 这一时期全国性的院校认证协会也开始出现,并开展了认证活动,如全国在家教育理事会（National Home Study Council）,在 1926 年也参照AMA 改进医学教育的经验来改革远程教育。1935 年到 1948 年间,开始出现了对圣经学校和神学学校进行认证的协会。

---

① 该协会于 1962 年开始对中学进行认证,并更名为西部学校与学院协会（Western Association of Schools and Colleges）;在高等教育认证方面,该协会有两个委员会,分别为:社区和初级学院认证委员会（Accrediting Commission for Community and Junior Colleges）与高级学院和大学认证委员会（Accrediting Commission for Senior Colleges and Universities）。——笔者注。

② Harcleroad F F. Accreditation : voluntary enterprise in understanding accreditation. San Francisa : Jossey-Bass Publishers, 1983 : 42.

③ Philip G Altbach ets. Higher education in American society. New York : Prometheus Books, 1994 : 208-209.

2. 教育认证协调组织产生与发展

随着教育认证机构的数量越来越多,教育认证协调组织也出现了。为了解决学生跨区域流动的问题,区域性认证机构于1949年成立了区域认证机构全国委员会(NCRAA);为了限制专业认证机构的数量和活动,减轻高等院校的费用负担,高等院校于1949年成立了全国认证委员会(NCA)。认证协调组织NCA和NCRAA的出现,标志着美国高等教育认证制度的形成。该制度分为两个层次:认证机构和认证机构协调组织,其中认证机构又分为区域性院校认证机构、全国性院校认证机构和专业认证机构。1952年以来,由于政府对高等教育认证的干预不断加强,原本分立的区域性和专业性认证协调组织于1975年进行了合并,成立了中学后认证理事会(COPA),以便加强认证机构的自律,抵制政府的干预。然而,由于1992年《高等教育法》修正案空前地加大了对认证机构和高等教育的干预,COPA遭到了各方的不满,不得不于1993年底解散。经过两年多的争吵和努力,1996年高等院校通过表决成立了高等教育认证理事会。CHEA成立后,对内加强了对认证机构的认可和协调,对外加强了与其他高等教育协会的联盟关系,并就有关认证问题积极与联邦政府进行沟通和博弈。这提高了认证机构的声誉,并逐步重新获得了联邦政府的信任和支持,使得认证机构在1998年《高等教育法》修订的过程和最终的法律文本中都处于有利地位。

3. 政府的介入与活动

美国的教育管理体制是一种典型的教育分权制,即联邦政府无权直接管理教育,而州政府享有教育管理权。1791年的宪法修正案,即《权利法案》第十条:未曾授予合众国或未曾禁止各州行使的权力,由各州保留。[①] 这句话虽然未见教育一词,但教育恰好属于两个"未曾"的范围,这便成了教育分权的法律依据,教育被理解为州的职权,而联邦政府则无法对教育进行直接干预。但由于宪法序言中有"保证国内安宁,筹备公共事务"和"增进全民福利"[②]的要求,这就为美国联邦政府通过经济或法律手段参与教育决策留下了空间。

1944年《退伍军人再适应法》规定,政府资助退伍军人接受教育和培训,这直接推动了高等教育的大发展。然而,一方面由于联邦政府和州政府对高等教育的管理比较松散,另一方面由于有着巨额资金的诱惑,在这个过程中出现了欺诈行为。一些私立院校在收取了退伍军人的学杂费之后,没提供多少教育或培训便关门倒闭了。如全美1949—1951年有12所私立四年制学院关门,1950—1952年有30所私立二年制学院关门。[③] 为了避免欺诈,1952年《退伍军人再适应补助法》首

---

① 李道揆. 美国政府和美国政治. 北京:商务印书馆, 1999:776.

② 李道揆. 美国政府和美国政治. 北京:商务印书馆, 1999:775.

③ United States Department of Education. National center for education statistics. Digest of Educational Statistics—2003. http://www.nces.edu.gov.

次建立政府和认证机构之间的联系,该法案要求联邦教育专员"公布一个国家认可的认证机构或协会的名单,这些机构或协会在鉴定院校提供的教育或培训质量方面具有可靠性"。这些认证机构或协会的认证结果是教育管理机关用来决定院校参与退伍军人资助项目资格的依据。①

1965 年,《高等教育法》要求联邦教育行政长官公布国家认可的认证机构名单,并规定高等院校若要参加联邦学生资助项目,需要满足三方面的条件:州政府的办学许可、(得到联邦教育部认可的)认证机构的认证以及联邦教育部对院校行政和财务能力的判断。② 这就使院校认证资格与资助项目资格的挂钩扩展到普通学生的教育资助项目方面。1968 年,联邦政府的《联邦管理条例》首次公布了对认证机构的认可标准,并在联邦政府教育行政部门建立了专门负责认可的机构和顾问委员会。1992 年《高等教育法》修正案首次把对认证机构的认可标准写入法律。1998 年《高等教育法》修正案又对认可标准做了调整,更加强调学生的学习结果。

州政府在很大程度上都依靠那些通过联邦教育部认可的认证机构。例如,州教育经费一般划拨给那些通过认证的院校或项目,参加职业资格考试的人员需要毕业于那些通过认证的院校或项目等。③ 当然,州政府也会依据情况作出具体选择。例如,加利福尼亚州(以下简称"加州")与认证机构的正式合作开始于 1958 年。截至现在,这种合作可以划分为两个阶段:第一阶段,1958—1990 年,密切合作阶段。加州《教育法》1958 年和 1963 年修正案规定,州政府可以免除以下院校的质量要求:那些经过联邦认可的认证机构所认证的学位授予院校和非学位授予的职业学校和继续教育院校。第二阶段,1991 年至今,有选择的合作阶段。由于发现即使那些通过认证的院校也存在着贷款拖欠率过高和欺诈现象,1991 年加州《私立中学后和职业教育改革法》规定,仅仅免除那些获得西部学校与学院协会两个高等教育认证委员会认证的私立院校的质量要求。

三、教育认证机构的运行机制

教育认证机构形成了完善的组织体系,其组织架构一般包括:会员代表大会、认证委员会和常设机构等。其中会员代表大会为最高权力机构,由会员院校组成,充分体现了认证是高等院校自治手段的特点。例如,美国南部学校与学院协会之高等教育委员会(SACS – COC)的组织架构(见图 2 – 2)包括:会员代表大会、高等教育委员会、执行委员会和由专职人员组成的常设机构等。会员代表大会(CDA)由 789 个会员院校的校长组成,负责审定认证政策、推选高等教育委员会(COC)、

---

① Veterans Administration. GI Bill history. [2008-05-16]. http//www. gibill. va. gov/education/GI_Bill. htm.

② Thomas R Wolanin(eds.)(2003). Reauthorizing the higher education act: issues and options. p. 131. [2005-02-03]. http://www. ihep. org.

③ Elaine El-Khawas(2001). Accreditation in the USA:origins,developments and future prospects. p. 129. [2004-10-12]. http://www. unesco. org/iiep.

决定会费数额和接受投诉等。COC 负责指导组织工作和实施认证过程。由 COC 选出的执行委员会在 COC 休会期间代理其工作。执行委员会负责解释认证政策，审查常设机构的工作目标和经费预算，提出新的方案、计划和政策建议等。常设机构负责日常认证、咨询、培训、年会等事务性工作，并建立约有 4 000 人的专家库。

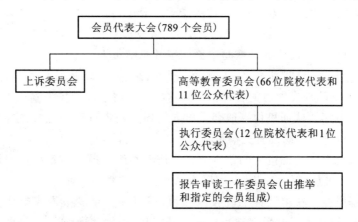

图 2-2　美国南部学校与学院协会之高等教育委员会组织架构图

资料来源：SACSCOC. Commission organization. http://www.sacscoc.org/commorg1.asp.

　　教育认证机构开展认证工作都坚持了同行评议和公众参与，注重专业培训原则，绝大部分人员都是高等教育领域的专家，对高校的工作环节比较内行，有丰富的评估经验。另外，还有相当比例热心教育的公众代表，他们来自一些相关行业。例如：中北部学校与学院协会之高等教育委员会（NCA－HLC）有 38 位工作人员。所有这些工作人员都具有博士学位和至少 5 年的管理和教学工作经验，多人曾经担任过大学副校长之职。中北部学校与学院协会之高等教育委员会非常注重通过严格遴选、持续培训和考核加强专家队伍建设。NCA－HLC 对专家的遴选要求为：理解 NCA－HLC 的认证标准和认证过程，愿意为高等教育的完善而付出时间，能够学会和应用有关认证的知识和技能。在认证过程中，他们能够充分了解被评单位，做出客观和公正的判断，与其他专家、被评单位有关人员进行有效互动，同时能够保守有关秘密。NCA－HLC 对专家上岗前和上岗后进行经常性的培训，并且会安排每位专家每年参加一到两次认证实践。对于新的专家，NCA－HLC 会安排经验丰富的资深专家进行结对指导。每次认证结束后，NCA－HLC 工作人员会对专家的工作进行评价，根据结果决定是否续用。

　　教育认证机构通过认证的方式吸纳会员，它们的经费主要来自会员院校或项目的年度会费和被认证院校的认证费用。认证机构一般只为专家提供交通、住宿费用等必要的开支和很少的补贴。例如，2004—2005 年，八家地区性高等教育委员会的年度运行经费为 17 236 089 美元，当年使用了 3 501 位专家，用于这些专家的费用为 3 757 374 美元，平均每位仅为 1 073.23 美元。

四、教育认证的基本程序

美国教育认证资格只是在一定时期内有效,认证一般按五到十年一个周期持续进行,如果出现重大变化还会缩短周期。院校或项目寻求认证要经过认证机构所规定的有关步骤。总体上来看,这些步骤一般包括:

● 自我评估。院校或项目认证动员,组织教师、学生、管理人员等参加自我评估,依据认证机构的认证标准撰写书面的绩效总结报告。

● 自评审议。认证机构组织同行教师和管理人员以及对高等教育感兴趣的公众代表,审议院校或项目的自评报告。这些人也将参加现场考察。

● 现场考察。认证机构一般会派出人员到院校进行现场考察,主要是为了核实自评报告和进一步挖掘有关信息。

● 做出决定。认证机构的董事会将依据考察组的报告与建议作出认证决定,主要有首次通过认证、再次通过认证、有条件通过和撤销认证等。

● 过程监控。获得认证的院校或项目,需要提交年度报告或中期报告;在发生重大变革,如修改了办学宗旨和目标、合同契约变化、增设或关闭办学点、开设远程教育、所有权变化等,需要提前告知教育认证机构,由认证机构决定是否需要针对这些情况进行现场考察。

● 周期性的外部评审。在认证有效期的最后一两年,院校或项目需要准备和申请新一轮的认证。

五、教育认证的标准

美国地区性认证机构的标准一般包括以下方面:使命与目标、组织与管理、学科专业、教师、学生与学生服务、学习资源(包括图书馆、实验室、教育技术和硬件设施等)和财务状况等。一般来说,这些准则都比较宽泛,着眼于从整体上把握院校,强调院校的办学特色,更多地从院校的使命与目标来判定其成就水平。近年来,随着办学主体和授课方式等的多元化,美国教育认证机构更加强调学生的学习成就和院校的绩效,即侧重于输出结果的评价。当然,在标准的呈现形式上,不同的认证机构有所不同。

例如,中北部学校与学院协会之高等教育委员会 2003 年认证标准分为以下五个部分:使命与诚信、面向未来、学生学习和有效教学、习得、发现和应用知识。每一部分包括标准陈述、核心要素和实证举例。南部学校与学院协会之高等教育委员会标准分为四大块,即诚信原则、核心要求、综合标准和联邦政府要求。其中如果不符合诚信原则就一票否决;核心要求为必须达到的宽泛的基础性要求,如具有学位授予权、具有董事会、具有办学宗旨等;综合标准围绕四个方面设置要求,即机构使命、治理与有效性、专业项目、资源和院校对于认证委员会的责任等。中部学校与学院协会之高等教育委员会的标准共 14 项,分为两大部分,其中 1—7 项是关于院校背景,如宗旨与目标、规划与资源配置、领导与管理等;8—14项关于教育有效性,如招生与保留率、通识教育、学生学习的测评等。每一项标准又由背景、基本要素和可选择的分析与证据三部分构成。

六、教育认证的基本特点

(1)美国高等教育认证是一个自下而上、高等院校进行自我管理的方式。高等院校最初为了保障生源质量,自发联合形成了高等院校与中学的协会,逐渐演变成今天的教育认证机构;目前,院校代表大会依然是教育认证机构的最高决策机构,院校代表在认证机构的各种决策、执行委员会以及现场考察的专家中都占绝大多数比例;另外,对教育认证机构进行民间认可的美国高等教育认证理事会,也是由高等院校组成的协会。而这也正是高等院校能够积极主动参与教育认证的重要原因。

(2)鉴于教育认证在美国社会中起着举足轻重的作用,如认证结果与联邦政府的学生资助经费和州政府的办学经费挂钩等,高等院校没有经过认证简直寸步难行。因此,高等教育认证不再是以往的自愿性,更多地具有了一种强制性。同时,联邦教育部对认证机构的认可,有效地实现了联邦政府对高等教育的间接调控,传达了国家对于高等教育的要求。美国高等教育理事会对认证机构的认可,促进了认证机构的行业自律和专业发展。同时 CHEA 作为代言人和协调人,与政府沟通和协调也有效地保护了高等院校通过认证制度进行自律的传统。

(3)认证机构专家队伍和工作人员专业化程度高,从而保证了较高的服务水平。认证机构注重对专家的遴选、培训和考核,并为他们提供认证实践机会;工作人员一般都有较高的学历,并且有着高等院校教学或管理方面的经验,对高等教育有着深刻的理解和体验。认证过程中公众代表的参与,使认证具有一定的公开性和透明性,同时也不再是就教育谈教育,也使一定的社会需求能够反映到认证当中。

(4)教育认证流程清晰,不管对于认证专家还是对于被认证院校,每一步都有具体的指导性文件或者模板。例如,中部学校与学院协会之高等教育委员为专家提供了80多页的《小组考察:组织和实施评估考察》手册,涵盖了从组建专家组、初访、现场考察、撰写报告、提交报告、公示报告等整个过程,明确了专家每一步要做什么和如何做,并且还对撰写认证报告提供了多种参考模板。

(5)认证标准完整全面,既强调对高等教育普遍性适用的原则,又尊重高等教育机构的办学自主权;认证标准的内涵和外延界定清晰,便于操作;认证机构能够依据高等教育的发展变化,及时修订认证标准。例如,近年来,由于办学主体和授课方式的多元化,认证标准越来越强调学生的学习成就和院校的绩效,即侧重于输出结果的评价。

(6)认证要求高等院校具有明确的办学宗旨和理念,并且表明正在努力实现其宗旨;强调高等院校对学生学习效果的承诺及其实现程度,要求院校承诺树立不断改善其教学质量的观念;强调高等院校对于其学术质量负有首要责任,着力于提升高等院校质量意识,促进其自我完善和发展。例如,南部学校与学院协会之高等教育委员会要求高等教育机构制订质量提升计划(QEP),内容包括:① 通过自我评议反映出的主要问题;② 重点形成增强学生学习效果,支撑学生学习和实现机构目标的环境;③ 证明机构具有开展、执行和完成 QEP 的能力;④ 机构所有成员在实施 QEP 中的参与度;⑤ 有明确的目标和评价效果或成果的方法。

(7) 美国教育认证是一个周期性的过程,并不是一劳永逸的,有很大一部分学校并没有顺利通过认证。认证有助于学校提升教育质量。在认证过程中,通过参加认证的同行专家与学校进行广泛而深入的交流,共享成功发展经验,发现学校存在的问题,提出改进的建议和意见,为学校发展决策提供参考。认证有利于促进院校间学分互认、转换和学历互认,推动学术研究和课程质量达到国际水平,培养适应多元文化、具有国际视野的人才。

(8) 美国认证机构开展了大量的海外认证活动,输出美国标准,带来了"文化殖民"的危险。2004—2005 年,获得认可的 43 家(占 53%)认证机构,在美国以外的 96 个国家认证了 710 个院校或专业项目,其中 321 个为海外非美国的院校或项目,389 个为海外的美国院校或项目。在区域性认证机构当中,除了西北部学校与学院协会之高等教育委员会和西部学校与学院协会之初级学院认证委员会没有进行海外认证以外,其他 6 家机构认证了 277 个海外院校或项目。其中,南部学校与学院协会之高等教育委员会认证了 58 个,中部学校与学院协会之高等教育委员会认证了 82 个,中北部学校与学院协会之高等教育委员会认证了 98 个。

第二节　美国有关教育认证机构及其活动案例分析

一、美国工程与技术教育认证委员会

1. 简介

美国工程与技术教育认证委员会(简称"ABET")是一个独立的、非政府、非营利的专业认证机构。前身为 1932 年成立的工程师专业发展理事会(ECPD),当时由 5 个学会联合而成,目前已经发展为 29 个工程或技术专业学会的联合体,领域涉及工程、技术、应用科学和计算机科学等方面,几乎涵盖了工程与技术的所有门类。成立 70 多年来,一直从事工程教育的专业认证,其目标是为全世界的工程、技术和应用科学的教育提供质量保证,促进工程教育改革,推动工程专业的国际互相承认,为学校、专门职业团体、公众、学生和雇主服务。目前全美已有超过 550 个大学或学院的 2 700 多个专业参与 ABET 认证,每年来自各会员学会的 1 500 多名志

愿者积极参与认证工作的方方面面。①

ABET 专业认证不但得到高等教育认证理事会和各州专业工程师注册机构的认可,受到美国工业界的普遍支持和大学的认同,而且它还是华盛顿协定的 6 个发起工程组织之一,在国际上产生了积极的影响。因此,ABET 不但得到了美国官方和非官方机构承认,得到美国高等教育界和工程界的广泛认可和支持,同时也获得了广泛的国际认可,它的专业认证具有不可忽视的权威性和国际性,成为各类专业技术人员获得专业实践活动准入资格的权威渠道。

2. 组织结构与认证

ABET 由加盟学会组成最高董事会。董事会成员包括主席、当选的下任主席、前一任主席、秘书和司库等高级职员以及会员代表和公众代表。董事会下设 8 个委员会,分别是:工程顾问委员会、国际事务委员会、其他特别委员会、执行委员会、工程认证委员会、技术认证委员会、计算机认证委员会、应用科学认证委员会。其中,前四者负责董事会的日常运作及对外联系,后四者专门从事工程、技术、电脑、应用科学四大领域的学术机构工程及技术教育认证,分别根据自己制定的专业标准和自评问卷,发挥其认证功能和开展认证活动。

四大认证委员会根据董事会批准的认证政策、程序和标准对认证过程实行监督,并决定最终结果。所有有关认证的申诉由董事会负责受理。另外,为了保证各委员会与董事会的有效沟通,董事会或执行委员会中都会有成员兼任某一认证委员会的不投票成员,同时四大认证委员会的主席又是董事会中的不投票成员,以此加强董事会与各专业认证委员会的联系。

ABET 的认证宗旨是通过对工程、技术、计算机科学和应用科学专业的认证,提高和促进教育质量,从而服务于公众利益。ABET 认证过程主要包括提出申请、提交自评报告、至少 3 天的现场访问、作出书面报告。具体来说,如果是一所学校的有关专业申请的认证,首先要向 ABET 提出申请,自查后须提交自评报告,然后由 ABET 组成考察组对学科进行实地考察,并完成考察报告,经修订后反馈到学校,由学校按照其中所提建议或意见进行整改,最后提交 ABET,由认证委员会开会裁决并通知学校认证结果。

3. 认证新标准:EC 2000 准则

为了提高各类学校工程、技术等专业设置的质量与可信度,ABET 长期以来致力于制定和完善一套严格、详细的认证标准,这套标准较详细地规定了各个工程技术专业的具体要求,对规范美国工程教育起到了很好的作用。20 世纪 90 年代以来,由于信息技术推动工程技术的快速发展,工程人才培养发生了很大的变化,传统的认证标准已不能适应时代的要求。在各方的积极参与下,ABET 根据工程教育的整体架构与内涵,从 1994 年开始组织研制新的工程标准(EC 2000 准则)。该

---

① ABET. About ABET.〔2008-10-20〕. http://www.abet.org.

准则于1997年正式公布,2001年开始全面推进。每年 ABET 在原有框架基础上都会作出一些调整,以适应变化的需要。该准则已正式成为 ABET 对全美各校工程教育的认证准则(见表2-2)。与之前的认证标准相比,EC 2000 准则在一些认证内容上发生了重大转变:

表 2-2　美国工程教育基本水平专业的通用标准

认证标准	内　　涵
准则1:学生	必须对学生进行评价、指导和监控
准则2:专业教育目标	公开、细致并且与办学宗旨相一致,经常性评价与调整,课程可以保证目标的实现
准则3:专业产出	学生从本专业毕业时应掌握的知识和具备的能力
准则4:持续提高	经常性评价专业目标的达成情况,并有数据记录
准则5:课程	明确适合工程需要的学科领域,并不规定具体的课程设置
准则6:师资	师资数量可以承担教学计划规定的全部教学任务,保持适当水平的师生接触;学术资格等足以完成专业的不断改进并实现其教育目标和产出
准则7:设施	设施设备合适、足够,并形成一种有利于学习的氛围
准则8:支持	适当的学校支持、经费和建设性的领导,以保证工程教育的专业教学质量和教学连续性
准则9:专业准则	阐明基本水平准则应用于该专业的特殊性

资料来源:ABET. 2008—2009 criter for applied science programs. [2008-10-20]. http://www.abet.org.

● 认证标准从之前的注重教育投入转向现在的教育产出。过去 ABET 认证主要考察学校的师资、条件、资金投入、课程设置、教学内容等,重点了解学校到底向学生讲授了什么、水平如何。新的标准更注重产出的效果、重视学生的学习效果如何。新准则改变了旧准则的僵硬性,使得专业可以放手改革而不受准则的挟制。它要求学校和专业按照事先制定的使命和目标,不间断地改进质量。

● 扩大了 ABET 认证范围。传统的 ABET 认证主要局限于工程及技术范围,但由于20世纪90年代以来,信息技术、生物技术、纳米技术的高速发展,使工程、技术、科学之间的界限愈来愈模糊,ABET 适时地扩大了其认证和认证范围,使之涵盖了计算机科学和应用科学领域。

● 具体阐述了工程教育专业毕业生必须具备的11种能力:应用数学、科学与工程知识;设计、实验分析与数据处理;根据需要去设计部件、系统或过程;在多学科团队中发挥影响力;识别、指导及解决工程问题;职业道德及社会责任的认知;有效表达与沟通;有深厚的通识教育基础,了解工程对社会、经济、环境和全球发展的影响;终身学习;拥有当今时代相关问题的知识;实际解决处理实际工程技术问题。从上述标准中可以看出,ABET 不但重视学生所受到的专业教育,同时也强调学生的人文修养、社会知识以及多学科背景。

2002 年,ABET 委托宾夕法尼亚州州立大学高等教育研究中心,对 EC 2000 的结果进行了为期三年半的研究。2006 年发布该项研究报告,对 1994 年和 2004 年工程教育的三个方面——工程教学计划、学生经验和产出进行了对比研究。评估报告显示,EC 2000 准则对工程教育培养计划、教师的教学水平和学生的学习能力产生了积极的影响,与之前的认证标准相比,EC 2000 准则非常有利于学生的实践技能、协作精神、职业道德水平等方面的提升。[①]

4. ABET 国际活动

ABET 在其 70 多年的发展过程中,为适应时代的发展不断进行改革、调整。近十几年来,为适应全球化和工程国际流动性越来越强的背景,ABET 越来越注重国际交流,扩大国际合作,推动国际多边互认。

● 签订多方协议。随着工程国际化的快速发展,工程师的国际流动对工程专业提出了多边互认要求。1989 年,在磋商的基础上,美国同加拿大、澳大利亚、爱尔兰、英国等国家的工程认证组织签署了六国协定,进而发展为华盛顿协定。截至 2008 年 10 月,已经有 12 个国家加入该协定。随着该组织的影响日益扩大,申请加入该组织的国家越来越多,包括俄罗斯、印度、巴基斯坦、越南以及南美洲的一些国家。[②] 这有力地扩大了工程认证的国际交流,推动工程师的跨国流动。华盛顿协定主要针对国际上的本科工程学历(一般为四年)资格互认,确认由签约成员认证的工程学历基本相同,并建议毕业于任一签约成员认证的课程的人员均应被其他签约国(地区)视为已获得从事初级工程工作的学术资格。[③]

● 签订理解备忘录,提高 ABET 的国际影响力。理解备忘录是指 ABET 与有关国家或国际组织签订的以工程领域的认证信息交流、技术援助、经验分享、人员培训、观摩考察等为内容的协议,其目的是为合作组织提供结构性指导,从而实现 ABET 担任世界领导者的愿景。截至 2008 年 10 月,已经有 14 个国家或国际组织与 ABET 签订了理解备忘录,包括中国科学技术协会、日本工程教育认证理事会、以色列高等教育理事会等。[④]

● 对非本国项目的认证。ABET 在 1994 年组织探讨了 ABET 如何在美国本土外的工程教育方案评价中发挥作用这一议题,并将"实质对等"这一理念正式

① ABET. Engeering Change: a Study of the Impact of EC 2000. [2008-10-08]. http://www.abet.org.

② 中国科学技术协会. 中国科协全国工程师制度改革协调小组国际交流组赴美访问报告. http://www.cast.org.cn/n35081/n35668/n35773/n37096/n10216579/n10216609/10218256.html.

③ International Engeering Aliance. Introduction to Washington Accord. [2008-10-20]. http://www.washingtonaccord.org.

④ ABET. Memoranda of Understanding. [2008-10-20]. http://www.abet.org/global.shtml.

确定为 ABET 统领国际认证的政策与程序。"实质对等"指的是教学方案及其结果与教育经历的可比性，但该方案在提供教学的形式与方法上可能并不完全一致。"实质对等"意味着毕业生具备了从事工程实践准入水平的能力。"实质对等"认证一般为 3 至 6 年，若想再获取"实质对等"认证须在认可期结束前重新认证。2005 年秋，ABET 董事会一致同意开发在美国以外开展认证的方案，并且在继续保留"相互认可协定"和"理解备忘录"基础上，逐步淘汰"实质对等认证"。随后 ABET 开发了在美国本土以外进行认证的方案，并在 2007 年实施了第一次本土以外认证。本土以外认证采取与美国国内相同的标准、政策和程序。截至 2008 年 10 月，ABET 在 10 个国家 14 个机构的 70 多个工程专业方面进行了认证。①

总之，近十几年来，ABET 努力适应全球化的趋势，开展了一系列工程认证的国际多边合作，与其他国家认证机构相互学习和借鉴，共同研究和解决一些新问题，共同推进工程教育的改革与发展，同时也巩固了 ABET 的全球影响力和竞争力。

二、美国高等教育认证理事会

1. 简介

美国高等教育认证理事会于 1996 年成立，是美国负责协调教育认证活动的全国性民间社团组织；也是目前美国最大的高等院校协会，有 3 000 多家具有学位授予权的高等院校作为会员，并认可了 60 多家认证机构。CHEA 的董事会由 17 人组成，包括 13 位学院和大学校长代表、教师代表和 4 位热心教育的公众代表。CHEA 常设机构有 10 名专职人员。活动经费主要来自于会员的会费，部分来自对认证机构进行认可的费用。②

在 CHEA 成立之前，便存在着类似性质的认证协调组织。为了解决学生跨区域流动的问题，区域性认证机构于 1949 年成立了区域认证机构全国委员会；为了限制专业认证机构的数量和活动，高等院校于 1949 年成立了全国认证委员会。由于政府对高等教育认证的干预不断加强，原本分立的区域性和专业性认证协调组织于 1975 年进行了合并，成立了中学后认证理事会，以便加强认证机构的自律，抵制政府的干预。然而由于 1992 年《高等教育法》修正案空前地加大了对认证机构和高等教育的干预，COPA 遭到了各方的不满，不得不于 1993 年底解散。经过两年多的争吵和努力，1996 年高等院校通过表决成立了高等教育认证理事会。

CHEA 的宗旨为，"通过对认证机构的正式认可，推动其学术质量的提高；通过

---

① ABET. Non-domestic accreditation. [2008-10-20]. http://www.abet.org/global.shtml.
② CHEA. Profile of accreditation (2006). [2008-05-15]. http://www.chea.org.

认证机构的认证,协调和推进高等院校的自律;从而最终服务于学生和他们的家庭、高等院校、出资机构、政府和用人单位。"CHEA 是美国高等院校和教育认证机构有关教育认证事务的代言人和协调人,负责处理与美国政府、公众和国际社会的关系。

CHEA 当前开展的活动主要有:① 对认证机构进行周期性认可;② 协调认证机构与联邦政府和州政府的关系;③ 构建获得认可的认证机构和通过认证的高等院校的数据库;④ 发布有关认证和认可方面的信息,宣传和推广高等院校和认证机构学生学业成就评价方面的成功经验;⑤ 研究美国教育认证和质量保障中的难点和热点,如如何通过认证来鉴定院校的绩效和学生学业成就以及如何保障远程教育质量等;⑥ 主办有关会议和论坛;⑦ 组织国际委员会,举办年度国际会议,讨论跨境教育质量保障。①

2. 对认证机构的认可

认证与认可的区别是,前者鉴定的对象是高等院校和专业,而后者鉴定的对象是认证机构。CHEA 对认证机构的认可有三个基本目的:确认认证机构致力于提高学术质量,确认认证机构向公众和高等院校负责,确认认证机构鼓励高等院校或项目进行有目的的变革和必要的改进。CHEA 认同、尊重并致力于加强认证机构的使命。CHEA 有责任通过认可过程提高认证的质量,增进公众对认证活动和认证机构的理解。认证机构需要展示他们活动的质量以及这些活动与高等教育和公共利益的相关性和价值。

寻求 CHEA 认可的认证机构必须展示它们满足 CHEA 的资格标准和核心标准。其中资格标准为初始条件,强调认证机构的性质和认证范围,即必须是志愿团体和非政府组织,认证对象为高等院校或项目。CHEA 认可的核心标准强调认证机构开展认证活动的责任和效率,而责任和效率以高等院校或项目学术质量的提高为准则。CHEA 的核心标准明确了认证机构各项活动的规范性和准确性。CHEA 认可的核心标准共有六条,包括:

(1)提高学术质量。提高学术质量是自愿认证的核心。"学术质量"指的是在院校和专业使命的框架内与教学、学习、研究和服务相关的结果。

(2)展示问责。认证机构必须在两个方面向公众展示问责。一方面,它必须有标准要求院校和专业提供有关学术质量和学生成就的一致和可靠信息,从而培养持续的公共意识、信心和投入;另一方面,认证机构本身必须展示认证活动有公众的参与,以便确保多样的观点。

(3)鼓励有目的的变化和必需的改进。认证机构必须鼓励院校或专业不断地进行反思,调整计划和目标以便进行必需的改进。这种反思和调整需要依照院校使命进行深入的质量评估(尤其是在学生成就方面)。对这种反思和调整的鼓励

① CHEA (2006). CHEA at glance. [2008-04-20]. http://www.chea.org.

不应当混同于需求更多的资源。

（4）采用恰当和公正的决策程序。认证机构必须具有能够有效制衡的公正、合理的政策和程序,应当使高等教育界专业人员和公众一直参与认证的决策过程。

（5）对认证实践进行持续的反思。如同高等院校或专业进行自我评估以维持和提高质量,认证机构也需要对认证活动进行自我反思。这种反思包括认证人员对院校或专业的影响、合作式工作关系和对认证界和高等教育界需求所作的回应。

（6）具有充足的资源。认证机构必须具有并维持充足的财力、人力和业务资源,以便有效地实施和可持续地进行认证活动。认证机构必须经常性地检查它的资源,以判断是否有足够的能力完成认证使命。[①]

认证机构要获得认可资格,必须完成三个阶段的工作。第一阶段是提出申请,在通过 CHEA 的资格审查后,进行自我评估;第二阶段是 CHEA 派出专家进行现场考察;第三个阶段是资格认可阶段,在做出决定之前,一般都要举行一次听证会,邀请各方代表各呈己见,然后资格认可委员会将综合这些意见,并根据认证机构的自评报告和专家现场考察报告,做出认可资格的决定。

CHEA 的认可周期一般为 10 年,获得认可的认证机构一般需要在第 3 年和第 6 年提交中期报告。但是 CHEA 会在以下情况下进行非常规的实地考察评估:认证机构的业务范围出现重大变化、认证机构的管理结构出现重大变化、有关该机构的投诉和抱怨比较严重等。

CHEA 是当前美国唯一对高等教育认证机构进行认可的民间组织,同时美国联邦教育部也对认证机构进行认可。联邦教育部和高等教育认证理事会对认证机构的认可从不同角度对认证机构提出要求,两者之间是一种互补关系。CHEA 的认可强调高等教育的自律和学术质量的提高,CHEA 的认可说明认证机构在高等教育界取得一席之地;USDE 的认可不仅要认证机构关注学术质量方面,如课程、教职员、学生服务和学生成就等,还要强调联邦学生资助经费的有效使用和教育消费者权益的保护,USDE 的认可使认证机构所认证的高等院校有资格参与联邦学生资助项目。任何一家认证机构都可以自愿地选择参加或退出 CHEA 或 USDE 的认可。2005 年 4 月,有 60 家认证机构获得了 CHEA 的认可,60 家获得了 USDE 的认可,而 39 家认证机构获得了两者的双重认可。[②]（具体见表 2－3）

---

① CHEA. Recognition of accreditating agencies: policies and Procedures. (Revised in 2006)[2008-05-15].http://www.chea.org.

② CHEA. Profile of accreditation. (April 2006)[2008-05-15].http://www.chea.org.

表 2-3 2005 年 USDE 与 CHEA 认可的认证机构数目统计

认证机构(＊个)	USDE	CHEA	USDE 和 CHEA 双重认可
区域认证委员会(8 个)	8	8	8
宗教类全国认证机构(4 个)	4	4	4
私立职业类全国认证机构(7 个)	7	2	2
专业认证机构(62 个)	41	46	25
合计(81 个)	60	60	39

资料来源：CHEA. The conditation of accreditation：U.S accreditation in 2005. http://www.chea.org.
注释：＊表示获得 USDE 或 CHEA 认可的认证机构总数,双重认可的只计为一个。

3. 与政府的磋商

CHEA 成立后,对内加强了对认证机构的认可和协调,对外加强了与联邦政府的沟通和联系,与其他高等教育协会也结成了联盟,积极地参与《高等教育法》和《联邦管理条例》有关认证条款的修订,努力维护高等院校通过认证进行自律的传统,取得了较好的效果。例如,CHEA 及其同盟成功地说服了国会议员,删除了1998 年《高等教育法》修正草案中以下不利于自主认证的条款：

- 认证机构要获得联邦教育部的认可,需要对远程教育项目设置独立和更多的标准；
- 认证机构在评估成员院校资金返还政策时,承担更多的责任；
- 要求联邦教育部部长帮助设立新的自愿认证机构(如对部落学院的认证)；
- 联邦要求一些学位授予项目(如教师教育项目)需要获得特定的认证机构的认证,否则他们及他们的学生便无法获得联邦的学生资助。[①]

2002 年以来,随着国会对《高等教育法》进行新一轮的修订,高等教育认证理事会进行了一系列努力来改善认证机构与政府的关系,其中包括：

- 直接与政府官员沟通,向他们解释认证机构作为独立的非政府机构在质量保障中的优势和作用；
- 游说国会议员,表达认证机构对有关问题的看法；
- 明确认证机构对于《高等教育法》修订案的目标；
- 向认证机构、高等院校和其他支持者通报《高等教育法》修订的最新进展；
- 和其他高等教育协会结成联盟,倡导私立、自愿认证的重要性。

4. 有关跨境教育的活动和政策

2001 年,CHEA 组织成立了一个由来自 20 多个国家的 45 位代表组成的国际

---

① Council for Higher Education Accreditation. 1998 higher education act：a summary of important and positive changes in federal policy toward voluntary accreditation. [2004-10-20]. http://www.chea.org.

委员会(International Commission)。委员会基本上每年举行一次大会,探讨一些影响国际高等教育质量保障的重大问题。这些问题包括世界贸易组织的服务贸易谈判、跨境教育质量保障和远程教育的质量保障等。

2001年9月,CHEA会同美国教育理事会(ACE)、加拿大大学和学院协会(AUCC)和欧洲大学联合会(EUA)起草并签署了一份《关于高等教育与服务贸易总协定的共同宣言》,强烈反对将高等教育纳入《服务贸易协定(GATS)》的框架之中。

由于越来越多的美国教育认证机构为第三国提供教育认证服务,为了规范这些活动,2002年,美国高等教育理事会公布了《美国认证机构进行国际活动的原则:针对非美的机构和项目进行的认证》。这些原则旨在加强美国认证机构与其他国家质量保障机构之间的关系,鼓励和加强持续的合作与交流。[①]

2004年9月CHEA和美国教育理事会又会同国际大学协会(IAU)、加拿大大学和学院协会共同起草了《分享优质的跨境高等教育———一份代表世界高等教育机构的声明》。该声明目标在于使高等教育利益相关者针对跨境高等教育开展焦点对话,以便建立国际一致认可的公平和透明的管理框架。[②] 针对越来越多的美国高等院校到海外进行办学或者进行人员交流与科研合作,2007年美国高等教育理事会发布了《大学校长所需要了解的国际认证和质量保障》的指南。该指南指出大学校长需要很好地了解其他国家的教育认证和质量保障的范围和深度。同时,也要了解有关的法规以及有关文化习俗等。

5. CHEA的活动特点

● 注重对认证机构进行资质认可。在认证机构对高等院校进行认证的同时,美国高等教育认证理事会和联邦教育部又对认证机构进行了认可,这有利于协调和规范认证机构的活动,不断提高其专业水平和社会公信力;同时由于CHEA的董事会成员绝大多数为高等院校代表,并且活动经费也主要来自会员高等院校的会费,这些决定了高等院校对于CHEA的主导作用,从而使得高等院校不只是被动接受认证机构的认证,还可以参与到对认证机构的认可当中。

● 注重争取有利的政策。作为高等院校和认证机构的代表,CHEA积极地与国会和政府进行磋商,争取了有利于高等院校和教育认证机构政策,维护了高等院校通过认证进行自律的传统。

● 注重参与国际活动,在国际社会发出统一的声音。CHEA代表美国认证机

---

① CHEA. Principles for United States accreditators working internationally: accreditation of non-United States institutions and programs. [2007-10-20]. http://www.chea.org.

② ACE, CHEA, AUCC & IAU (2004). Sharing quality higher education across borders: a statement on behalf of higher education institutions wordwide. [2007-10-20]. http://www.acenet.org.

构与国际社会打交道,提出了有关跨境教育方面的鲜明观点和指导性意见,而这有利于提高美国高等院校和教育认证机构的国际声誉。

三、美国国际与跨区域认证委员会

1. 简介

美国国际与跨区域认证委员会(Commission on International and Trans-Regional Accreditation,CITA)成立于1994年,实质上是美国对基础教育进行认证的委员会的联盟。它包括以下委员会:中部学校与学院协会基础教育认证委员会(MSA - CES)、中北部学校与学院协会中小学认证与提高委员会(NCA - CASI)、西北部学校与学院协会中小学认证委员会(NAAS - COS)、南部学校与学院协会中小学认证委员会(SACS - CEMS)和中专(职)认证委员会(SACS - CMSS)、西部学校与学院协会中小学认证委员会(ACS - WASC)、全美私立学校认证委员会(NCPSA)、职业教育理事会(COE)。也就是说,在六大区域性认证机构中,除了新英格兰学校与学院协会(NEASC)和西北部学校与学院协会没有参与外,其他四家都参与了CITA联盟。

CITA主要进行五个方面的认证:综合性的中小学、远程教育机构、辅助教育机构、儿童早期教育机构、成人与职业教育机构以及教育集团公司。CITA积极为会员(即通过认证的学校)提供多样化的服务,每年都会组织一些工作坊和研讨会,进行教师专业发展培训,每四年还会举行一次会员大会。

2. 认证及其标准

CITA认证五年一轮,为持续改进学生学习和学校效能提供了一个综合性框架。如果要获得和维持认证资格,学校需要:

● 达到质量标准。CITA认证标准来源于对最佳实践的研究。2008年7月1日,CITA实施了对于全球中小学及其他教育机构通用的认证标准(详见附件1)。新的标准尊重学校或机构的愿景和目标,强调学生学习绩效和学校效能。该标准主要包括:学校需要具有明确的愿景和目标,治理与领导,需要具有通过科学的教学方法讲授的严格课程,收集、报告和使用绩效结果,为教育项目提供充裕的资源和支持,重视与利益相关者的交流,致力于持续改进。标准中的理念是非常先进的,体现了时代导向性。

● 持续进行改进工作。学校需要确定共同的愿景,认清当前状况,制订计划并对行动作出测评,记录改进学生学习和学校效能的结果。

● 通过内部自评与外部认证进行质量保障。学校建立了质量保障系统与过程,从而使得全校最大限度地改进学生绩效。学校经常进行内部自评,并接受五年一次的外部认证。在认证过程中,学校需要完成的任务如表2-4:

表 2-4　认证过程中学校的任务

时　间	学 校 任 务
每年	坚持 CITA 认证标准； 经常进行自评和持续改进； 记录改进努力的结果； 更新学校统计和联系信息； 通报 CITA 有关影响满足认证标准方面的实质性变化。
在现场考察前的 六周到六个月	准备并提交基于网络的自评报告。该报告有助于学校准备现场考察，并为考察小组提供基本信息。
现场考察年	为考察小组进校做准备，与小组组长确定进校日程安排； 收集有关学校遵循标准的证据和资料； 接受现场评审，在校内分享考察小组的有关发现； 依据考察小组建议进行整改。
在现场考察之后的一年	依据小组建议进行整改，并记录取得的进步。
在现场考察之后的两年	依据小组建议进行整改，并记录取得的进步； 提交整改报告。

3. 国际认证活动

CITA 秉承的理念是"推进全球教育质量的提高"（To Advance Quality of Education Worldwide）。它在全球 100 多个国家已经认证了 3.2 万所公立和私立教育机构，涉及了 1 700 多万学生。它自我标榜是"全球发展最快的认证组织"。目前该组织除了美国本土以外，还在埃及、沙特阿拉伯和我国建立了区域办公室，以便推进其跨境教育认证活动。

CITA 对美国境外教育机构进行认证的标准与美国国内相同，即目前同样采用 2008 年 7 月 1 日起生效的《CITA 认证全球通用标准》。这相应带来了标准的统一性与学校的差异性之间的矛盾。虽然 CITA 标准尽力考虑了教育普遍规律，但这些深深打上了美国的烙印，体现了美国的教育价值观和文化观，而这些很难适合于其他国家，尤其是那些发展中国家的学校。同时学校要接受 CITA 认证，不得不满足这些标准，不得不接受美国的教育价值观和文化观。而教育是培养人的事业，它关系到民族文化传承，尤其是义务教育更是培养国家公民的关键环节，因此接受境外教育认证机构的认证会带来"文化殖民的风险"①。

我国已经成为 CITA 在境外开展认证的一个重要市场。CITA 2004 年 10 月在我国上海就组织了有关学校国际认证的研讨会，实质是其认证体系的一个高层次

---

① Philip G Altbach. American accreditation of foreign universities: colonialism in action. [2008-12-10]. http://www.bc.edu/bc_org/avp/soe/cihe/newsletter/News32/text003.htm.

推介会。2009 年 5 月,CITA 将在上海召开主题为"教育全球公民"的四年一度会员大会,进一步宣讲其教育认证制度。由于 CITA 在我国不能直接认证学校,它不得不和一些组织进行合作。目前有三家机构与 CITA 进行了教育认证合作,它们分别是:上海现代教育鉴证评估事务所、北京师范大学民办学校认证研究与服务中心和香港学校评鉴协会。截至 2008 年 7 月,CITA 在我国国内已经认证或候选认证学校涵盖了从幼儿园到大学各级各类学校近 30 所。① 这些获得 CITA 认证的学校全是民办学校,这主要是因为民办学校在现有的体制下生存发展面临困境,必须建立自身品牌,而 CITA 认证满足了这一要求,为他们增加了一道与众不同的光环。同时,其中绝大多数学校为外语特色学校,这主要是因为他们更易于接受国外的教育理念,更易于同国外教育认证机构打交道。面对接受 CITA 认证的学校越来越多的现实,面对潜在的"教育殖民风险",我们必须保持清醒的头脑,积极、果断地采取一些有利于教育主权和民族文化的自我保护措施。

附件

CITA 认证全球通用标准

标　准	指　标	影　响　陈　述
1. 愿景与目的 (学校确立并交流着眼于提高学生绩效和学校效能的目的和发展方向)	1.1　学校与利益相关者合作建立愿景; 1.2　交流愿景与目的以便取得利益相关者的理解和支持; 1.3　确定目标以推进愿景; 1.4　形成并持续维持学生、学校和社区的形象; 1.5　系统地审视愿景与目的,并进行必要的调整。	满足这条标准学校需要致力于共同的目的和方向。学校对学生学习的期待与学校愿景相一致,并得到了学校工作人员和其他利益相关者的支持。这些期待是评估学生绩效和学校效能的核心。学校的时间、人力、物力和财力分配与学校愿景相一致。
2. 治理与领导 (学校的治理与领导有利于学生绩效和学校效能的提高)	关于治理,学校在董事会领导下做了以下工作: 2.1　建立了学校有效运行的政策和程序; 2.2　认可并保留校长的行政权威; 2.3　确保符合当地、州和联邦的有关法律、法规和标准。	满足这一条标准学校需要有推动愿景实现的领导。学校领导指导课程实施,并分配有关资源,从而帮助学生实现学习目标。学校领导鼓励利益相关者为了学校改进而相互合作和分享责任。学校政策、程序和组织条件能够保证公平的学习机会,并支持创新。

① 参阅上海现代教育鉴证评估事务所(http://www.meaea.org/)、CITA 网站(www.citashools.org)和获得认证的学校国际注册处(www.accreditatedschools.org)。

标 准	指 标	影响陈述
	关于领导,学校在以下方面具有领导权: 2.4 采用一个分析与评审学生绩效与学校效能的系统; 2.5 培养学习氛围; 2.6 为学生和教师参与管理创造机会; 2.7 使利益相关者在决策过程中发挥重要作用,以便创造一种参与、责任与自主的文化; 2.8 设计课程与课外活动; 2.9 回应利益相关者的需求; 2.10 实施有利于所有人员专业发展的评价体系。	
3. 教学与学习 (学校提供有利于所有学生发展的基于研究的课程和教学方法)	3.1 学校开发并实施明确学生学习期待的课程; 3.2 学校推动学生积极参与学习过程,包括为他们提供机会探究使用高层次思维技能和寻求应用学习的新方法; 3.3 学校收集、分析和使用有关课程和教学方法设计方面的研究和数据资料; 3.4 学校设计与使用基于研究和反思最佳实践的教学策略、创新与活动; 3.5 学校课程激励学生走向卓越,体现对公平的诉求,并展示对多样性的欣赏; 3.6 分配并保护教学时间以支持学生学习; 3.7 学校促进各个层次之间衔接与连贯; 3.8 学校进行必要的干预以帮助学生实现目标; 3.9 学校监控学校氛围,并采取适当措施以确保有助于学生学习; 3.10 学校提供支持课程和教学项目的综合信息和媒体服务; 3.11 学校确保所有学生和教职人员易于经常性获取教学技术和综合性材料集。	满足这一条标准学校需要实施具有明确和可测目标的课程,这有助于所有学生获取必要的知识、技能和态度。教师使用经过验证的教学实践,推动学生积极参与学习过程。教师为学生在真实的情景中应用知识和技能创造机会。教师给学生提供反馈以提高他们的绩效。

标　　准	指　　标	影 响 陈 述
4. 考评与结果使用 （学校制定综合性的评价制度，以监控和记录绩效，并应用结果来改进学生绩效和学校效能）	4.1　学校的学生考评措施带来可靠、有效和无偏见的信息； 4.2　学校开发和实施综合性评价体系监测学生进步； 4.3　学校依据学生评价数据来决定继续改进教学和学习过程； 4.4　学校系统地分析教学和组织有效性，并依据结果来提高学生绩效； 4.5　学校向所有利益相关者通报学生绩效和学校效能； 4.6　学校在自我测评绩效时需要把本校学生学习绩效和未来发展与那些同类学校作出比较； 4.7　学校展示学生绩效的确有所提高； 4.8　学校按照州和联邦政府要求维持一个稳定、准确和完整的学生记录系统。	满足这一条标准学校需要应用基于明确绩效措施的综合性测评系统。该系统依据培养目标测评学生绩效，测评课程与教学的有效性，并进行必要的调整以提高学生绩效。测评系统可以带来及时和准确的信息，这些信息有助于学校领导、教师和其他利益相关者理解学生绩效、学校效能和学校的改进努力。
5. 资源与支持系统 （学校提供必要的资源和服务，以便支持学校愿景和目标，并确保所有学生有所发展）	5.1　学校招聘、使用和培养能够完成必要任务的合格专业教职人员； 5.2　学校对教职人员的任务分配做到人尽其才（如靠拢专业背景、能力、知识和经验等）； 5.3　学校确保所有教职人员参与持续的专业发展项目； 5.4　学校提供与安排满足学校愿景与目标的充裕的教职人员； 5.5　学校预算充裕的资源以便支持学校教育项目，并实施改进计划； 5.6　学校通过公认的、经常性的审计来监控所有的财务往来； 5.7　学校提供和维持一个安全、有序的场地、设施、设备和服务环境；	如果要满足这一条标准，学校需要具有实施课程和教学的充裕人力、物力和财力资源，以便实现培养目标，满足特殊需要和符合相关规定要求。学校聘请合格的教职人员，并做到人尽其才。学校为所有的教职人员提供持续的学习机会，以便提高他们的效能。学校确保符合相关的本地、州和联邦的法规要求。

标　　准	指　　标	影响陈述
	5.8　学校具有书面的安全与危机处理方案,并对利益相关者进行适当的培训; 5.9　确保每一个学生获得指导服务,包括并不限于以下方面:咨询、评价、辅导、教育与职业规划等; 5.10　对特殊需要学生提供适当的支持。	
6. 与利益相关者的关系 (学校与利益相关者进行有效交流,并保持良好关系)	6.1　学校与利益相关者合作,共同支持学生学习; 6.2　学校有正规的渠道与利益相关者进行沟通和交流; 6.3　学校借助利益相关者的知识和技能加强学校工作; 6.4　学校向所有利益相关者交流对于学生的学习期待和提高目标; 6.5　学校向利益相关者提供有关学生及其绩效和学校效能的有用信息。	如果要满足这一条标准,学校需要得到利益相关者的理解、投入和支持。学校人员在利益相关者之间寻求合作机会和分享领导权,以便帮助学生学习和努力推动改进工作。
7. 致力于持续改进 (学校建立、实施与监控一个以学生绩效为核心的持续改进过程)	7.1　学校持续地进行具有明确愿景和目标的改进;维持一个对于学生及其绩效、学校效能和学校社区的丰富、更新描述;制定目标,并采取行动来提高学生绩效;记录和使用结果,以便下一步采取行动; 7.2　学校使利益相关者采纳与持续地改进过程; 7.3　学校确保持续改进计划与学校愿景、目的和学生培养目标相一致; 7.4　学校为教职人员提供专业发展机会,以便帮助他们实施改进行动; 7.5　学校监控改进结果,并向利益相关者通报; 7.6　学校测评与记录持续改进过程的效能与影响。	如果要满足这一条标准,学校需要实施一个合作与改进过程,并且该过程与学生培养目标相一致。学校维持改进努力,并且证明在提高学生绩效和学校效能方面取得进步。反思与测评改进过程的结果为下一步行动提供参考。

第三节　美国教育认证机构的跨境认证行动与策略

一、概况

美国教育认证机构已经把认证范围拓展到了美国本土和领地以外,境外教育机构或项目只要满足认证机构的认证资格要求和标准,都可以申请其认证。海外院校或项目需要承担与海外认证相关的一切开支,包括人员交通和住宿等方面的费用。据美国高等教育认证理事会统计,2004—2005 年,美国获得认可的认证机构在 96 个国家开展了 710 次认证活动,其中有 389 次涉及海外美国项目(或机构),321 次涉及海外非美国项目(或机构);区域性认证机构在 88 个国家进行了277 次认证,专业性认证机构在 43 个国家进行了 238 次认证。地区性认证机构当中,除了西北部学校与学院协会之高等教育委员会和西部学校与学院协会之初级学院认证委员会没有进行海外认证以外,其他 6 家机构都开展了海外认证。例如,南部学校与学院协会之高等教育委员会认证了 58 次,中部学校与学院协会之高等教育委员会认证了 82 次,中北部学校与学院协会之高等教育委员会认证了 98 次。[①]

美国教育认证机构开展的海外认证活动一般包括三种,即对在美国注册的海外项目或机构的认证、对美国院校开设的海外分校或教学点的认证以及对海外非美国项目或机构的认证。这些活动,尤其是对海外非美国项目或机构的认证引起了一系列的争议。而为了平息争议,继续从海外认证活动中攫取经济利益和国际影响,美国教育认证界正努力对这些活动进行规范。

二、海外认证活动的程序和规范

随着教育全球化的发展,越来越多的海外非美国院校或项目申请美国认证机构的认证。这是因为美国的高等教育在全球属于一流水平,获得了美国认证机构的认证也就意味着有较高的质量水平,从而享有较高的社会声誉,进而带来好的老师和好的学生,促进学生的学分转换和资格认可,并且在与同行的竞争中处于有利地位。

1. 认证机构海外活动的程序

对于美国院校在海外开设的分校、教学点或与海外院校的合作教学,认证机构要求这些活动需要涵盖在院校的认证过程当中。在特定情况下,如现有的海外教学点规模扩大或增设分校或教学点的情况下,认证机构还会对这些活动进行现场

---

①　CHEA. The condition of accreditation—US accreditation in 2005. [2008-10-26]. http://www.chea.org.

考察。在美国本土、维京群岛和波多黎各等地注册的海外院校,可以按照对美国本土院校的要求申请认证机构的认证,认证程序和标准也都完全相同。

具有合法的学位授予权的海外院校可以申请认证。感兴趣的院校需要提交正式的意向书,内容包括:介绍寻求认证的原因,所使用的教学语言,保证所有与认证有关的文档可以提供英文版,证明具有合法的学位授予权,描述参加的有关外部质量保障活动。意向书还需要明确院校达到了认证机构的资格要求与认证标准。在认证机构审查通过意向书和其他材料之后,院校才被允许提交阶段一的申请材料。认证机构也可能会在审查材料后拒绝院校的认证申请,不管原因是否与资格要求相关。①

2. 认证机构海外活动的规范

由于越来越多的美国教育认证机构为第三国提供教育认证服务,为了规范这些活动,2002 年,美国高等教育认证理事会公布了《美国认证机构进行国际活动的原则:针对非美国的机构和项目进行的认证》。这些原则旨在加强美国认证机构与其他国家质量保障机构之间的关系,鼓励和加强持续的合作与交流。该文件提出了四个方面的原则,包括美国认证机构在决定对位于其他国家的非美国院校和项目进行认证时的考虑与行动,对位于其他国家的非美国院校和项目进行认证时的期待,认证机构对美国远程和网络教育提供者向其他国家出口教育的期待,认证机构在对位于其他国家的非美国院校进行认证时向学生和国际同行所负的责任。② 每个方面都有一些具体的原则,例如:

第一个方面包括以下原则:

● 确保具有组织能力进行国际评审,例如语言能力、受过培训的工作人员和专家、预算、经验和对于该国的情况了解等;

● 明确认证的范围和美国认证资格为其他国家院校和项目所使用的范围,尤其是有关学分转换和学历资格对等方面;

● 确保清晰地理解美国评审与有关针对认证和质量保障的国际协定的关系;

● 明确国际评审活动与认证机构优先活动的关系;

● 与美国其他认证机构交流国际评审活动。

第二个方面包括以下原则:

● 通报和咨询那些国家的教育质量保障机构,并与之进行合作,以便从这些机构寻求信息和指导;

● 与校监、校长和学校的其他管理人员进行交流;

● 确保美国教育认证机构的工作人员和专家充分了解那些国家的高等教育

---

① MSC. Institutions located outside the United States. [2008-10-20]. http://www.msche.org.

② CHEA. Principles for United States accreditors working internationally: accreditation of non-United States institutions and programs. [2008-10-20]. http://www.chea.org.

及其质量保障情况；

- 充分了解并明确与评审相关的成本。

第三个方面包括以下原则：

- 与出口网络和在线教育的院校和项目密切合作,保障面向多个国家的教育质量,尤其是在在线和网络教育使用了那些东道国不熟悉的教学技巧的情况下；
- 与院校和项目合作,使学生了解网络和在线教育课程学习与学位授予的语言要求；
- 与美国院校和项目合作调研网络或在线学习学员的语言、知识和学习技巧的水平,并准备独立或补充材料以满足特殊需要。

第四个方面包括以下原则：

- 认证机构与其他国家合作,提供所能获得的有关美国教育出口最为全面和准确的信息,以避免"认证作坊"和"文凭作坊"；
- 与国际同行合作,制订信息协议用来帮助国家审视从美国进口的教育。

三、认证机构对海外院校或项目的规范要求

美国认证机构规定海外(美国的或非美国)的院校或项目要取得认证地位,不仅要达到认证标准,还应当达到一些海外办学环境所带来的特别要求和规范。早在 1990 年,当时的美国教育认证机构的协调组织(COPA)便对这些规范和要求进行了整理,制定了《美国院校在海外面向非美国公民的办学活动良好实践的原则》,并得到了所有区域认证机构的认同。美国区域认证机构于1997 年和 2003 年又对这些原则进行了修订,并继续予以认同。这些原则基于以下假设：

- 被认证的院校对以它的名义所作的一切行为负责；
- 美国在海外获得认证的机构是所在国的客人,应当了解并尊重该国的法律和风俗,坚持院校使命,推进所在社区的发展；
- 院校获得了认证资格并不代表着它的国际实体也相应获得了认证资格；
- 认证机构保留以下权力:对院校那些面向非美国公民的海外分校或项目的考察周期不同于对其美国本部的考察；
- 被认证的院校需要承担认证委员会进行海外考察和评审的成本；
- 除非明确例外,这些原则补充但不替代认证机构的认证标准和要求。[①]

这些原则涵盖十个方面,包括:院校使命、审批、教学、资源、入学与记录、学生、控制与管理、道德与信息公开、合同安排、远程教育。对于每一个方面,原则还提出了一些具体要求,例如教学方面包括有以下要求：

① NEASC. Principles of good practice in overseas international education programs for non-U. S. nationals. [2008-10-20]. http://www.neasc.org.

- 美国院校需要明确国际项目的教育目标。
- 国际教育项目的内容需要得到美国院校的审查。
- 国际教育项目体现了美国院校的教育重点,包括适当开展通识教育。
- 美国院校在确保项目的内容与严格性和所授予的学分与学位相一致方面发挥重要作用。
- 国际项目的教师具有适当的学术背景和语言能力合格,水平与在美国本土的教师水平相当。国际项目教师的聘用决定由美国院校作出。
- 国际项目的教职员都具有美国高等教育的丰富经历,并且为贯彻他们所代表的院校的政策和实践做好了准备。
- 在测评方法和标准要求方面,国际项目学生与美国本土校园的学生相同。
- 国际教育项目在可能和适当的条件下需要依据东道国文化进行一些调整,同时保持美国教育价值与实践。

入学与记录方面有以下要求:
- 美国院校海外分校或项目录取学生的入学要求类似于该机构在美国本土的录取国际学生的要求,包括适当的语言要求;
- 美国院校控制海外分校或项目的招生和入学;
- 美国院校海外分校或项目招收的所有国际学生都是该院校的学生;
- 国际学生在美国院校海外分校或项目所获得的所有学分都可以用来申请该机构的学位;
- 美国院校保持学生在海外分校或项目所获学分的记录;
- 对本土学生的学术管理政策也同样适用于海外分校或项目学生。[①]

美国高等教育认证理事会2007年发布了大学校长所需要了解的《国际认证和质量保障指南》。该指南认为美国高等院校日益扩大的国际办学活动,既是难得的机遇,也带来了很多的风险。因此,大学校长需要很好地了解其他国家的教育认证和质量保障的范围和深度。例如,绝大多数国家是基于政府的质量保障,能力和经验相对不足,更多地强调公立教育而对私立教育重视不够等。同时,也要了解有关的法律和法规以及有关文化习俗等。该指南指出,在进行国际活动时,大学校长需要考虑以下问题:
- 我的机构海外运行所在国的质量保障经验和能力如何?是否同行评定?是否有标准?不管与美国教育认证体系的异同,需要做些什么才能确保质量保障机构的可靠性?
- 假设所在国的教育质量保障机构是基于政府的,那么我的机构需要与政府维持什么样的关系?而这会对院校自治和学术自由带来什么样的影响?

---

① NEASC. Principles of good practice in overseas international education programs for non-U. S. nationals. [2008-10-20]. http://www.neasc.org.

● 如果我的机构进行国际运行,我需要对我们美国的院校认证机构和专业认证机构负有什么样的责任?这些活动会对我当前的认证资格有什么样的影响?我需要告知这些认证机构吗?

● 作为美国高等院校的行政负责人,我可以在有关质量的持续性国际对话中发挥什么样的作用?①

四、对认证机构开展海外活动的反思

美国国内一些有良知的专家和学者对认证机构在海外开展认证活动进行了批判和反对,例如美国波士顿学院高等教育研究中心菲利普(Philip G. Altbach),美国新英格兰学校与学院协会之高等教育认证委员会副主任芭芭拉(Barbara Brittingham),美国俄勒冈州学生资助委员会学位授予办公室主任艾伦(Alan L. Contreras)等。其中菲利普的观点最具有代表性,他明确指出美国认证机构认证他国大学是一种学术侵略,应当停止这种活动,尽管一些海外院校主动要求接受美国认证机构的认证。因为美国认证体系、标准和办法反映了美国高等教育的历史、文化和价值观念,虽然认证机构的海外认证在标准和方法方面有所调整,但是这还是很难适用于与之差异很大的其他国家的高等教育。一般情况下,海外那些具有美国风格,并且使用英语授课的院校比较容易得到美国认证机构的认证,例如贝鲁特美国大学。而其他海外院校要获得美国认证机构的认证,则不得不削足适履进行美国化,在管理结构、课程设置、人员考核等方面向美国认证标准靠拢。而这种外在强加的并不考虑文化和背景的标准必然会抑制院校的创新和活力。同时,由于对被认证院校所在地的语言、文化和政策法规等缺乏了解,美国专家很难对被认证院校进行一个全面、深入、客观的评判,从而很难对被认证院校提出适切、中肯的发展建议,所谓的认证更多的是一种形式和走过场。并且,美国认证也并非魔棒使被认证院校立即获得很高的社会声誉。另外,海外院校不仅需要承担认证申请费,还需要承担美国认证专家组的国际交通费和住宿费等,成本比较昂贵。其他国家直接照搬或请美国认证机构前来认证是不明智的,他们应当借鉴美国教育认证体系,结合本国情况构建自己的教育认证体系。

随着高等教育的国际化和大众化,我国高等院校的类型和性质也越来越多,如出现了中外合作办学机构(项目)、民办院校和独立学院等。这些院校主要面向市场办学,在我国现有的教育管理体制当中,他们在师资、生源、经费等方面处于劣势。为了改变这种状况,他们急需得到社会认可,提高社会声誉,从而吸引好的学生和教师,获取更多资源。第三方评估或认证则满足了这一需求。我国针对这些院校的评估起步晚,比较薄弱。相比之下,美国的教育认证更加成熟和完善,并且

---

① CHEA. What presidents need to know about international accreditation and quality assurance. [2007-10-20]. http://www.chea.org.

代表世界一流水平，也为国人所推崇。所以一些院校参加了美国教育认证机构的认证，例如，西安外事学院、苏州工业园区职业技术学院等参加了美国国际与跨地区委员会的认证。这些获得认证的学校大肆宣扬自身通过了认证，给人造成一种通过认证益处多多的印象，从而使更多的学校参与或打算申请美国认证。面对这种愈演愈烈的趋势，我们一方面通过政策和法规的手段警惕美国认证机构认证我国学校；另一方面积极构建我国本土化的教育认证体系，满足这些民办学校和中外合作办学单位希望借助第三方认证获取社会声誉的需求。

现 状 篇

第三章 我国中外合作办学的 管理现状及存在问题

自 20 世纪 80 年代中后期我国出现中外合作办学以来,政府一直积极致力于加强对中外合作办学的管理与监控。经过 20 多年的发展,目前已基本形成了较为系统的中外合作办学管理体系。

第一节 我国中外合作办学的管理现状

为了规范管理中外合作办学,保证中外合作办学的质量,我国自 20 世纪 90 年代初以来,先后制定并颁布了一系列的相关法律法规,促使中外合作办学逐渐步入依法办学、依法管理的轨道。

一、中外合作办学的有关法规政策

早在 1993 年 6 月 30 日,原国家教委就下发了《关于境外机构和个人来华合作办学问题的通知》(以下简称《通知》)。《通知》明确规定,多种形式的教育对外交流和国际合作是中国改革开放政策的一个重要组成部分;要有条件、有选择地引进和利用境外于我有益的管理经验、教育内容和资金,有利于中国教育事业的发展;开展中外合作办学应坚持"积极慎重、以我为主、加强管理、依法办学"的原则;遵守中国法律,贯彻中国教育方针,经教育主管部门批准并接受其管理和监督。《通知》为我国后来中外合作办学政策的出台奠定了主要基调。

在《通知》的基础上,1995 年 1 月 26 日,原国家教委正式颁布实施了《中外合作办学暂行规定》(以下简称《暂行规定》)。《暂行规定》就中外合作办学的意义、性质、必要性、应遵循的原则、审批标准及程序、办学主体及领导体制、证书发放及文凭学位授予、监督体制等各个方面进行了规定,为我国中外合作办学的政策搭建了基本框架。

1996 年,国务院学位办公室发布了《关于加强中外合作办学活动中学位授予管理的通知》作为《暂行规定》的重要补充。《关于加强中外合作办学活动中学位授予管理的通知》对非学历培训与学历教育、非学位项目与授予学位项目的界限进行了严格划分。

1997 年 12 月 29 日,经国务院批准,国家计委、国家经贸委和商务部联合发布

《外商投资产业目录》,将中外合作办学(基础教育除外)列入了乙类限制服务业,允许投资;2001年12月5日,国家外国专家局办公室印发了《社会力量办学和中外合作办学单位聘请外籍专业人员管理暂行办法》。至此,有关中外合作办学的法律法规体系逐步建立起来。

2001年,我国加入了世贸组织。为了更好地履行我国在WTO中所作的承诺,进一步促进教育事业的健康发展,政府不断对已有的合作办学法规进行修改与完善。2003年3月1日,国务院公布了《中华人民共和国中外合作办学条例》(以下简称《条例》),并于2003年9月1日起施行。《条例》明确规定了中外合作办学的性质、方针和原则,并对申请的具体要求和过程、机构的领导与组织、教育教学的开展、资产与财务的管理以及监督机制和法律责任等进行了具体的说明与规定。

为了更好地实施《条例》,继续扩大教育对外开放,积极引进境外优质教育资源,促进高等教育和职业教育方面的合作办学,教育部于2004年6月2日颁布了《中华人民共和国中外合作办学条例实施办法》(以下简称《实施办法》),并于2004年7月1日起开始实施。《实施办法》的内容包括中外合作办学机构设立、活动及管理中的具体规范,以及依据《中外合作办学条例》举办实施学历教育和自学考试助学、文化补习、学前教育等的中外合作办学项目的审批与管理。《实施办法》同时还规定,举办实施职业技能培训的中外合作办学项目的具体审批和管理办法,由国务院劳动行政部门另行制定。

2004年8月20日,教育部又下发了《教育部关于做好中外合作办学机构和项目复核工作的通知》,对《条例》施行前以及《条例》施行后至《实施办法》施行前依法设立的中外合作办学机构和举办的中外合作办学项目进行复核。之后,教育部又相继颁发了一系列有关中外合作办学管理的政策文件,对中外合作办学的审批管理细则不断进行规范与完善。如《教育部关于设立和举办实施本科以上高等学历教育的中外合作办学机构和项目申请受理工作有关规定的通知》(教外综〔2004〕63号)、《教育部关于启用中外合作办学许可证和中外合作办学项目批准书等的通知》(教外综〔2004〕72号)、《教育部关于若干中外合作办学机构和项目政策意见的通知》(教外综函〔2005〕60号)、《教育部关于当前中外合作办学若干问题的意见》(教外综〔2006〕5号)、《教育部关于进一步规范中外合作办学秩序的通知》(教外综〔2007〕14号)等。

《条例》及其《实施办法》以及政府后续相关管理政策的出台,完善了我国中外合作办学的法律法规体系,使中外合作办学的活动日益规范化、法制化,有效地促进了我国目前中外合作办学的良性运转和健康发展。

二、中外合作办学监管的主要措施

根据上述《条例》、《实施办法》等主要法规政策的规定,我国政府对中外合作办学主要实施了审批、备案、年审、复核、信息发布等监管措施。

1. 入口审批

政府对中外合作办学主要实施分层分类的入口审批管理,从中央政府与地方政府两级层面进行。

(1) 中央层面政府审批的范围与程序

在中央一级,政府审批中外合作办学的范围主要是对本科以上高等学历教育的中外合作办学机构和项目。

中央一级的中外合作办学审批程序是:① 申请。由申请设立实施本科以上高等学历教育的中外合作办学机构或项目(含颁发外国教育机构相应层次学历学位证书的中外合作办学项目),于每年3月或者9月向拟举办机构或项目所在地的省、自治区、直辖市人民政府或教育行政部门提出申请。② 审查报批。由拟举办机构或项目所在地的省、自治区、直辖市人民政府教育行政部门对申请材料进行审查,是本科及以上高等学历教育合作办学机构的,由地方人民政府提出书面意见后,报教育部批准;是本科及以上高等学历教育合作办学项目的,由地方教育行政部门审查并提出书面意见后,报教育部审批。③ 受理。教育部受理相关报批材料,并组织专家进行评议。④ 结果反馈。获得批准的,教育部下达正式批件,颁发统一格式、统一编号的中外合作办学机构许可证或项目批准书;不批准的,教育部书面说明理由。

(2) 地方层面政府审批的范围与程序

在地方一级,各省(市、自治区)根据上述中外合作办学的两大法律法规,结合本地的具体情况也积极制定并颁布了相应的政策性文件。如北京市制定了《北京市中外合作办学审批程序的若干规定》(1996);上海市制定了《上海市境外机构和个人在沪合作办学管理办法》(1997年修订),2000年又制定了《关于做好中外合作办学工作的试行意见》,2004年制定了《上海市中外合作办学机构项目设置标准》以及《上海市中外合作办学机构和项目申请与审批的程序》等。

地方政府关于中外合作办学的审批部门涉及地方教育行政部门、地方人民政府、地方劳动行政部门等。审批的范围主要包括:① 申请设立实施中等学历教育和自学考试助学、文化补习、学前教育等的中外合作办学机构,② 申请举办实施高等专科教育、非学历高等教育和高级中等教育、学前教育、文化补习、自学考试助学的中外合作办学项目,③ 申请设立实施高等专科学历教育和非学历高等教育的中外合作办学机构,④ 申请设立实施职业技能培训的中外合作办学机构等。

为了清晰起见,以下就地方政府对中外合作办学的审批部门、范围以及流程进行了列表阐述(表3-1)。

2. 许可备案

为了统一管理中央与地方各级审批的中外合作办学机构或项目,政府依法实施了许可登记和备案制度。

表 3 – 1 地方政府审批的范围与程序

地方审批部门	审 批 范 围
地方教育行政部门	1. 申请设立实施中等学历教育和自学考试助学、文化补习、学前教育等的中外合作办学机构; 2. 申请举办实施高等专科教育、非学历高等教育和高级中等教育、学前教育、文化补习、自学考试助学的中外合作办学项目(该项需报国务院教育行政部门备案)。
地方人民政府	申请设立实施高等专科学历教育和非学历高等教育的中外合作办学独立与非独立机构(该项需报国务院教育行政部门备案)。
地方政府劳动行政部门	申请设立实施职业技能培训的中外合作办学机构。
审批程序	1. 审批流程:① 申请,② 受理,③ 专家评议,④ 行政核批(拟批准的,向教育部备案),⑤ 颁发批件和办学许可证或项目批准书。 2. 受理时间:每年 3 月和 9 月两次。 3. 申报前已在中国境内设立的合作办学机构或项目须提交市教委认可的办学评估报告。

(1) 许可登记制

根据有关法律规定,通过审批的中外合作办学机构和中外合作办学项目须获得由国务院教育行政部门统一编号的办学许可证和项目批准书。《暂行规定》第十六条规定,对于取得合作办学批准书的机构,须经省级教育行政部门登记注册,领取办学许可证。《条例》第十八条规定,对批准设立实施学历或非学历教育的中外合作办学机构,颁发统一格式、统一编号的中外合作办学许可证,由国务院教育行政部门统一编号,"具体办法由国务院教育行政部门会同劳动行政部门确定"。《实施办法》第三十九条规定,对批准设立的中外合作办学项目,颁发统一格式、统一编号的中外合作办学项目批准书,由国务院教育行政部门统一编号,"编号办法由国务院教育行政部门参照中外合作办学许可证的编号办法确定"。2004 年 10 月,教育部下发了《关于启用中外合作办学许可证和中外合作办学项目批准书等的通知》,该通知指出,办学许可证和项目批准书是中外合作办学机构和举办中外合作办学项目的中外合作办学者依法开展教育教学活动的凭证。经国务院教育行政部门,各省(市、自治区)人民政府教育行政部门批准设立(举办)的中外合作办学机构(项目),应颁发国务院教育行政部门统一编号的办学许可证(项目批准书)。

获得办学许可证的中外合作办学机构还需办理登记注册手续。根据《条例》

第二十条规定,"中外合作办学机构取得中外合作办学许可证以后,应当依照有关的法律、行政法规进行登记,登记机关应当依照有关规定即时予以办理"。民政部2003年《关于对中外合作办学机构登记有关问题的通知》规定,中外合作办学机构取得中外合作办学许可证后,需依照《民办非企业单位登记管理暂行条例》第十二条规定,办理民办非企业单位登记。

（2）备案制

中外合作办学的备案制主要表现在四个方面,即一是获准的中外合作办学机构（项目）备案,二是中外合作办学的广告备案,三是引进的课程、教材备案,四是中外合作办学机构年度财务审计报告备案。

《实施办法》第三十六条规定,申请举办实施高等专科教育、非学历高等教育和高级中等教育、自学考试助学、文化补习、学前教育的中外合作办学项目,报送拟举办项目所在地的省、自治区、直辖市人民政府教育行政部门批准,并报国务院教育行政部门备案。2004年10月,教育部下发了《关于发布〈中外合作办学项目备案和项目批准书编号办法（试行）〉的通知》。该办法明确规定了由各省（市、自治区）人民政府教育行政部门依法批准举办的中外合作办学项目备案的程序和规范。各省（市、自治区）人民政府教育行政部门依法批准举办的中外合作办学项目,须由该教育行政部门向国务院教育行政部门备案,并提出中外合作办学项目批准书的编号申请。国务院教育行政部门应当在收到申请后7个工作日内进行备案登记并完成编号工作。

中外合作办学机构在相关法规中没有明确条款规定须要备案,但在2004年12月,教育部、劳动和社会保障部联合下发的《中外合作办学许可证编号办法（试行）》第七条规定,各省、自治区、直辖市人民政府及其教育、劳动行政部门依据国务院教育行政部门确定的编号,向依法批准设立的中外合作办学机构颁发中外合作办学许可证。这也就是说,在各省、自治区、直辖市人民政府及其教育、劳动行政部门审批的中外合作办学机构,要想获得办学许可证,必须得到国务院教育行政部门确定的编号才行,这实际上也相当于进行了备案登记。

针对中外合作办学机构或项目发布虚假招生简章或招生广告等现象,《条例》及其《实施办法》明确规定了实施广告备案制度,要求"中外合作办学机构和项目的招生简章和广告应当报审批机关备案",防止不实宣传对受教育者合法权益的侵害。

为了加强对中外合作办学机构的财务运作情况进行监督和管理,《条例》第四十一条规定,中外合作办学机构应当在每个会计年度结束时制作财务会计报告,委托社会审计机构依法进行审计,向社会公布审计结果,并报审批机关备案。《条例》第三十条规定,国家鼓励中外合作办学机构引进国内急需、在国际上具有先进性的课程和教材。中外合作办学机构应当将所开设的课程和引进的教材报审批机关备案。

3．实施年审

为了对中外合作办学的运作情况进行监督和管理，《条例》及其《实施办法》规定，中外合作办学的有关信息每年都要向社会公布，并实施年度报告制度。《实施办法》第五十二条规定，中外合作办学机构和举办中外合作办学项目的中国教育机构应当于每年3月底前向审批机关提交办学报告，内容应当包括中外合作办学机构和项目的招收学生、课程设置、师资配备、教学质量、财务状况等基本情况。

部分省市根据这一规定还实施了更加细致的中外合作办学年度审查制度，审查中外合作办学机构（项目）执行申报材料和承诺书中所列内容和条款的情况，了解办学质量和资金流向等情况。例如上海市，从2002年起，市教委就对取得办学许可证的中外合作办学机构（项目）实施了年审。通过自审、年审小组现场考察、年审报告、媒体公布等一系列程序，对上海市的中外合作办学实施了严格的年度检查制度。在对2002年上海市第一批获得办学许可证的84家机构（项目）的年度检查中，发现少数合作办学机构的中方丧失控制权，或教学秩序混乱（含教材陈旧、问题教材等），或财务严重混乱，或超越审批层次办学。为此，市教委对其中4家机构（项目）给以不予通过、8家机构（项目）给以限期整改的行政处理决定。

4．开展复核

复核工作是我国规范中外合作办学活动的重要环节和举措。随着我国中外合作办学的迅速发展，中外合作办学的规模逐步扩大，办学层次逐渐提高，办学模式也趋于多样化，并日益显示出其在人才培养、学科建设、改革创新等方面独特的优势和作用。为了进一步促进中外合作办学的健康发展，加强中外合作办学的规范管理，遏制资质不良的境外机构与国内不具备办学条件的机构的违规办学，维护正常教育秩序，保护中外合作办学者、中外合作办学机构和受教育者合法权益，2004年，教育部下发了《教育部关于做好中外合作办学机构和项目复核工作的通知》（教外综〔2004〕37号），对《条例》施行前以及《条例》施行后至《实施办法》施行前依法设立的中外合作办学机构和举办的中外合作办学项目进行了复核。复核工作有效地整顿了我国中外合作办学的秩序，规范了中外合作办学的市场。

5．网络监管

为了进一步提高中外合作办学监管的质量与效率，促进中外合作办学监管的方式与时俱进、与国际接轨，教育部于2003年在国际合作与交流司成立了专门的教育涉外监管处。教育涉外监管处主要对中外合作办学、自费出国留学中介服务、外籍人员子女学校，以及中外合作举办教育考试、举办国际教育展览等活动进行监管，其中留学中介、中外合作办学是政府涉外教育监管的重点对象。涉外监管处建立了教育涉外监管信息网站。涉外监管信息网代表政府不仅发布教育涉外政策与相关信息、公布权威名单（含国外学校、合法留学中介、中外合作办学等名单）、建立相关案例库和数据库；而且建立了投诉举报专栏，明确投诉渠道，协同有关部门查处涉外教育的违规活动等。涉外监管信息网的建立有力地促进了我国中外合作办学管理的信息化、国际化程度,为中外合作办学未来的发展起到了良好的监督和咨询服务作用。

第二节　我国中外合作办学监管存在的问题

我国中外合作办学管理过程中存在的问题主要表现在以下几个方面:

一、引进优质教育资源有时事与愿违

由于政府对中外合作办学的审批主要体现在对中外合作办学设立与否的裁判权上,因此,审批时过于注重中外合作办学机构的性质以及内部管理体制,对中外合作办学的申办报告、合作协议、资产来源等文本材料的审查比较细致,而对外方教育机构的资质及其所提供的课程、教学等教育资源的质量与标准疏于审核,这种审批标准与工作焦点的错位,表明了政府未能完全行使其审批权,从而影响到政府从市场准入上有效保证中外合作办学教育教学能力和服务质量功能的发挥,致使引进的优质资源事与愿违的现象频繁出现。

另外,由于中外合作办学的管理手段仍然是延续传统的行政管理方式,且中央与地方、行政部门与学校及社会都还未形成系统的、协调的合作管理机制;各方的职责与义务还需进一步明确;各级政府中外合作办学管理的人员配备、技术方法、执法能力与水平等还不尽如人意,因此,中外合作办学一管就死、一放就乱的局面还不能完全避免。

二、中外合作办学过程监管还不够到位

从上述我国政府对中外合作办学监管的方式方法上看,我国的监管更多地体现在入口时的审批许可,相对轻视市场准入后的过程监控和效果监管,特别是对中外合作办学的招生宣传、收费、财务运作、教学质量保证以及证书的认证工作等监管力度不够。这种一定程度上的只批不管、放任自流的情况,使得中外合作办学运作过程中出现的问题无法得到及时有效的关注和解决,出现了外方办学者违法违规办学、教育教学质量低劣等现象,致使受教育者的利益受到侵害。

另外,对中外合作办学实施年度报告或年审,虽说是一种较好的阶段性过程管理的方式,但中外合作办学的年度报告上交后,有关审批机关面对大量的材料能否做到认真细致的核查,能否及时有效地反馈核查信息等也是一个常被忽略的问题。特别是对于中外合作办学数量较多的省份,囿于有限的人力、物力和财力,年度报告有时只是形式上的监督,而缺乏实质性的约束力。

三、合作办学质量缺乏有效的社会公证

中外合作办学是我国改革开放后在教育领域中出现的新生事物,由于各级政

府已有的教育质量保障框架还未能有效地将中外合作办学纳入质量保障系统,因此,中外合作办学的质量有时处在了管理的真空,特别是中外合作办学的教育教学效果得不到权威的认可或社会的公认。面对日益兴盛的中外合作办学文凭作坊,政府相应的管理措施有些滞后。虽然《条例》第三十五条和《实施办法》第五十三条都有相应的质量管理规定,即"国务院教育行政部门或地方省级教育及劳动行政部门应当加强对中外合作办学机构的日常监督,组织或者委托社会中介机构对中外合作办学机构的办学水平和教育质量进行评估,并将评估结果向社会公布。"但是实践表明,我国有资质对中外合作办学进行评估的社会中介机构还为数不多,现有的中央与地方的教育质量保障机构大多还未把中外合作办学的质量评估纳入其业务范围。究其原因,一方面是因为政府的职能转变还不到位,各级政府中外合作办学的行政管理部门还不愿意将有关中外合作办学的质量评估工作主动委托给相应的评估机构;另一方面,现有专业性的评估机构是否具备了中外合作办学评估的能力和水平还有待于认证。因此,在中外合作办学过程中,对于他们使用的课程与教材的质量、教师的教育教学质量、学生学习的质量、学生所获文凭证书的质量等都未能得到社会各方有效的公证与认可。中外合作办学有时成为教育质量低下的代名词,中外合作办学的毕业文凭受到了用人单位的"另眼相看"。此外,全国性的中外合作办学行业自律组织与规范也亟待发展。

第三节　中外合作办学监管的对策建议

一、中外合作办学监管的问题归因

造成中外合作办学监管问题的原因是多方面的,其中有管理体系、机制的原因,也有中外合作办学者自身的原因;既有地方管理政策与法规滞后的原因,也有政策法规执行不力的原因。

1. 监管体系与机制的系统性不够

各级政府监管部门在审批阶段,对中外合作办学的层次、结构、数量缺乏调研分析和统筹考虑,从而造成了低水平重复、合作办学的学科专业过分集中的不良现实。同时,中央与地方在整体监管职责分工方面也缺乏系统安排,在中外合作办学的入口资质环节、过程质量控制环节、出口质量保证环节以及处罚与责任追溯环节等方面没有建立起系统的监管运行机制。有些方面的工作还长期处于忽略或弱化状态,如对学历教育的中外合作办学项目进行评估的问题,由于中外合作办学的整体质量监控体系不健全,审批部门与评估部门的职责分工不够明确等原因,致使该项工作至今没能很好地开展。

另外,监管的质量与效率也不高。一方面,政府监管的权力过于集中,学校自身力量与社会力量运用不足,且中央与地方监管的职责不够清晰、关系不够协调;

另一方面,专业化的监管组织机构与人员也十分欠缺,监管的人力、物力有限,等等。例如,根据规定,高等教育本科学历层次的中外合作办学项目或机构是由教育部审批,而在实践过程中,有些这样的项目或机构会出现要求变更法人、名称、协议等事宜。那么,按照"谁审批、谁负责"的行政原则,相应的变更审批应由教育部负责,而根据行政许可法的规定和现有的操作模式,教育部很难在20个工作日内完成相关的审批手续。

2. 地方配套法规滞后

从国家层面看,中外合作办学的相关法律法规的出台已基本完善,2003年的《中华人民共和国中外合作办学条例》和2004年的《中华人民共和国中外合作办学条例实施办法》为中外合作办学的监控制定了基本的法律框架。然而,在省(市、自治区)一级,不回避难题、突显地方特色、有所创新的配套实施办法却相对滞后,造成了地方政府事实上的中外合作办学监管不到位,为中外合作办学的规范运行和科学管理带来了不便。

另外,中外合作办学的相关法律法规经过几年的实践后,对于运作中出现的问题未能与时俱进,进行及时修订与完善。如根据民政部2003年《关于对中外合作办学机构登记有关问题的通知》规定,中外合作办学机构取得中外合作办学许可证后,需依照《民办非企业单位登记管理暂行条例》第十二条规定,办理民办非企业单位登记。登记时,要求开办资金中的非国有资产份额不得低于总资产的2/3。而根据《中华人民共和国中外合作办学条例》规定,申请筹备设立中外合作办学机构,要有不低于中外合作办学者资金投入15%的启动资金到位证明。这样两个规定就出现了明显矛盾,给新的中外合作办学机构设立申请带来了困扰。为此,相关法律法规需要及时调整与完善,与时俱进。另外,有关中外合作办学机构和项目的变更申请程序、材料要求、审批办法和职责不清,也需要进一步明晰与完善。

3. 质量认证认可机制缺乏

建立中外合作办学质量认证认可制度,促进学术资格与专业资格国际互认是完善我国中外合作办学监管与质量保障体系的重要内容。我国目前还没有建立起完善的中外合作办学质量认证认可机制,尽管上海已率先进行了有益的中外合作办学质量认证尝试,但国家缺乏富有时代特点的、与国际接轨的、完整系统的学术资质框架;我国有关学位标准与国际上仍存在较大差距;国内各教育质量保障机构的作用未能得到充分发挥,而且大多数都没有对引进课程的审定及教育质量进行认证的业务;国内现有教育质量保障机构的资质、中外合作办学的课程标准、相关认证结果的国内外互认渠道也不畅通等。因此,加快建立我国中外合作办学质量认证与认可机制是当务之急。

4. 国际合作监管机制缺失

由于各级政府监管资源的有限性,导致各级政府间监管的信息没有得到及时有效的分析与整理、交流与共享,未能很好地达到监控是为了调整与规范中外合作

80

办学、促进国内教育结构优化的预期效果。

另外,对于国际上合作办学监管的信息掌握还有待于加强,交流渠道需进一步拓展,特别是要注意到目前国内外合作监管的机制尚没有建立起来。由于中外合作办学涉及双方的利益,加强国际合作监管对于中外合作办学的质量保障和顺利运行十分重要。

二、加强中外合作办学监管的对策

根据上述分析,本研究提出如下几项对策和建议:

1. 进一步完善有关法律法规体系

法律监管是世界各国通用的最根本的涉外教育监管方式。法律的制定与完善是一个复杂的工程,一方面必须充分考虑 WTO 中 GATS 国际法的规定,另一方面还要参考国内的宪法、教育法的有关规定以及国内工商、税务、金融等不同领域的相关法律法规的规定。

建议我国政府现阶段要根据国际教育服务形势的新发展,进一步健全中外合作办学的法律法规。一方面,要不断修改与完善现有的法律法规,特别是对中外合作办学的营利问题、与国际惯例接轨的问题、中外合作办学供需双方权益保护问题、消费者权益保护问题等,在法律法规上要给予明确规定;另一方面,要进一步加强中外合作办学地方性管理法规的建设,促进各省(市、自治区)尽快出台地方实施《条例》及其《实施办法》的若干问题的暂行规定,明确本地高校与区县教育行政部门对中外合作办学的管理职责和权限,明确社会中介机构与行业组织的功能和作用,建立不合格的中外合作办学退出机制,明确教育行政部门的执法权和相关的行政处罚措施,使其对违法违规的中外合作办学的处罚有据可依。

2. 尽快建立与完善系统的监管体系

首先,政府要系统考虑监管组织机构及其职责分工的整体架构。在这一架构中,要将政府、社会、学校三方监管部门与质量管理机构的力量统筹考虑,明确职责分工和履职程序,同时,应界定中央与地方政府的监管权限、范围、方式与内容,重视发挥社会专业性教育质量保障机构、行业协会的作用、学校的自律以及国际合作。

其次,要系统考虑监管部门专职人员的配备。各级政府的监管部门至少须配有负责审批的、整理与分析数据与信息的、行政执法的相关工作人员,以保证监管的必要人力资源供应以及监管的水平与效率。

第三,系统考虑监管的准则。在监管准则确立上,一般要考虑以下四个方面,即关于外方合作项目与机构在本土国家的资质认可与地位情况、合作项目或合作办学的学术质量、受教育者的权益保护、合作项目或合作办学是否符合国家需要或与全国性的政策相关等。在这些准则的制定过程中,学术质量的准则需要政府与国内外专业性的教育质量保障机构、合作办学的院校通过协商确定。

第四，系统考虑监管的运行机制。从理论上讲，中外合作办学的监管应形成法律监管、行政部门监管、社会监管、自我监管四位一体全方位的监管体系。在这一体系中，要注重理清各类监管机构的职责、相互之间的关系以及各自的运行机制。法律法规是一切监管行为的根本依据；行政部门监管是居于主导地位的核心监管力量；专业性的教育评估机构或认证组织代表非政府的社会力量，接受委托或经授权独立实施教育教学的质量评估与认证，政府不予干预并尊重其认证或评估的结果，将其作为政府的决策参考和奖惩依据，政府保留最终的监管结果处理权；学校自我监管贯穿于整个监管过程的始终。该运行机制的重要一环是各有关主体要始终保持与政府监管部门的信息沟通与交流，保证监管部门及时把握最新的信息动态。

3. 建立与健全质量认证与认可机制

建立与健全中外合作办学质量认证与认可机制，是保证引进优质外国资源、加强中外合作办学过程监控的重要方式和手段。

首先，应建立中外合作办学质量保障机构的相互认可与登记制度。中外双方所在国的教育质量保障机构应获得本国或所在区域的权威认可和相互认可，并分别对相互认可的机构进行注册登记。

其次，实施专业课程的资质认可与教育教学质量认证制度。中外合作办学项目首先需要通过本土国家的认证，然后在中国须重新经过资质认可程序，并在合作办学实施过程中，随时接受中国规定的教育教学质量认证。

第三，加强认证标准与认证实践的国际学习与交流。在成熟的时候再考虑建立相互参与认证机制，并考虑采用国际同行评审小组构成的程序，开展联合评估，以增加不同质量保障和资质认定机构评估活动的可比性。

第四，建立学术资格相互认可机制。尽快完善我国的学术资格框架以及与时俱进的学位标准，在学分互转、学历学位互认方面有所建树。

第五，对于通过认证的中外合作办学实行政策优惠。如在总量不变的情况下，对通过中外合作办学认证的院校，可探索性地实行扩大学校办学自主权，为这些院校根据自身学科建设规划及时调整和优化有关合作办学机构或项目，以及变更有关课程、境外合作方等提供便利，如采用备案制等。

4. 加强监管机构与队伍的建设

首先，完善我国中外合作办学的监管与质量保障机构。在中央与地方形成健全完善、分工明确的各级监管与质量保障组织。教育部国际司与教育部本科教学评估中心、学位与研究生教育发展中心等中央一级有关中外合作办学的行政监管部门与质量保障机构，应进一步加强联系与合作，明确各自相关的监管与质量保障职责以及履行职责的程序。同时，教育部国际司作为政府的行政职能部门，要加强中外合作办学监管与质量保障业务的规划与统筹，共同对地方现有教育质量保障机构的中外合作办学业务进行统一协调与指导。

其次,加强各级中外合作办学监管与质量保障机构的能力建设。现阶段的能力建设内容突出表现在行政部门监管的技术与水平,以及质量保障机构的功能拓展与标准建设两方面。

中央与地方的监管职能部门应出台相关政策,在建立竞争性、绩效性、补助性的资金奖励机制方面有所作为。同时,要加强与各级质量保障机构的相互沟通,学习与交流,不断提高监管质量与专业水平。

地方一级的教育质量保障机构,要在地方教育行政监管部门的支持与委托下,积极尝试探索地方中外合作办学质量的评估、认证或审核业务,对其原有的质量保障业务进行功能性拓展,并与教育部有关管理部门保持密切联系,接受教育部有关部门的业务指导。

与此同时,要在教育部国际司的指导下,在现有中外合作办学认证业务做得较好的地方质量保障机构的带动下,在多方利益团体的合作下,逐步探索制定我国地区性的或全国统一的中外合作办学质量评估、认证或审核的标准与准则,加强专业能力建设。

第三,加强监管与质量保障队伍的专业化建设。中央与地方有关业务管理部门都要进一步充实专业化的中外合作办学监管力量,培养一支熟悉中外合作办学质量保障方面的理论、了解国内外相关实践、掌握质量保障方法与技术的队伍。行政性的监管部门要注重监管人员执法能力的培养,专业性的质量保障机构在加强自身专门人员队伍建设的同时,特别要注重有关中外合作办学专家库的建设,要充分发挥专家在中外合作办学质量保障中的作用。

5. 推进监管工作的国际合作

首先,中外合作办学双方应有合作监管的意愿并达成共识;其次,双方监管的组织或机构应签署合作监管协议并建立有关的工作规程;第三,建立定期磋商机制,经常交流与沟通有关信息;第四,建立合作监管的长效机制,保证监管有专门机构、专职人员、专业水平以及良好信誉等。

6. 改进全国性的中外合作办学信息平台

为了确保学生以及中外合作办学双方的利益,保证教育服务市场的公开透明,国家已建立起了全国性的中外合作办学监管信息平台,与教育部涉外信息监管网站联成一体。建议信息平台做进一步改进,要用中英两种文字分门别类定期公布最新的、客观的相关信息,主要内容应包括:① 相关的政策文件及其解读,② 国外权威质量保障机构的认证与认可信息,③ 获得批准的中外合作办学注册信息,④ 中外合作办学证书的电子注册信息,⑤ 中外合作办学各专业和学位(学历)授予的信息,⑥ 国内中外合作办学认证的程序与结果,⑦ 学术资格与专业资格互认信息,⑧ 违规、劣质等中外合作办学及其处理信息等。

第四章　上海中外合作办学监管的可贵探索

第一节　上海中外合作办学的发展历程

一、上海中外合作办学的发展及其特点

自 1991 年上海地区第一个中外合作办学项目启动后,上海中外合作办学稳步发展,以非学历成人教育为主,外方合作者则以来自澳大利亚、美国、新加坡等国家居多。进入 21 世纪,上海中外合作办学的格局开始逐渐转变:一方面合作办学机构(项目)数量迅速增长;另一方面,合作办学机构(项目)的重心开始从非学历成人教育向高等学历教育转移。到 2005 年复核工作之前,全市共有合作办学项目和机构 255 个,复核工作之后通过复核(并报教育部备案)的机构和项目 211 个(约占全国总数的 1/6),其中中外合作办学机构 53 个,占总数的 25.1%(独立机构 29 个,占 13.7%,非独立机构 24 个,占 11.4%),中外合作办学项目 158 个,占总数的 74.9%,在读学生达到 8 万余人。目前上海中外合作办学主要呈现合作办学机构(项目)数量持续增长、合作外方分布多元化、合作办学层次高端化、合作专业集中化等四大特点。

1. 合作办学机构(项目)数量持续增长

1991 年至 2000 年近十年时间内,中外合作办学项目稳步增长,2000 年开始大幅增长,2000 年、2001 年、2002 年新批准的项目数分别为 21、49、64 个,至此,上海市的中外合作办学机构和项目的总数已经突破 200 个,居全国首位。随后几年,虽然新增项目的势头不再猛烈,但是总数仍逐年上升,到 2004 年,办学合作项目达到 255 个,在读学生达到 10 万人。在 2005 年启动的中外合作办学机构(项目)的复核工作中,上海市有 33 个机构或项目被关闭或即将关闭。根据上海市教委副主任的讲话,上海市 2005 年有中外合作项目和机构共 228 个,根据上海市教育委员会网站在 2005 年 11 月 1 日公布的信息,上海市已有 189 个中外合作办学机构和项目申领了《办学许可证》。

2. 合作外方分布多元化

从上海中外合作办学的合作外方地域分布看,目前上海中外合作办学涉及美国、英国、德国、法国、加拿大、澳大利亚、新西兰、荷兰、日本、爱尔兰、新加坡、韩国、

新西兰、意大利等18个国家和地区。其中与澳大利亚合作的项目数最多,为35个,占总数的19.4%;美国其次,占总数的17.8%;英国占13.3%;德国占12.8%;法国占10.6%,加拿大8.3%。这些国家和地区囊括了北美、西欧、大洋洲、东亚几乎所有走在世界前列的教育发达国家和地区,体现了上海中外合作办学合作外方分布多元化的特点。

3. 合作办学层次高端化

从上海中外合作办学的办学层次分布看,目前上海中外合作办学机构和项目除义务教育(小学、初中)以及国家有特殊规定的教育培训外,已经涉及学前教育、普通高中、中等职业教育、非学历成人教育以及高等学历教育。其中高等学历教育项目(本、专科)120个,占总数的56.9%(其中38项获国务院学位委员会批准可授予外方学历学位证书),如中欧国际工商管理学院等;以开展各类培训为主的非学历高等(成人)教育项目68个,占32.2%;中等学历(非学历)教育(含职业/普通教育)项目24个,占总数的11.4%;学前教育项目6个,占总数的2.8%。尽管合作办学覆盖了除义务教育阶段之外的所有教育层次,但从分布比例看,有明显的趋于高端化的趋向。高等教育占中外合作办学层次的绝大部分,在上海中外合作办学的起步的前十年间,高等学历、非学历教育始终是合作办学的主体,而近年来高等学历教育增长速度超过了非学历教育,成为上海中外合作办学最大的组成部分。

4. 合作专业集中化

从上海中外合作办学的合作专业的分布看,上海的中外合作办学机构和项目设置的近70个专业,主要以经济、工商管理为主,外语、计算机专业也占相当比例。经济类、工商管理类项目达103个,占总数的48.8%;语言培训类项目22个,占总数的10.4%;计算机、信息类项目21个,占10%;机械制造、机械自动化专业项目19个,占9%;服装艺术设计类项目9个,占4.3%。以上数据说明,上海市中外合作办学的学科专业与培训项目主要集中在与社会经济发展联系较为紧密而办学成本又相对较为低廉的热门专业,其中一部分也填补了国内学科专业和课程的某些空白。这种专业分布态势,既体现了上海中外合作办学与社会发展热点领域紧密结合的特点,也反映了缺乏高新技术专业的缺点。在上海市200多个合作项目中,只有6个报告说获得了资金投入,其余主要依靠学费收入维持机构或项目的运转。

从总体上看,十余年来的上海中外合作办学的发展健康有序,在实践中积极引进境外优质教育资源,大胆探索全新办学模式和人才培养模式,积累了宝贵经验。通过中外合作办学,缩小了我国与教育发达国家在教学项目的组织实施和管理上的差距,产生了一批效果显著、品质良好、富有特色的中外合作办学机构(项目),及时消化总结了国外成功的教育理念和办学经验,解决了我国存在的部分教育资源短缺的问题,为国家现代化建设培养了一大批具有国际意识、国际知识和国际交往、处事能力的复合型人才,并造就了一批知识渊博、视野宽阔,善于带领企业走向世界的精英人才。同时,中外合作办学为上海建设了一支适应学科发展的国际化师资队伍,锻炼和储备了一批具有国际办学意识,能引导中国教育走向世界的优秀教育人才。

二、中外合作办学对上海教育发展的意义和成效

近年来,上海市中外合作办学的发展很快,对促进上海教育现代化乃至对上海经济社会发展起到了积极作用。通过中外合作办学,增加了上海教育的供给能力,直接吸收了一定数量的外资投入,不仅改善了办学条件,而且使教育供给的多样性与选择性成为可能,并且使上海教育(尤其是高等教育)有了国际比较的参照系,有利于上海教育更好地融入国际教育的大环境中去。

1. 探索了办学新格局,打造了国际化教育平台

上海理工大学积极探索国际合作培养以本科生为主的新的办学格局,目前已形成4个国际合作办学学院、12个合作办学专业,全校14%学生进入国际合作办学专业学习,有2/3学生直接受益于国际合作办学所创造的国际化办学环境。上海对外贸易学院要求所有二级学院的重点专业都必须与国外同类高校名牌专业合作办学,严格选好合作伙伴是该校合作办学高起点的基础,学校在与海外高校合作时,严守"课程国际化,师资国际化,管理国际化"三原则,即国际合作办学班全部采用最新引进的课程和最新版教材;专业教师则接受"二次进修",即先为外国教授担任辅助,再派遣出国受训;同时引进国际教育质量保证体系,如该院金融学院与加拿大道格拉斯学院的合作,20门专业课全部按照哈佛、斯坦福等世界名校课程体系设计,与国际名校办学紧密接轨,从而使该合作项目荣获加拿大联邦政府杰出国际教育奖和上海市优秀教学成果奖。目前该校已有25%的学生就读于中外合作办学班,毕业生就业率连续接近100%,国际合作办学为上海教育的国际化打造了平台。

2. 探索了适合我国国情的高等职业教育模式

上海商业职业技术学院(现更名为上海商学院)为了解决上海高职院校在专业设置和课程设计上的本科追求、专科内容、成教模式、中职水平问题,该校先后与澳大利亚悉尼TAFE学院、英国BTEC及加拿大、日本的相关院校在国际商务、高级会计、营销、物流、电子商务等专业进行了合作,通过学习和借鉴,该校从专业开设、师资培养到教学内容和方法,大大加深了对职业教育指导思想和教学特点的领悟和把握,并以此探索适合我国国情的高等职业教育模式,创立了众多职业教育特色鲜明、与行业联系紧密的高职专业,有力地提升了学校的办学能力和水平。

3. 促使上海高等教育国际化向更高层次、更广范围发展

中外合作办学作为上海高校走向国际化的载体之一,通过合作项目的运作必然带动合作双方在教育理念、思想、内容和方式上的交流及教师、学生和管理者之间的合作,由此推动了上海高校国际化进程。如上海交通大学与美国密歇根大学

合作办学的项目中,有217名本科生和95名研究生及部分教师和管理人员参与其中,12名学生获得了密歇根大学授予的硕士学位。又如中欧国际工商学院全面体现了国际化特点,所有课程都实现了师资、教材与世界一流商学院的全面接轨,并追踪国际潮流不断更新。特别是全日制MBA课程,海外实习与海外交换成了该院MBA课程国际化的两大亮点,近年来该院每年都派遣40% ~ 50%的MBA学员到世界各地著名商学院学习,同时接受来自世界各地相应数量的MBA学员来华交流,目前该院学生国际化的比例不断提高,外籍学生在2005年MBA新生中的比重已达到25%。这标志着中外合作办学正推动上海高等教育国际化向更高层次、更广范围发展。

4. 培训了教师,提升了教师的教学水平

上海对外贸易学院对中外合作办学所引进的课程首先安排由外方派教师来授课,中方派教师担任外教的助教,全面参与教学;然后中方教师前往外方院校接受培训,在对方学校听课、试教,获得外方认可后方能承担合作项目课程的执教。目前该院各合作项目每年都派遣一定数量中方教师到国外培训、进修,有的项目教师已经开始第二轮的进修。通过合作项目的师资培训,中方教师提高了英语能力,掌握了国外最新的教学手段和教学资料,拓宽了学术视野,大大提升了教师的学术和教学水平。

为了保证中外合作办学项目的教学质量,该校在加强教师队伍教学能力建设方面,所采取的主要措施是:① 严格挑选优秀教师参与中外合作办学项目;② 一对一指定中方教师担任外教助教,协助外教工作,在外教执教期间,其本身也是一个接受带教的过程;③ 定期派往国外培训,每位担任合作项目课程教学的教师都必须在国外接受过培训,获得外方认可;④ 严格的教师考核制度,在合作项目中任教的教师必须接受严格的考核,由学生对教师的教学表现打分考核;⑤ 要求所有中外合作办学项目都必须带"师资培训"。

5. 吸引了境内外资金投入,办学条件得到改善

诸多中外合作办学项目从境内外吸引了一定数量的教育资金和部分先进的教育设备,从而在一定程度上改善了一些学校原有的办学条件。据不完全统计,上海60%的中外合作办学机构(项目),外方均有一定数量的资金投入,投入总金额超过6 000万美元。2000年上海市教委与教科院高教所联合开展的"上海市中外合作办学情况调查"结果显示,投入人民币500万元以上的项目10项,500万元 ~ 100万元的项目14项,100万元以下项目14项;其中投入最多的项目高达2 500万元。这在一定程度上利用了境外资金改善了办学条件。

总之,上海市中外合作办学近年来的迅猛发展,对促进上海教育现代化乃至对上海经济建设和社会发展都起到了积极作用,已经成为上海各层次教育的有益补充,累计为上海乃至全国输送了近10万名各级各类专业人才。上海通过中外合作办学,引入了一批新的专业,构建了办学新格局,引进国外先进教育理念、教育模

式、教学内容和教学手段,学习借鉴国外科学教育管理经验,从而有效地促进了上海各层次教育学科建设,培养了一大批双语教学师资,切实提高了上海整体办学水平,缩小了中国与教育发达国家之间学科发展的差距。通过中外合作办学,增加了上海教育的供给能力,满足了上海本地学生乃至从全国各地赴上海求学者的求学需要。上海中外合作办学还直接吸收了一定数量的外资投入,不仅改善了办学条件,而且作为多渠道多模式发展教育的办学形式之一,使教育供给的多样化和选择性成为可能,推动上海教育进入全球教育的参照系,使上海教育更好更快地融入国际教育大环境之中。

第二节　上海中外合作办学监管格局及问题分析

一、上海中外合作办学监管的主要举措

1. 法规建设

上海中外合作办学起步较早,与之相应的法律法规建设也走在全国前列。为规范上海中外合作办学的基本运作,上海市早在1993年至1994年间,先后出台《上海市境外机构和个人在沪合作办学管理暂行规定》(1993年12月26日上海市人民政府第56号令发布)、《上海市国际合作办学人事管理暂行规定》、《上海市国际合作办学收费管理暂行规定》等一系列地方性法规,对上海中外合作办学的基本运作提出了原则性意见,使上海中外合作办学活动有了基本的政策法规依据。

1995年原国家教委颁布了《中外合作办学暂行规定》,使我国中外合作办学有了明确的政策引导和规范的管理保障。1997年国务院学位办发出《关于加强中外合作办学中学位授予管理的通知》,至此,上海中外合作办学被纳入全国一体化的政策法规管理体系之中。为了应对上海中外合作办学中出现的新情况、新问题,上海市教委于2000年7月下发了《关于做好中外合作办学工作的试行意见(征求意见稿)》,提出了加强上海中外合作办学管理的具体意见。

中国加入WTO以后,为了应对中外合作办学面临的新形势,2003年3月国务院颁布了《中华人民共和国中外合作办学条例》。为了配合《中华人民共和国中外合作办学条例》的实施,2004年6月教育部颁布了《中华人民共和国中外合作办学条例实施办法》,进一步明确了中外合作办学的具体事务。上海市教委根据《中华人民共和国中外合作办学条例》与《中华人民共和国中外合作办学条例实施办法》的精神,起草并颁布了《中外合作办学申报须知》、《中外合作办学机构拟新增设教学点的申请规定和程序》等相关具体规定,进一步明确了上海市申请中外办学机构(项目)的相关手续与具体操作规程。

2. 制度建设

在管理制度建设上,上海市教委相关部门根据有关政策法规,结合上海中外合

作办学特点,在长期实践探索基础上,创建了一整套行之有效的管理制度,主要有:

（1）项目审批制度

鉴于近年来申报中外合作办学机构（项目）的数量增多、层次复杂,上海市教委改变以往随时受理为集中受理,实行审、批分离,请专家共同把关,并要求与办学单位签订承诺书,具体审批的程序是:集中受理—专家审议—行政核批—签订承诺书。集中受理、审批的好处是更好地保证审批工作的公平、公正,减少随意性,提高科学性。

（2）办学许可证制度

根据规定,上海市教委先后于2000年和2002年分两批对147个取得合作办学批准书的中外合作办学机构（项目）,进行登记注册,颁发办学许可证,并要求其在进行招生咨询等活动时亮证操作。

（3）广告审议制度

为防止有些中外合作办学项目利用广告作不实宣传,在有关方面的大力支持下,由市教委国际交流处统筹管理,对中外合作办学机构（项目）发布的广告进行审核,并启用"审核章"和"编号",以便于媒体广告发布部门识别。

（4）年度审查制度

从2002年起,市教委对取得办学许可证的中外合作办学机构（项目）实施年审,主要审查执行申报材料和承诺书中所列内容和条款,了解办学质量和资金流向等情况。主要程序是:自审—年审小组现场调查—年审报告—媒体公布。如2002年度的年审,市教委7个相关处室出动近200人次对上海市第一批获得办学许可证的84家机构（项目）实施年度检查,检查中发现少数合作办学机构的中方丧失控制权,或教学秩序混乱（含教材陈旧、问题教材等）,或财务严重混乱,或超越审批层次办学。为此,市教委对其中4家机构（项目）给以不予通过、8家机构（项目）给以限期整改的行政处理决定。

3. 成立领导小组,加强统筹协调

由于中外合作办学的多层次性,其管理工作涉及市教委近10个职能处室,为加强统筹协调,2001年市教委专门成立了涉外教育领导小组。另外,市教委也开始重视发挥社会中介机构质量评估和行业协会自律的作用,已立项专题研究中外合作办学的质量标准和评估制度,并积极支持有关办学机构筹建上海市中外合作办学行业协会,以加强对中外合作办学机构（项目）的行业自律。

4. 开展了复核工作,整顿了中外合作办学市场

根据教育部的要求,自2004年8月至2005年9月期间上海市开展了对中外合作办学机构（项目）的复核工作。经过专家评议和市教委审核,予以通过的机构（项目）为61个,有条件通过的机构（项目）为80个,限期整改的机构（项目）为54个,不予通过的机构为3个。

复核中发现现有机构（项目）存在的主要问题是:① 项目（机构）的财务管理

不规范,部分项目连年出现大额亏损;② 合作协议、章程普遍不规范,缺少法律规定的必备要素,是有名无实的无效协议;③ 部分非学历机构(项目)擅自引进未经批准的课程,颁发境外学历文凭;④ 部分机构(项目)内部管理不规范;⑤ 标签型的中外合作,无实质性的合作内容;⑥ 部分机构(项目)名称不够规范;⑦ 擅自变更教学场所、校长和管理机构成员;⑧ 非学历教育机构内设颁发学位的二级学院;⑨ 合作协议的有效期不明确等。复核结果同时反映出现有的中外合作办学机构(项目)总体上层次不高,优质项目不多,以出国为目标、营利为目的的办学指导思想仍占有一定市场。

通过复核,各有关机构(项目)都根据各自存在的问题进行了整改,理顺了管理机构结构,修改了合作协议和章程,清理和规范了非学历项目擅自颁发境外学历、学位证书现象,说明了财务亏损原由及今后扭亏的措施,补办了收费许可手续等,初步使中外合作办学者在对国家法规认识上、遵法守法意识上和办学行为上得到进一步规范,取得较好效果。

5. 整顿办学秩序,打击非法、违规办学

● 在打击非法办学方面。上海市教委以规范中外合作办学行为为重点在全市范围内开展了整顿合作办学秩序活动,市教委领导亲自组织、布置了这一历时半年的整顿合作办学秩序专项工作,对于这类非法办学行为给予了严肃查处,有效地净化了办学环境,使非法办学现象得到有效遏制。

● 在处置违规办学方面。对未引进任何境外教育资源,无任何实质性合作办学内容,却按中外合作办学的标准收费,并且管理混乱的上海通用进修学院,上海市教委在给予训诫的基础上,于 2005 年复核期间,经专家评议和市教委审核决定对该学院给予复核不予通过的处置。对那些内部因利益、分配等问题闹矛盾、搞分歧进而发展到整个学校的管理混乱、教育教学秩序严重破坏的情况也进行了严肃处置。

二、上海中外合作办学管理存在的问题归因

1. 存在问题

上海市中外合作办学管理存在的主要问题表现在以下几个方面:

(1) 引进优质教育资源的新机制尚未建立

近年来上海引进的合作办学项目中,非优质、非急需、无特色、低水平重复专业(或课程)的引进现象严重,总体而言,外方合作办学者的资质不高,国外名校所占的份额偏低;由于缺乏引进优质教育资源的新机制,国外名校跨境来沪合作办学的积极性不高,因此优质教育资源引进的不多。

(2) 不合格办学机构的退出淘汰机制尚未建立

在不合格办学机构退出清算过程中,教育行政部门承担的管理成本太大,使得管理部门很不愿意走"关校"这步棋,但不关掉这类不合格办学机构,又无法建立

正常的教育市场秩序,就会损害消费者(学生、家长)的利益,使得管理部门处于这种两难境地之中。尤其在退出清算过程中,目前对安置学生所发生的费用无人埋单,退出机构由于严重亏损造成的债务无人承担等问题的处理,尚无法规性的依据。

(3)以合作办学名义高收费、乱收费的问题

中外合作办学机构(项目)对学生名不副实的高收费已成为教育乱收费的内容之一,这已引起教育部领导的关注。这类机构可以收取高于一般学生几倍的学费,但学生、家长认为没有得到物有所值的教育服务,损害了消费者(学生、家长)的利益,社会反应强烈;特别是部分中外教育机构在合作过程中依托了第三方(境外中介机构)的介入,这类中介在办学全过程中始终要参与收益的分配,这无形中提高了办学成本,增加了消费者(学生、家长)的经济负担。

(4)外籍教师聘用比例不到位,教学质量缺乏保障

不少中外合作办学机构为了降低办学成本,尽量少聘甚至不聘外籍教师,所承诺的外籍教师聘用比例不到位,致使教学受影响,质量缺乏保障。此类现象较普遍,引起消费者(学生、家长)的不满;少数办学机构还存在着卖文凭的现象。

(5)教育行政部门管理手段单一,管理力量不足

作为地方教育行政部门目前还没有完全改变单纯依靠政府管理的传统做法,未能有效发挥上海市专业机构和行业组织在宏观管理中的作用。目前尚无力量对上海市中外合作办学进行宏观规划,管理中的基本建设工作也尚未跟上(目前尚无人员对所有机构项目的基本办学状态、办学数据进行统计、跟踪和更新)。

2. 原因分析

● 《中外合作办学条例》出台后操作性规定不够明确,地方性配套法规没有完全及时跟上。

● 对运用市场机制吸引境外优质教育资源方面还没有形成共识,因而在吸引境外优质教育资源的机制上不敢创新。

● 未能充分运用教育行政的执法权,对违规收费的监管处罚力度不够。

● 对合作办学的入口("准入")和出口("退出")控制力度不够,对外方所提供的专业(或课程)缺乏必要的质量审核,相关专业(课程)专家参与度低,无法保证获准的办学机构(项目)应具有的办学能力和教育质量。

● 由于《条例》没有对合作办学各方在产权、收益及税收等问题上予以明确的规定,使得外方合作者认为他们的产权、收益权没有以法规的形式得到保护,即使《条例》明确允许外方合作者在中国开设外汇账户的问题,至今也没有得到落实,这都在相当程度上影响了外方合作办学的积极性。

三、进一步加强和完善中外合作办学监管的建议

解决上述问题的关键,在于实现中外合作办学管理体制和运作机制的突破和

创新,实现教育行政部门由"划桨者"向"掌舵者"的角色转变,加强协调和服务,建立和完善调研决策系统、质量监控系统和支撑服务系统,集中精力做好法规性、政策性工作,制定好中外合作办学市场运作的规则,营造尊重市场规律、按市场规则办事、诚信为本、优质服务、良性竞争、规范有序、健康发展的中外合作办学市场环境("掌舵"),而把具体的服务性、事务性工作("划桨")交给事业单位或社会中介机构,充分发挥上海市专业机构和行业组织在宏观管理中的作用,构建"教育行政部门依法审批管理、社会中介机构评估监控、合作办学行业组织自我制约"相结合的中外合作办学管理体系。具体建议:

1. 尽快完善地方性管理法规

为适应上海市中外合作办学管理的需要,应尽快出台"上海市实施《中外合作办学条例》、《中外合作办学条例实施细则》若干问题的暂行规定",明确上海市高校与区县教育行政部门对中外合作办学的管理职责和权限,明确社会中介机构与行业组织的功能和作用,促成"上海市中外合作办学行业协会"的筹建及行业自律;明确不合格机构的退出机制和处罚措施,明确教育行政部门的执法权,使其对不合格办学机构(项目)、违规收费行为等的处置有法规性的依据;明确上海市教委在中外合作办学机构外汇账户开设等问题处理上的协调地位。

2. 积极探索引进优质教育资源的新机制

要把国外的优质教育资源吸引进来,就必须认清公益性是中外合作办学的目的,市场性是吸引优质教育资源的手段,如果错把目的当手段,就如同把优质教育资源拒之于国门外,就会贻误国际合作办学对推动我国教育国际化、现代化的大好时机。因此,必须实现中外合作办学运作机制的创新,运用市场机制去吸引国外优质教育资源来沪合作办学。上海市教育行政部门需要建立信息服务平台,向社会公布上海引进境外优质教育资源的指导性意见,公布与上海产业结构变化相适应的急需引进的专业目录,公布与上海已有良好合作的境外教育机构名单,引导学校选好合作对象、合作模式、合作内容,运用市场机制实现与境外优质教育资源(相当一些世界名校都是按市场机制运作的)对接和合作。努力建设好一个资质优良、优质服务、良性竞争、规范有序、健康发展的跨境教育(中外合作办学)市场环境,实现管理方、办学方(中外合作双方)和消费方的共赢。

3. 引导合作办学机构(项目)实现内部管理体制创新

引导中外合作办学机构(项目)按照国际通行办学惯例和办学模式运作,形成权力配置和利益分配合理的法人治理结构,实行真正的董事会(理事会)制度,解决好董事会成员构成多元化、董事会与法人代表(校长)的关系及董事会制度下决策程序等问题,依法落实自主办学权,实现管理体制的创新。引导中外合作办学机构(项目)坚持国际化办学方针,鼓励其在师资、课程、生源、教学方式等方面都按国际标准办学,从而参与国际竞争,提升上海教育的国际竞争力,使上海从教育输入城市逐步转变为教育输出城市,把上海建成"亚洲优质教育中心"。

4. 加大对中外合作办学"入口"和"出口"的审核监管力度

一方面继续严把准入关,不使非优质教育资源流入,要求外方所提供的合作专业(课程)必须是其国内政府认可的专业(课程),教育质量必须获得其国内认证机构的认可(或经过中方资质认证机构的认证和承认),对于获批准新开办的机构(项目)通过媒体公告的形式,公布其完整信息,以便教育消费者选择。另一方面坚决把好清退关,使不合格的机构(项目)坚决退出;对新申请开办的中外合作办学机构(项目)实行控制数量、优化结构、合理布局;同时按照国际通行的做法,对获得办学许可注册的机构(项目)实行收取注册费、年度管理费和保证金制度,收取标准报经物价部门批准,所收保证金用于建立风险基金,所收注册费、管理费用于支付媒体公告费及退出机构安置学生的费用等。

5. 加快办学质量认证和评估管理工作的到位

委托上海市教育评估机构实施教育质量认证制度,确保开展学历教育的中外合作办学机构(项目)引进的外方课程和专业核心课程应占全部课程和核心课程的1/3以上,外国教育机构教师担负的专业核心课程的门数和教学时数应占全部课程和全部教学时数的1/3以上;认证结果向社会公布,接受社会的监督,保护学生和家长的利益,保证学生真正享受到优质的教育资源和教育服务,维护中外合作办学声誉;当前应重点做好高等教育领域中外合作办学质量管理和质量认证,督促和指导中外合作办学机构(项目)建立内部质量保障制度。

6. 加强财务收费监管,加大对违规收费处罚力度

坚持中外合作办学公益性目的,加强对中外合作办学收费管理,充分运用教育行政执法权加大对违规收费的处罚力度,坚决制止以中外合作办学名义实行乱收费、高收费的行为;同时政府也要考虑对实施中外合作办学的机构(项目)提供必要的办学补贴,以保障参与中外合作教育的学生应当享受的"公共教育经费"的公平性;当然这种补贴的发放完全可以在评估的基础上,通过对办学质量优秀的机构(项目)进行奖励的方式下达。

7. 应对"合理回报"持不同要求的机构(项目)实施分类管理

中外合作办学者要求取得合理回报的,在符合条件基础上,应参照《民办教育促进法实施条例》规定办理。现实发展中相当数量要求取得合理回报和不要求取得合理回报的中外合作办学机构(项目)并存,应对它们分类管理:凡要求取得合理回报的,应纳入经营性机构(项目)管理,使其承担经营性机构的义务和责任;凡不要求取得合理回报的,应按照公益性机构(项目)管理,使其享受公益性机构的权益。

体 系 篇

第五章　中外合作办学质量
保障体系的构建

第一节　构建中外合作办学质量保障体系的基本思路

一、加入 WTO 后我国教育管理体制改革的发展趋势

改革开放以后,我国教育改革掀开了新的篇章,教育管理体制改革也进入了新的发展时期。我国在 2001 年成功加入 WTO 后,对教育管理体制,尤其是对中国高等教育管理体制提出了新的挑战。我们在欣喜之余,需要有更多的理性思考,分析并研究加入 WTO 对我国教育事业以及对我国教育管理体制改革的影响,提出相应的对策,发扬积极有利的一面,抑制消极不利方面的影响范围和强度,以达到推动教育事业健康、快速发展之目的。

1. 我国加入 WTO 对教育服务的承诺

1986 年 9 月开始的关贸总协定乌拉圭回合谈判首次将服务贸易列入谈判议题。教育是 12 个服务贸易大类中的一个。教育服务贸易和其他类服务一样,存在跨境交付、境外消费、商业存在和自然人流动等四种服务提供方式。2000 年前,在当时的 128 个世贸组织成员中,有 30 个成员缔结了教育服务贸易协议,但他们对教育服务的承诺不尽相同。我国加入 WTO 对教育服务的承诺是部分承诺,承诺的具体内容如下:在项目上不包括军事、警察、政治和党校等特殊领域的教育和义务教育,即以上领域不对外开放。除上述特殊领域和义务教育外,我方在初等、中等、高等、成人教育及其他教育服务等五个项目上作出承诺,许可外方为我提供教育服务。在教育服务提供方式上,对跨境交付的教育服务未作承诺;对境外教育消费未做任何限制;允许商业存在,即允许中外合作办学,但不一定给予国民待遇;对自然人流动,承诺具有一定资格的境外个人教育服务提供者应中国学校或教育机构聘用或邀请,可以来中国提供教育服务。另一方面,WTO 的服务贸易总协定规定了许多共性的原则。如按服务贸易总协定的规定,法制统一的原则、非歧视原则、公开透明的原则等,这些在我们的教育领域也都必须遵守。因此,我国加入世贸组织所作出的教育服务承诺将使我国教育面临许多新的情况。

2. WTO 对中国高等教育管理体制改革的影响

加入 WTO,是我国改革开放进程中一件具有历史意义的大事,标志着对外开

放进入了一个新阶段,符合我国的长远利益和根本利益。就教育而言,加入WTO是教育面向世界,进一步对外开放的重要标志。加入WTO,我国在教育领域作了相应的承诺,我们将在更广领域、更高层次上与世界上教育发达国家进行交流和合作,有利于引进国外先进的教育科技成果,促进教育对外开放的整体水平。当今世界,国际局势正在发生深刻的变化,经济全球化的趋势日趋明显,科技进步日新月异,综合国力竞争越来越激烈。我国科技、教育等作为经济发展最重要的基础事业,与世界上发达国家相比,还有一定的差距。加入WTO以后,我国教育面临着前所未有的新情况,机遇和挑战并存,积极应对WTO是今后教育对外开放的一项重要任务。制定中外合作办学条例是我们积极履行加入WTO的承诺,将承诺内容转化为国内立法的重要措施,也是我们积极应对经济全球化对教育提出的更高要求的重要措施。面对加入WTO后的新情况,我国教育必须抓住机遇,加快发展,深化改革,调整结构,提高质量,迎接挑战,增强我国教育的竞争力。

加入WTO还对我国依法治教提出了更高的要求。WTO有三个最基本的原则就是非歧视性原则(即国民待遇原则和最惠国待遇原则)、透明度原则和公平竞争原则。中外合作办学条例的颁布,使我国有关中外合作办学的规则和政策更加规范、透明,有助于外国教育机构来华进行合作办学,有利于中外双方合作办学和依法自主办学,有利于我国政府机关依法进行监督管理。中外合作办学条例的实施,将对教育行政部门依法行政提出新的更高的要求。教育行政部门必须严格按照中外合作办学条例的规定,依法审批、监督、管理中外合作办学机构,依法保护中外合作办学者、中外合作办学机构的合法权益,依法保护受教育者、教师的合法权益。①

3. 加入WTO后我国教育管理体制改革的发展趋势

从我国加入WTO后的教育承诺内容来看,我国加入WTO是一种发展的机遇,但对我国教育管理体制及我国教育事业的未来发展走向都是很大的挑战。现在的问题是我们必须要清醒看到其带给我们机遇的同时所带来的一些挑战,其中对我国教育管理体制方面的挑战冲击,必将在一定程度上影响到我国教育管理体制改革的未来发展趋势。

(1)办学主体多元——由政府独立办学转变为政府、社会组织、国际组织及个人参与办学或联合办学等多种形式

改革开放以后,《中共中央关于教育体制改革的决定》等政策法规的出台,拉开了教育管理体制改革的序幕,我国教育事业进入了一个新的发展时期。我国的教育管理体制改革从中央政府的统一直接管理,到充分调动地方积极性及充分发挥整个社会办学积极性方面迈出了实质性的步伐,尤其是我国加入WTO后,我国对外的教育服务承诺,允许中外合作办学等方面的改革,我国由政府独立办学转变

① 周济. 扩大开放,规范管理,积极推进中外合作办学——教育部部长周济就贯彻实施《中华人民共和国中外合作办学条例》答记者问. (2003-04-01). http://www.law-lib.com.

为政府、社会组织、国际组织及个人多主体办学或联合办学的发展局面,极大地推动了我国教育事业的发展,从不同层面满足我国人民对教育的多元需求。

正如教育部部长周济就贯彻实施《中外合作办学条例》答记者问中提到①:国务院颁布的中外合作办学条例,是我国适应加入 WTO 的新形势,进一步扩大教育对外开放,满足人民丰富多样的教育需求,推进教育改革与发展的重要措施。制定中外合作办学条例,最重要的原则和出发点是扩大开放,引进优质教育资源;规范管理,维护各方合法权益。它的颁布实施将对我国教育改革与发展产生深远的影响。它将有利于我国教育在更大范围、更广领域和更高层次上参与教育对外合作,增加人民群众接受优质教育的机会,提高教育对外开放的整体水平,逐步解决现阶段教育面临的主要矛盾;有利于引进外国优质教育资源,规范中外合作办学行为,提高办学质量,维护中外合作办学者双方、中外合作办学机构和受教育者的合法权益;有利于借鉴国外有益的教学和管理经验,引进我国现代化建设急需的学科、专业,推动我国课程、教材和教学改革,促进教育管理体制和运行机制的进一步改革,提高学校的办学水平,从而全面提高我国教育的国际竞争力。

教育尤其是高等教育,长期以来作为独立于经济体系以外的"圣地"。在经济全球化以后,作为服务产业成为"服务贸易总协定"的调整对象,高等学校同企业一样成为世界经济的竞争主体。这将对长期以来由计划经济体制下建立起来的高等教育产生深远影响,其影响会导致教育思想和人才培养观念的大转变,并将对正在进行着的我国高等教育的各项改革添加"催化剂"。允许外国的教育机构以商业存在的方式介入国内教育市场合作办学,并允许国外投资者获得多数拥有权,这将进一步促进我国办学体制向多元化方向发展,推动高等教育的管理体制、办学体制和投资体制的改革。

在高等教育办学体制改革方面,已经初步改革政府包揽举办高等教育机构的格局,合作办学,社会力量办学进一步发展,以政府办学为主,社会各界共同参与办学的体制开始形成。经过几年的努力,高等教育体制改革取得了可喜的成绩。1992 年以来,进行了多种探索,提出了中央部委与地方政府共同建设、中央部委所属高校转由地方政府管理、高校之间开展合作办学、企业集团和科研单位与高校协作办学、两所或两所以上高校进行合并等五种改革形式,使难度很大的管理体制改革取得了突破性进展。据不完全统计,已有 205 所高校开展各种形式合作办学。合作办学对于学校之间实现资源共享、优势互补、学科交叉、协同发展、共同提高,以及打破各校间封闭办学,起到了积极有效的作用。在高等教育投资体制改革方面,单纯依靠国家投资办学的观念已经改变。高等学校开始尝试走上社会、企业、校办产业以及适当收费等多渠道筹集办学经费的新路子,以政府拨款为主,多渠道

---

① 周济.扩大开放,规范管理,积极推进中外合作办学——教育部部长周济就贯彻实施《中华人民共和国中外合作办学条例》答记者问.(2003-04-01).http://www.law-lib.com.

筹措办学经费的格局正在形成。

（2）管理模式转型——由政府直接管理转型为政府宏观调控、院系自主管理与社会参与监督相结合的管理模式

《服务贸易总协定》的签署，意味着我国已对包括高等教育在内的服务贸易对外开放作出了承诺，作为 WTO 成员国的中国高等教育的运作必须按照 WTO 的要求尽快调整政策，尊重市场、遵守共同的"游戏新规则"。WTO 服务贸易总协定规定，成员国在彼此承诺愿意通过谈判与协商、消除彼此分歧的基础上，下放办学权力，逐步取消限制性的教育法律与法规，开放教育市场，最终在世界范围内形成自由开放的教育市场。根据"服务贸易总协定"规定：凡收取学费、带商业性质的教育活动均属于教育服务贸易范畴，所有 WTO 成员国均有权参与教育服务竞争。从目前看，WTO 有关教育服务贸易虽然不涉及关税及贸易壁垒，但要改革各国限制性教育法律与法规，鼓励成员国到海外办学，允许国外教育机构在所在国颁发学位证书或学历证明，鼓励成员国之间相互承认学位证书或学历证明，支持人才流动，减少移民限制，取消政府对教育市场的垄断，减少对本国教育机构的财政补贴等。

我国高等教育管理体制在模仿苏联高度计划管理体制建立以后，随着社会经济的发展，虽然经过了由中央集中管理到地方管理，后又改为中央和地方两级管理，直至现在的集中领导分级管理的重大变革，但从根本上讲，高等教育管理体制仍然显示出计划经济下的管理模式和色彩，集权管理越位，法律法规建设缺位，具体可操作性的措施不到位等问题十分突出。这些"共同规则"要求，对长期处于垄断状态的我国高等教育管理体制而言，无疑是一种挑战。面对这种挑战，我们的选择应是，以积极的态度去正视、去改革我国高等教育管理体制中存在的各种弊端，乘势建立既符合中国国情，又能与国际接轨的社会主义市场经济模式下的高等教育管理新模式。让 WTO 服务贸易新规则渗透到我国高等教育及高等教育管理体制改革中，按新规则建立新体制、新机制，可以说是一个极具挑战性的机遇。如果我们抓好这个绝好的机遇，从短期看，有利于我国高等教育管理体制的改革与转型，从中期看，有利于增强中国高等教育本身特别是高校的竞争力，从长期看，有利于我国高等教育宏观环境的良性循环。因此，中国教育管理模式必须转型，即由政府的直接管理转型为政府宏观调控、院校自主管理、社会参与监督相结合的管理模式。

（3）管理体制与机制变革——由政府直接管理转变为利益相关者协同治理

"利益相关者"（stakeholder）原是西方经济学概念，与"股权者"（stockholder）即"股东"相对应，泛指包括股东以及其他与企业有利害关系的个人或团体。由于是跨国教育而且具有突出的市场性特点，与一般的高等教育组织相比，中外合作办学组织涉及的利益相关者更多，往往跨国界、学校、跨政府、大学的多个层次和部门，有时还跨不同的教育层次和类别。利益相关者之间的关系也更为复杂，既有竞

争与博弈关系,更离不开合作伙伴关系。因此,以利益相关者概念作为框架,从分析组织结构入手,提出中外合作办学组织变革的策略以提高管理效能,符合一定的逻辑。就我国中外合作办学的模式而言,目前只是出现了像中欧国际工商学院、诺丁汉大学宁波分校、西交利物浦大学等少数独立设置(法人)的办学机构。根据2003年底前的统计资料,大部分中外合作办学尚采取非独立设置的大学二级学院或项目的办学模式,以学历教育占多数。

哈佛大学文理学院院长罗索夫斯基认为,大学不仅应对内部的利益相关者负有学术责任,而且还应当通过教学、科研和成果转化来服务社会,对社会尽到“完全责任”。各利益相关者在大学组织生态内外和谐相处,以合作伙伴关系共生共赢,共同实现大学的有效治理。高等教育治理虽然和企业服从于不同的逻辑,但是公司治理有关利益相关者多元化及其通过一系列内、外部机制来实施共同治理的理念,是大学治理,包括中外合作办学治理,可资借鉴的宝贵财富。只不过组织目标由企业的经济利益最大化,变成了保证教育组织决策的科学性和实现组织的高效能,继而保证各方面利益相关者广义的利益最大化。利益相关者理论及其相关共同治理理念应用于中外合作办学的治理可以通过以下组织变革的策略来实现。首先,要构建一套完备有效的共同治理的内部和外部结构。其中,外部结构包括政府宏观管理体系、非政府专业协会评估体系、媒体监督体系和公众参与体系,内部结构包括以联合管理委员会为核心的投资和决策体系、以院长为核心的行政管理体系、以教师为核心的咨询体系。其次,还要构建若干超越结构的治理机制,包括协议机制、沟通和反馈(报告)机制、协作机制、监管机制、风险管理机制等。各利益相关者在上述内、外结构内,通过上述机制以合作伙伴关系互动共赢,有望共同实现中外合作办学组织的有效治理。[①]

二、中外合作办学质量保障体系的基本框架

中外合作办学是我国高等教育国际化大背景下产生的一种教育形式,也是WTO确认的一种教育服务贸易形式。伴随着改革开放的进程,中外合作办学已走过了十几年的历程。近年来,我国中外合作办学势头迅猛,办学层次不断提高,不仅为我国经济建设和社会发展培养了大批人才,还引进了先进的教育理念和教学手段等。但是,由于发展时间比较短,经验不足,在合作办学发展中出现了很多问题,其中如何保障中外合作办学质量成为广受关注的焦点。因此,建立相应的质量保障体系势在必行。

1. 跨境教育质量保障的国际通行做法

国际上对跨境教育进行质量保障逐步形成了一套通行的做法。如政府部门审批和专业机构过程认证相结合;教育输入方与教育输出方合作管理跨境教育质量;

---

① 耿殿磊. 中外合作办学利益相关者分析. 高教探索,2007(1):59-63.

甚至联合国教科文组织和经济与合作发展组织还共同推出了《保障跨境高等教育办学质量的指导方针》，以此来规范跨境高等教育的办学及保障跨境教育的质量。① 中国作为典型的教育输入方，如何在借鉴国外保障跨境高等教育质量保障的经验基础上，构建促进中国跨境高等教育办学及保障跨境高等教育质量的质量保障体系至关重要。

随着政府职能的转变，单纯地采用行政监控的做法已不合时宜。特别是在加入 WTO 后，中国不仅要遵守相关的教育服务承诺，扩大中外合作办学，更需要根据 WTO 的相关规则，结合中国的实际国情及中外合作的发展需求，改革对中外合作办学的行政监管方式，调整对中外合作质量的管理模式，构建中国特色的保障中外合作质量的监控与管理体系。

2. 我国中外合作办学质量保障的关键问题

与一些跨境教育比较发达的国家相比，我国的跨境教育起步比较晚，规模不大。但是，我国对跨境教育质量的监管却非常重视。如教育部于 2002 年专门设立了教育涉外监管专职机构，具体负责教育国际合作与交流领域的监督与管理工作。但总的来说，我国的跨境教育质量监管体系还处在逐步形成和不断发展中。

我国的跨境教育质量监管领域广泛，包括出国留学、中外合作办学、教育国际展览、教育国际考试等等，出国留学质量问题一直是跨境教育质量监管的重点。近一时期，中外合作办学影响日益增大，也逐步成为跨境教育质量监管中一个新的重要领域。

中外合作办学是我国教育国际合作与交流的一个重点，经过十多年的发展，这项工作取得了显著的成绩。但是，提高质量问题仍是中外合作办学所面临的挑战。当前中外合作办学中存在的一些需要改进的方面，类似如何确保中外合作办学正确的办学方向，如何防止低水平重复，引入真正的优质教育资源，如何加强在招生、收费、颁发证书等方面的管理，如何遏制资质不良的境外机构与国内不具备办学条件的机构违规办学等，都与质量问题密切相关。

引进优质教育资源，是中外合作办学中的一个最核心的问题，也是众多专家学者关注的焦点之一。中外合作办学的主要目的就在于能力建设，即促进国家、教育机构的教育培养能力提升以及学生个人能力的提升。然而，我国合作办学的机构与项目在不断增多，真正引入的优质资源却很有限。另外，在引进的内容和专业方向上也存在误区，目前合作办学的专业中，工商管理和外语类占到 55%。此外，专家学者认为，引进的教育资源应该能够在我国被消化，并能提高我们的能力，而不能仅从经济利益出发。优质教育资源是多样化多层次的，并非只有名牌大学才是优质资源，不同层面需要不同的优质资源。因此，在中外合作办学中引进优质教育资源，应该建立良好的资格认证制度和质量认证制度；切实加强高等职业技术院校

---

① 李亚东,江彦桥.跨境教育的本土质量保障与认证:上海的探索.教育发展研究,2008(8):62-65.

发展的中外合作;特别应该强调在引进优质课程资源的同时,注意引进优质教育管理资源,学习国外先进的教育教学方法和严谨治学治教的科学精神;继续推进教育政策创新,不断为中外合作办学营造更好的政策环境。有专家认为,《中外合作办学条例》的核心内容在于:引进国外优质教育资源,依法审批、监督管理中外合作办学机构,依法保护办学者、受教育者和教师的合法权益。但在具体实施中仍存在许多问题。诸如,违规办学、办学质量不高、消费者合法权益得不到充分保护等。

时任上海市教委国际交流处处长江彦桥分析其原因有几方面:政策不完善,表现为政策执行主体问题,如多头管理,教育行政管理部门对非学历中外合作办学机构的管理职责不明;内容不完善,未规定财务基本账户,无学生收费保证制度;政策资源投入不足;少数政策执行者与政策事项有直接或间接的利益关系;缺乏对政策执行的有力监督,缺乏必要的质量保证措施。建立中外合作办学质量认证体系问题,得到专家们的广泛关注。华东师大谢安邦教授认为,文凭的认可与转换以及质量保证和鉴定等,是国际合作办学所面临的共同问题。对高等教育的输入方而言,解决跨国办学质量问题的策略,要从构建法律框架来规范办学活动,过渡到通过认证方式将其纳入国家高等教育质量保障体系中,使之制度化。[①]

3. 我国中外合作办学质量保障体系的基本框架

质量是一个多层面的概念。质量问题涉及教育的主要职能和活动,包括教学、课程、培训、科研、社会服务等的质量,基础设施和学术环境的质量,教师、管理人员和学生的质量等。质量保障是指为使人们确信某一种产品或服务能够满足规定的质量要求所必需的全部有计划、有组织的活动。质量保障体系是以保障和提高质量为目标,运用系统的概念和方法,依靠必要的组织机构,把各部门、各环节的质量管理活动严密地组织起来,形成一个任务明确,职责和权限相互协调、相互促进的质量管理有机整体。

(1) 中外合作办学宏观管理系统

对于中外合作办学来说,有效的宏观质量管理是政府宏观调控服务贸易市场,规范和引导相关教育机构,预防和克服国际教育服务市场带来的弊端,使整个市场健康有序发展的重要手段。只有通过有效的宏观质量管理系统,才能保障中外合作办学和我国的教育对外开放事业真正沿着"扩大开放、规范办学、依法管理、促进发展"的方向前进。有效的宏观质量管理系统,应当有一套严格而完整的行政管理系统。目前,我国在中外合作办学方面已经基本建立了一套较为完整的行政管理系统。从图 5-1 中可以看出,我国中外合作办学行政管理系统主要由中央和省、自治区、直辖市的政府管理部门及其教育行政管理部门组成。当前,我国中外合作办学宏观管理要从重审批转向审批和管理并重。

---

① 刘微. 展望全球化背景下的中外合作办学. 中国教育报,2006-11-08.

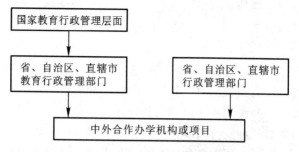

图 5 - 1　中外合作办学行政宏观管理系统①

（2）中外合作办学政府多部门协调质量管理系统

中外合作办学行政宏观管理系统，反映出我国中外合作办学是由国家、地方政府及其教育行政管理部门负责。但是这是中外合作办学宏观管理的行政系统，在对我国中外合作办学进行质量管理的过程中，实际上涉及政府及其教育行政管理部门之间的协调，而决不是一个行政部门之责。国家相关部门协调，是中外合作办学质量保障体系有效实施的必要条件。因此，我国中外合作办学政府多部门协调质量管理系统如图 5 - 2 所示：

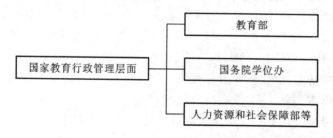

图 5 - 2　国家教育行政管理层面多部门协调的质量管理系统

（3）我国中外合作办学质量保障体系的构想

借鉴国内外国际合作办学和其他高等教育服务质量保障经验，可以将中外合作办学保障体系分为内部保障体系和外部保障体系。在分析我国中外合作办学历史、现状和国情的基础上，我们认为，我国宜采用内部和外部相结合的中外合作办学质量保障体系结构形态。

首先，政府层面形成合力，明确宏观管理职责，着力于法规的完善及标准的制定

中外合作办学质量保障体系，是在我国行政宏观管理系统与政府多部门协调质量管理系统下，进行的院校内部质量保障与外部质量保障相结合的质量保障框架。其中，政府行政宏观管理系统，需要理顺各级政府及其教育行政管理部门在中外合作办学质量保障过程中的角色定位及职责。在此基础上，对各部门职责加以

---

①　梁燕.论我国中外合作办学质量保障体系建设.北京:对外经济贸易大学硕士学位论文,2006.

协调和统筹规划。这是构建我国中外合作办学质量保障体系的前提，即必须明确中国各级政府及其教育行政部门之间的关系及角色定位，才能在政府层面形成合力。

其次，院校层面，是质量保障的主体，应着力于构建内部质量保障体系；对于中外合作办学的办学机构侧重对项目、课程、师资和教学过程加以保障

院校是中外合作办学的主体，因此，其自我质量保障至关重要。院校自我质量保障侧重在项目、课程、师资与教学过程的自我质量保障。院校自我质量保障的职责有：自主制定发展规划，明确办学的质量方针和各项工作质量标准；建立并完善质量决策系统、组织指挥系统、管理制度系统、信息反馈系统和教学评价系统，加强对教学过程的评估与监控；建立必要的社会人才需求信息搜集以及毕业生的跟踪调查系统。[1]

最后，社会层面，通过专业中介机构及社会参与，发挥社会监督与管理的第三方保障作用

为充分发挥社会参与管理及监督中外合作办学健康持续发展，保障中外合作办学教育质量，有必要建立中外合作办学社团组织，加强行业自律管理。由中外合作办学单位自愿结成社团组织，共同建立行业规范和质量标准。加强对本行业的统筹协调和自律管理，维护整个系统的和谐与公平。社团组织在质量保障中的主要职责是：制定行业的章法，协调和规范中外合作办学市场行为；制定行业质量标准，加强行业检查和监督；协调与政府、社会之间的关系，维护本行业的利益。其中，用人单位、新闻媒体、教育消费者等社会各界，对中外合作办学的参与与监督同样发挥重要作用。[2]

（4）国际组织在中外合作质量保障过程中的作用越来越重要，其主要体现在制定行业规范、质量标准等方面

中外合作办学本身就是经济全球化及教育国际化的产物，因此，构建中外合作办学质量保障体系需要相关利益主体共同参与，其中相应的国际组织，如国际高等教育质量保障机构网络组织、亚太地区质量保障网络组织等一些国际性质量保障组织制定的行业规范及质量标准对中外合作办学机构有重要的影响。在构建中外合作办学质量保障过程中，我们要积极参与国际质量保障组织，共同制定国际质量保障标准及行业规范，这既是中国高等教育国际化发展的要求，同时也是保障我国中外合作办学质量之所需。

（5）我国中外合作办学质量保障的基本框架

保障中外合作办学教育质量，涉及中外合作办学过程中的各利益主体，需要各方共同协商，协同治理。其中各自的职责与定位不同，具体如图5-3所示：

---

[1] 李亚东，江彦桥.跨境教育的本土质量保障与认证：上海的探索.教育发展研究,2006(8A).
[2] 李亚东，江彦桥.跨境教育的本土质量保障与认证：上海的探索.教育发展研究,2006(8A).

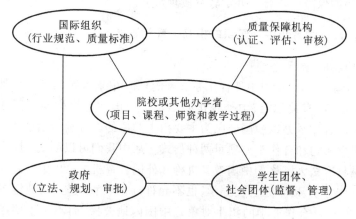

图 5-3　中外合作办学质量保障的基本框架

在构建中外合作办学质量保障体系的过程中,各利益主体协调治理真正起到实效的关键还是政府要转变职能。根据《高等教育法》的规定,政府在高等教育中的职能主要是服务、监督、方针指导和宏观管理。政府履行服务职能,应着眼于对合作办学和境外消费的宏观调控的服务和引导,制定合理的市场运行规则,创造宽松有序的市场政策环境,对相关法律法规条文进行修改完善,并制定新的相关法规。随着中外合作办学市场的逐步扩大,政府还必须充分运用立法、规划、政策指导、优惠措施、信息服务、评估监督等一些必要的行政手段,实现中外合作办学管理的民主化和科学化。

此外,对于构建中外合作办学质量保障体系而言,依法保障至关重要。部分地方部门在行政执法过程中存在地方保护主义,影响了服务贸易的质量。要解决以上问题,必须走法制化道路,把各级政府和政府各部门形式的职权纳入法制执行,严格按照《中华人民共和国许可法》规定的权限、范围、条件和程序办事,遵循公开、公平、公正、便民、服务的原则。为保证合作办学质量,除了要以《高等教育法》、《中外合作办学条例》、《民办教育促进法》等为法律依据外,应学习吸收国(境)外质量保障方面的先进经验,对中外合作办学质量保障的标准、组织、周期、结果公布、奖惩等明确规定,使各中外合作办学机构和项目在相应法律和法规的约束下,制定内部教育质量保障的规章制度,自觉保障内部教育质量。

第二节　中外合作办学质量保障的主体关系及职能活动

所谓中外合作办学,是指外国主体(外国法人组织、个人、有关国际组织)同中国主体(具有法人资格的教育机构及其他社会组织)在中国境内合作举办教育机构、开展教育项目研究、实施教育教学的活动。因此,构建我国中外合作办学质量保障体系,需要理顺中外合作办学各利益主体的关系及其职能,进而在其基础上,形成合力,协调保障中外合作办学教育质量。

一、政府、办学者和中介组织的相互关系及职能

中外合作办学的利益主体

根据《中华人民共和国中外合作办学条例》和《中华人民共和国中外合作办学条例实施办法》的有关规定,中外合作办学是指中国教育机构与外国教育机构依法在中国境内合作举办以中国公民为主要招生对象的教育教学活动。中外合作办学有合作设立机构和合作举办项目两种形式。从中我们可以明确:① 中外合作办学的主体是具有法人资格的中国教育机构和外国教育机构;② 中外合作办学的方式必须是合作办学,既不是合资办学,也不允许外国教育机构、其他组织或者个人单独办学;③ 中外合作办学的招生对象是中国内地公民,而不是主要招收外国或者我国香港特别行政区、澳门特别行政区和台湾地区的学生;④ 教育教学的地点主要在中国境内;⑤ 中外合作办学机构和项目都应当依法取得行政许可。

因此,从上述法律条款分析中,我们可以看出:

1. 中外合作办学中涉及的利益主体有:政府、举办者、办学者、学生及其家长等

根据《中华人民共和国中外合作办学条例》和《中华人民共和国中外合作办学条例实施办法》的有关规定,政府更多的是承担相应的管理职责;举办者及接受举办者委托的办学者有义务对其提供的中外合作办学质量进行自我保障;社会中介机构及其他社会团体参与管理及监督中外合作办学教育质量保障工作,其中受教育者及其家长也有权利要求中外合作办学机构达到符合其要求的办学水平。

2. 政府、办学者和中介组织的相互关系

中外合作办学的主体具有多元性,办学主体可分为举办者、办学者及管理者等,打破了我国以往教育管理体制中集三者于国家一身的现象,在三者之间形成了全新的法律关系。举办者指创办、组织、投资中外合作办学机构(项目),并依法或依约享受权利、承担义务的中外当事人。中方当事人称为合作者,外方当事人称为外方合作者。办学者指接受举办者委托,在合作办学机构(项目)运行期间,具体负责合作办学工作,并在法律和举办者的授权范围内享受权利、承担义务的当事人。管理者指代表国家对中外合作办学机构(项目)进行审批、监督、检查和管理,并在职权范围内享受权利、承担义务的当事人,主要为国家教育行政主管及地方教育行政主管机关。

从图5-4中,我们可以看出,政府、办学者与举办者三者之间是相互影响的,其中,政府主要是对中外合作办学的双方,包括对中外合作的举办者及办学者承担的机构(项目)进行审批、监督、检查和管理,而政府在履行其职责的过程中,也要保护他们的权益;办学者和举办者有时候是合而为一,有时候是办学者接受举办者的委托具体经营中外合作办学机构(项目),具体从事中外合作办学工作,两者的关系是委托代理关系,双方受到法律的制约与规范。在图5-4中,特别值得关注

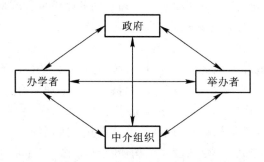

图 5 - 4　政府、举办者及办学者三者之间的关系

的是中介组织在其中与各方的关系,需要理顺。加入 WTO 后,我国政府职能发生了转变,由全能政府向责任政府、法治政府、有限政府转变,因此,在政府职能转变的过程中,无论是向市场,还是向社会转变职能,都需中介组织作为载体,形成政府—社会中介组织—市场这样一种三层次的连动体系,从而才能使社会发展以一种均衡的状态进行。其中,政府转移出来的职能,一部分需要中介组织来承接,中介组织本身在政府和市场之间起到联结纽带和桥梁的作用。至于政府、办学者及中介组织之间的关系,《中华人民共和国中外合作办学条例实施办法》第六条规定:已举办中外合作办学机构的中外合作办学者申请设立新的中外合作办学机构的,其已设立的中外合作办学机构应当通过原审批机关组织或者其委托的社会中介组织进行的评估。《中华人民共和国中外合作办学条例实施办法》第十条规定:中外合作办学者作为办学投入的知识产权,其作价由中外合作办学者双方按照公平合理的原则协商确定或者聘请双方同意的社会中介组织依法进行评估,并依法办理有关手续。中国教育机构以国有资产作为办学投入举办中外合作办学机构的,应当根据国家有关规定,聘请具有评估资格的社会中介组织依法进行评估,根据评估结果合理确定国有资产的数额,并依法履行国有资产的管理义务。因此,理顺它们之间的关系是保障中外合作办学教育质量的前提之一。

　　3. 政府、办学者及中介组织在保障中外合作办学质量过程中的职能分析

　　在中外合作办学质量保障过程中,政府、办学者及中介组织在其中的角色定位不同,其相应的职能也不同。如何在政府、办学者及中介组织之间形成合力,协同保障中外合作办学质量,其首要前提就是要明确它们各自在其中的定位,进而厘清它们各自的职能。

　　我国发布的《中华人民共和国中外合作办学条例》(以下简称"《办学条例》")及《中华人民共和国中外合作办学条例实施办法》(以下简称"《实施办法》")对政府、办学者及中介组织各自的职责分别作了明确的规定。

　　政府的职能主要体现在对中外合作办学的统筹规划、综合协调和宏观管理,以及对中外合作办学的日常监督等。其法律依据是《办学条例》和《实施办法》的相关条款的规定。《办学条例》第八条规定:国务院教育行政部门负责全国中外合作

办学工作的统筹规划、综合协调和宏观管理。国务院教育行政部门、劳动行政部门和其他有关行政部门在国务院规定的职责范围内负责有关的中外合作办学工作。省、自治区、直辖市人民政府教育行政部门负责本行政区域内中外合作办学工作的统筹规划、综合协调和宏观管理。省、自治区、直辖市人民政府教育行政部门、劳动部门和其他有关行政部门在其职责范围内负责行政区域内有关的中外合作办学工作。《办学条例》第十二条规定：申请设立实施本科以上高等学历教育的中外合作办学机构，由国务院教育行政部门审批；申请设立实施高等专科教育和非学历高等教育的中外合作办学机构，由拟设立机构所在地的省、自治区、直辖市人民政府审批。此外，第三十五条规定：国务院教育行政部门或者省、自治区、直辖市人民政府教育行政部门及劳动行政部门等其他有关行政部门应当加强对中外合作办学机构的日常监督，组织或者委托社会中介组织对中外合作办学机构的办学水平和教育质量进行评估，并将评估结果向社会公布。

从《办学条例》及《实施办法》中对政府职责的规定中可以看出，政府的一部分职责可以委托中介组织来承接，主要体现在政府部门可以组织或者委托社会中介组织对中外合作办学机构的办学水平和教育质量进行评估，并将评估结果向社会公布。

根据《实施办法》的规定，中外合作办学的申请者需具备以下条件：中外合作办学者中的外国教育机构必须是在所在国教育主管部门核准或者登记注册的实施正规教育的学校或者培训组织，中国教育机构必须是具有法人资格且具有相应的办学资格的各级各类学校。这是对具体办学者明确的法律规定，但是举办者可以委托具有我国法律规定的机构从事中外合作办学。因此，从法律视角来看，举办者与办学者之间是一种委托代理关系，但是举办者和办学者的利益是一致的。在具体办学过程中，办学者与举办者的职责更多体现在《办学条例》及《实施办法》中对办学者的具体规定之中。根据规定，中外合作办学的宗旨是培养人才，促进我国教育事业的发展。因此，举办者和办学者的活动只能围绕该宗旨并为实现该宗旨而进行。

但是，在对举办者和办学者的职责进行分析的过程中，我们可能需要关注的是举办者和办学者在进行中外合作办学的时候，其宗旨可能是多样化的。因为在举办承担的过程中，举办者和办学者的目的是多元的。有的办学者参与中外合作办学是为了服务于社会的公益事业，许多国外的高等教育机构与国内高校和其他办学机构有着良好的合作关系，现在，它们选择了中外合作办学的方式来继续这种互利的合作。这类办学者并不以追求经济利益为办学目标。但也应该看到，有的办学者参与中外合作办学的目的是为了追求经济回报，他们希望把办学当作一种商业投资。此外，还有一类需要特别值得注意的是，他们在合作办学过程中还会追求另外一种目的，即传播他们所信奉的价值理念，而这种价值理念可能不符合我国的公序良俗。《中外合作办学条例》尽管明确了中外合作办学属于公益性事业，是中

108

国教育事业组成部分,但对于其是否可以营利的问题并未做出明确规定。《中外合作办学条例》是依照《中华人民共和国教育法》、《中华人民共和国民办教育促进法》、《中华人民共和国职业教育法》制定的,那么,依照下位法服从上位法的原则,就会出现不同的解释。因此,举办者和办学者在职责上的区别还是在办学目的上。

二、中外合作办学质量保障形式及手段选择

在借鉴其他国家保障中外合作办学质量经验与做法的基础上,我们在构建本土化的中国中外合作办学质量保障体系的过程中,应该遵循一些基本的原则。

1. 依法保障

中外合作办学是中国教育体制新的重大变革,如何运用法律手段促进中外合作办学健康发展是目前至关重要的问题。因此,在构建中国特色的中外合作办学质量保障体系的过程中,必须首先依法保障我国中外合作办学的持续健康发展。其中依法,包括依照 WTO 的相关规定,但更要依据中国有关中外合作办学的法律规定,来保障我国中外合作办学的利益主体的权益。

中外合作办学是改革开放后的新生事物,为此中国根据中外合作办学的发展情况,不断完善有关的法律法规,由当初的《中外合作办学暂行规定》,到制定《中华人民共和国中外合作办学条例》及其实施办法等。目前,规范中外合作办学的法律法规除了上述的中外合作办学的具体法规以外,还有《中华人民共和国教育法》、《中华人民共和国职业教育法》、《中华人民共和国民办教育促进法》、《中华人民共和国高等教育法》、《中华人民共和国民办教育促进法实施条例》等。另外,教育部还配套了若干规范性文件,方便我们通过运用法律手段来规范并促进中外合作办学的健康发展。

2. 分类评估

目前,中外合作办学的形式可谓多种多样,国内有关研究者以办学机构的性质及国家是否承认其学历为标准,把中外合作办学的形式归纳为独立设置和非独立设置两大类。两类形式均以实施高等教育和职业技术教育、培训为主。(见图 5-5)。

不同类型的中外合作办学形式,其特点不同,对其进行质量保障的过程中应该区别对待,采用分类评估方式更合理、有效。独立设置的中外合作办学机构是独立的事业法人,享有独立的办学自主权、财产权、内部管理的自主权等权益保障,而非独立设置的中外合作办学机构,则是采用二级学院制,这是目前国内外中外合作办学的主要形式。二级学院是在一级学院与外方合作者共同创办的不具法人资质的中外合作办学机构。此外,在办学项目上也是与二级学院基本相同,其最大不同之处在于项目设立在中方合作者组织的某一机构内,如在二级学院下设MBA 项目。

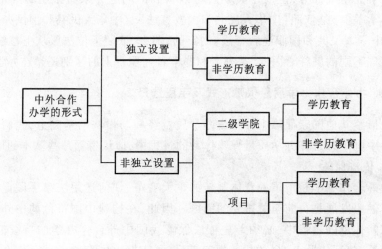

图 5 - 5　中外合作办学形式分类

　　其次,政府主管部门应加强对中外合作办学的高等教育机构教学水平的评估工作,并向社会公布评估结果。按民营机制运行的高校,由于经济利益的驱动,往往采取节省成本开支、压缩教学投入的办法使其尽快收回投资或获取高额利润。因此,教育主管部门应对此类高校每 3~5 年进行一次教学水平评估工作。一是通过评估,"以评促建、以评促改",促使这些学校把办学结余大部分继续投入到改善办学条件上来,不断提高办学水平;二是通过评估向社会公布各个学校的评估结果,可以使考生和家长得到客观的信息,以便于准确地选择学校。

　　3. 动态管理

　　为了规范中外合作办学,确保中外合作办学的利益主体的权益,我国已经采取了一系列措施进行监管和管理。目前,教育部采取了四项措施加强中外合作办学监管,即重点推进"两个平台"和"两个机制"建设。一是依托教育部教育涉外监管信息网,设立教育部中外合作办学监管工作信息平台,通过办学监管信息公示,实施对中外合作办学的动态监管,并根据需要,向社会和广大就学者提供较全面和可靠的就学指导和服务信息;二是加强所颁发学历学位证书认证工作,开发中外合作办学颁发证书认证工作平台;三是开展中外合作办学质量评估,建立中外合作办学质量评估机制;四是强化办学单位和各级管理部门的责任,建立中外合作办学执法和处罚机制。中外合作办学的监管工作措施核心是加强工作管理,提高办学质量,并立足于为社会和中外合作办学者,特别是中外合作办学的广大就学者提供更有效的行政监督和服务。①

---

　　①　中华人民共和国教育部中外合作办学监管工作信息平台. http://www.crs.jsj.edu.cn/index.php.

第三节　中外合作办学质量保障体系的运行机制

确保中外合作办学的教育质量,需要中外合作办学的各利益主体协同治理,更需要中外合作办学的主体形成合力依法保障。当然,中外合作办学的质量保障,在理顺各利益主体及办学主体关系与职责的基础上,更需要通过制度加以保障,依法从制度入手确保中外合作办学质量保障能够有效实施。

一、内外结合,从机制上确保中外合作办学的质量

根据《办学条例》,教育行政部门、合作办学机构(举办者和办学者)和社会各界都是保障中外合作办学质量的主体,但三者的作用不同。各级教育行政部门主要是审批和认证合作办学单位、制定政策、规划、委托中介机构评估、提供信息、宣传政策等。中外合作办学机构——举办者和办学者在质量保障机制过程中的作用主要体现在构建自我质量保障机制,从内部保障中外合作办学的教育质量。教育质量评估组织,主要是接受政府委托参与其中,担负其质量保障的评估等方面的职责。而社会各界作为中外合作办学的其他利益主体,也需要通过信息反馈、提供资源及组织行业认证等方式方法协同保障中外合作办学的质量。其关系如图 5-6 所示:

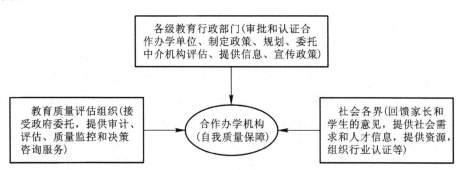

图 5-6　中外合作办学质量保障机制关系图

二、依法介入,保障中外合作办学利益相关者参与

中外合作办学不仅涉及中外合作办学者和办学机构的利益,也涉及办学机构的教师的利益和学生的利益,更涉及国家的利益,而这些利益可能是相互冲突的。学生也是中外合作办学过程中重要的利益主体,他们支付相对高昂的学习费用是为了接受优质的教育,为了在良好的学习和生活环境中,利用先进的教学设施,获得更为先进的科学知识和更为适应的工作技能。如果办学者是以追求经济回报为办学目的,或者是以传播某种价值理念为主要目的,那么,学生的利益就会受到伤害。在中外合作办学机构工作的教师,除为获得相应的工作报酬之外,还会期待更

为理想的教学环境和科研环境，以更好地发挥自己的专业特长。如果办学者以追求经济回报为目的，仅仅将教师作为一般的公司雇员，也会与教师的利益相冲突。[①] 因此，提供优质的中外合作办学既是中外合作办学主体的义务，也是中外合作办学其他利益主体的权益。在现行的法律基础上，需要为其他利益相关者，尤其是教师和学生提供参与质量保障的途径与机会。通过他们的参与，可以为对中外合作办学机构进行动态管理提供基础，并且也是多渠道监督中外合作办学质量的内在要求。

三、树立权威，发挥质量保障机构第三方监管作用

根据《办学条例》，政府及其教育行政部门有权组织或委托社会中介组织对中外合作办学机构的办学水平和教育质量进行评估，并将评估结果向社会公布。中外合作办学机构管理混乱、教育教学质量低下，造成恶劣影响的，由教育行政部门、劳动行政部门按照职责分工责令限期整顿并予以公告；情节严重、逾期不整顿或者经整顿仍达不到要求的，由教育行政部门、劳动行政部门按照职责分工，责令停止招生、吊销中外合作办学许可证。因此，在政府职能转变的过程中，保障中外合作办学质量，需要树立质量保障机构的权威，发挥第三方监管作用，形成以外促内的质量保障机制。其中，联合国教科文组织制定的《保障跨境高等教育办学质量的指导方针》中，就对质量保障和评估机构提出了一些指导方针。

四、国际接轨，参与制定中外合作办学的质量标准

为保障跨境高等教育质量，国际上一些重要的质量保障组织都根据目前跨境高等教育的发展需求为保障中外合作办学制定了相应的保障指南及质量保障标准。如联合国教科文组织就制定了《保障跨境高等教育办学质量的指导方针》，对跨境教育中非学校的质量保障机构，包括学生团体、质量保障和资质认定机构、学术认证机构及专业团体等提出了一些建议。作为发展中国家，尤其是作为目前世界上最大的跨境教育输入方，我国应通过积极加入这些质量保障组织，参与制定质量保障标准，加强区域合作，通过中外质量保障组织的共同努力来保障我国的中外合作办学质量。

---

① 车丕照.中外合作办学过程中不同主体的利益平衡.中国高等教育,2003(11).

第六章 中外合作办学认证体系的创建(以上海为例)

随着教育改革和开放的深入,中外合作办学也有了蓬勃发展。在国家《行政许可法》颁布之后,政府如何简政放权而又不放松过程监督?怎样利用行业组织或者中介机构进行自律管理?为此,上海根据《中华人民共和国中外合作办学条例》等有关法律、法规,借鉴国际上教育认证的通行做法,积极探索"管、办、评"适度分离有效机制,加强对中外合作办学进行教育质量保障。

第一节 构建中外合作办学认证体系的理论基础

一、教育行政管理改革的新视野[①]

长期以来,人们对政府就社会事务进行"统治"习以为常。这是因为人们认同政府是公共事务行使管理权的最主要的行为主体,政府也正是通过行使公共权力,对社会各部分进行管理和控制,达到维护社会秩序的目的的。在传统的国家公共管理体系中(无论是民主主义国家还是专制主义国家),无一例外都建基于科层制官僚结构和自上而下的权力运行模式。"从纯粹的技术观点来看,官僚体制可以高效地达成所欲的工作,也就是说,官僚是人类所知现存正式权威中最理性的体制。其在准确性、稳定度和纪律的严谨上远超过其它任何形式的组织,藉此组织领导人可以采取相关的行动以达成任何结果。"[②]

20世纪90年代以后,治理的内涵发生了重大转变。西方学者,特别是政治学家和政治社会学家,对治理作出了许多新的界定。治理理论的主要创始人之一罗西瑙(J. N. Rosenau)在其代表作《没有政府统治的治理》和《21世纪的治理》等文章中将治理定义为一系列活动领域里的管理体制,它们虽未得到正式授权,却能有效发挥作用。与统治不同,治理指的是一种由共同的目标支持的活动,这些管理活动的主体未必是政府,也无需依靠国家的强制力量来实现。[③]

---

① 李亚东."政府管、学校办、社会评"运行机制的构建.辽宁教育研究,2007(11).
② 马克斯·韦伯.经济与社会(下).北京:商务印书馆,1997:296.
③ 俞可平主编.治理与善治.北京:社会科学文献出版社,2000:2.

为了顺应由计划经济向市场经济的转型,早在 1985 年中共中央就发布了《关于教育体制改革的决定》。国家发改委副主任朱之鑫认为[①],20 多年来,中国政府行政管理体制改革虽然取得一定的突破性进展,但行政管理体制还不能完全适应不断发展的新形势和新任务的需要,改革的任务仍十分艰巨。要把政府行政管理体制改革放在更加突出的位置,把转变政府职能作为改革的出发点和落脚点。继续推进政企分开、政资分开、政事分开、政府与市场中介组织分开,切实履行好经济调节、市场监管、社会管理和公共服务职能,在更大程度、更大范围发挥市场配置资源的基础性作用;深化事业单位管理体制改革,健全公共服务体系;建立政府绩效评估机制,完善政府行政监督机制,做到权责明确、问责有力、行为规范、监督到位。

1. 公共事务需要治理而不是统治

治理概念的提出,首先是来自于企业问题的研究,然后扩展到企业之外,将各种非营利组织如政府、中介组织、学校纳入治理研究的范畴。全球治理委员会于 1995 年发表了题为《我们的全球伙伴关系》的研究报告,对治理作出了如下界定:治理是各种公共的或私人的个人和机构管理其共同事务的诸多方式的总和。它是使相互冲突的或不同的利益得以调和并采取联合行动的持续的过程。这既包括有权使人们服从的正式制度和规则,也包括各种人们同意或以为符合其利益的非正式的制度安排。它有四个特征:治理不是一整套规则,也不是一种活动,而是一个过程;治理过程的基础不是控制,而是协调;治理既涉及公共部门,也包括私人部门;治理不是一种正式的制度,而是持续的互动。[②]

2. 我国政府职能转变势在必行

加快政府职能转变,是我国经济体制改革的必然要求。由计划经济向市场经济转轨,政府在政策制定过程中的地位与作用发生了变化。政府从以往唯一的规则制定者变为政策制定的合作者,行业组织等准政府机构、市场主体在政策制定中的作用日益增强。王忠禹强调[③],为了实现推动行政管理体制改革,加快转变政府职能这个目标,一是要处理好政府与市场、政府与企业、政府与社会的关系,把政府职能转变到经济调节、市场监管、社会管理与公共服务上来。二是要从"重管理轻服务"向"强化服务"转变。三是要从"注重权力"向"严格责任"转变。树立正确的权责观,要责任当头,而不是权力当头。要完善责任追究制度,加大责任追究力度。

---

① 政府行政管理体制改革国际研讨会会议综述. http://news. xinhuanet. com/politics/2006-05/22/content_4583569. htm.

② 全球治理委员会. 我们的全球伙伴关系. 牛津:牛津大学出版社,1995:23//俞可平主编. 治理与善治. 北京:社会科学文献出版社,2000:4-5.

③ 王忠禹. 强调加快政府职能转变全面推进依法行政. 法制日报,2002-09-16. http://www. sina. com. cn.

3. 教育行政管理从"两端"走向"中间地带"

世界上有各种各样的教育行政体制,依据中央和地方在教育上的权限关系,也可以分成两类:一是中央集权制,二是地方分权制。集权制的弊端往往是分权制的长处,而分权制的不足则又是集权制的优势,于是,多数国家则在集权与分权(好比哑铃的两端)上兼而有之,但往往偏向于某一端(倾向于集权或倾向于分权)。值得注意的是,当前在世界范围内,特别是随着教育行政的科学化、民主化和专业化,出现了一种"由两端走向中央地带"的教育行政管理改革趋势,即集权的逐步分权,分权的逐渐集权,趋向均权化。"走向中间地带"并非是中央和地方之间绝对均权,而是在政治上、法规上和具体教育事务上(教育目标、教育标准、教学计划、课程设置、教材、考试与评价等),以多种形式划定中央与地方之间的权限和责任,并建立起相互协作的运行机制。

综上所述,要进行教育行政管理机制的创新,我们就要打破传统管理思维的旧框框,认识到治理并不仅限于政府的权力,各种公共的和私人的机构只要其行使的权力得到了公众的认可,就都可能成为在各个不同层面上的权力中心。治理意味着一系列来自社会的公共机构和行为者,正在承担越来越多的原先由国家承担的责任。[①] 当然,教育管理的改革也不只是对行政权力的瓜分或均权,但首先需要政府职能的切实转变,确立利益相关者的应有地位,并自觉调整好政府与它们之间的相互关系。

治理理论强调社会和政府治理中各种非政府机构包括私人部门和志愿团体的参与并承担相应的责任;强调国家与社会组织间的相互依赖关系及合作与互动,打破国家与社会二元对立的传统思维,这对当前我国的社会体制转型具有理论启示意义,由此,在社会体制转型的过程中应以建立治理型社会自治体制为基本的目标趋向。

从社会体制转型来看,治理理论作为一种新公共管理的方法,是在对政府、市民社会与市场的反思及西方政府改革的浪潮中产生的,治理理论不单单强调政府与市场的协调与合作,更重要的是寻求政府、社会与市场三者之间的合作和互动,寻求的是一种通过调动各种力量和资源达到"善治"的社会体制。因此,治理理论不仅对我们重新界定政府、市场与公民社会间的相互关系具有重要的理论价值,而且对我国当前社会体制转型具有很大的理论启示作用。

二、政府、学校、社会的关系重构

1. 政府、学校、社会相互关系的转变

在计划经济条件下,学校的外部关系只有学校与政府的关系,学校与社会的联

---

① 格里·斯托克.作为理论的治理:五个论点.国际社会科学(中文版),1999(2)//俞可平主编.治理与善治.北京:社会科学文献出版社,2000:3-4.

系被政府隔断,政府成为学校与社会联系的中介。这是因为在"大一统"的教育管理体制中,学校不需要面向社会,只是从政府那里获得经费,再按政府指令完成教育任务,甚至连学校毕业生也由政府向社会统一分配。在这样的教育管理体制中,政府举办各级各类学校,对它们实施外部行政管理,并且具体控制学校内部的办学事务,即政府充当了学校举办者、行政管理者和实际办学者等多重角色,这便造成了"政校不分"、"教评不分",学校与政府关系混乱、学校与社会关系模糊的状况。

在市场经济条件下,社会的经济结构是多元化的,因而社会事业的投资渠道也是多样化的,政府财政不只是学校收入的唯一来源,学校接受社会其他投资主体的投资,甚至直接由社会力量举办各级各类学校。与此同时,学校与其他社会组织也发生直接联系和建立信息沟通的渠道。这样,学校与政府、社会之间不是单一的联系,而是构成了"三角形"关系(见图6-1)。在这种相互关系中,政府的角色也有了较大的变化:首先,政府不是所有学校的举办者,而只是公立学校的举办者;其次,政府是所有学校的管理者,但实行"分级办学、分级管理"和宏观管理;第三,政府不是学校的办学者,对各级各类学校政府给予适当的办学自主权。

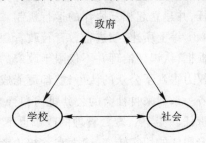

图6-1　市场经济条件下
学校的外部关系(1)

随着市场经济体制的逐渐完善,特别是社会中介组织的逐步建立,学校与政府、社会之间的关系又会发生新的变化。自国家出现后,政府便凭借手中掌握的政治权力及其公共权威,行使着两大职能:一是实行阶级的政治统治,二是实行公共的社会管理。恩格斯曾把政府的这种公共权力看作既是从社会中产生,又日益与社会分离的一种力量。政府与社会构成了一对矛盾体,为了缓解它们之间的复杂矛盾,平衡社会利益冲突,协调各方行为,需要政府(管理主体)与社会客体(管理客体)之间建立一种中介机制,尽量减少与社会利益集团之间的直接矛盾和冲突,以便政府对社会进行有效管理。中介组织的作用发挥,事实上也就把传统的、国家与社会合二为一的社会结构,分化成为国家—社会中介组织—利益团体(或民众)三层的社会结构。[①] 另一方面,在市场经济条件下,由于办学主体多元化、投资渠道多样化,各利益集团(或学校社会团体)之间不可避免地存在着一定的矛盾,各种教育中介组织也是学校利益集团(或学校社会团体)交互作用的产物。特别是在政府下放权力、政校分开之后,大量的具体执行性职能和行业服务职能,就必须转移给一个中间层次的行业性或专业性中介组织来承担。这样,学校与政府、

①　参见吕凤太主编.社会中介组织研究.北京:学林出版社,1998:5-6.

社会之间的联系,有时也可以通过教育中介组织来实现(见图6-2),以便加强学校利益集团自治或学校社会团体的自律,实行统一的规划、组织、协调、监督、检查和服务,维护整个系统的和谐与公平。

2."评估型政府"的兴起

政府在向市场中相互竞争的个人和自治机构放权的同时如何保持强势?尼夫(Neave)提出了"评估型政府"这一概念。尼夫认为,"评估型政府"有两个重要的部分:一是教育与政府之间关系的重构,他将其确认

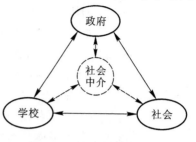

图6-2 市场经济条件下
学校的外部关系(2)

为评估型政府的兴起;二是教育和社会之间关系的重构,评估型政府"努力将一种特殊形式的由外部界定的'竞争伦理'作为学校的、因而也是教育制度发展的主要驱动力"。尼夫认为,政府只是"从被没完没了的琐碎小事所淹没的黑暗平原上撤退,进而在明朗的、可策略性'总揽全局'的制高点上避难"。在某些情况下,这会造成新的中间机构的出现,如信托机构、代理机构以及准自治机构等。这些机构直接受命于政府部长并对其负责,而不是处于地方的民主控制之下。评估型政府还要求对学校层面进行重大的变革。学校还必须开发出新的回应方式,而这种方式则要求学校采用新的权力结构模式。评估型政府对它应当负责的主要领域进行评估。①

事实上,从20世纪90年代起,我国教育评估就倍受政府的青睐。政府在转变职能,对教育实行宏观管理的过程中,积极寻求以教育评估为手段的有效管理机制。教育部成立了"教育部高等教育教学评估中心"和"教育部学位与研究生教育发展中心",专业承担教育部组织的本科教学评估和研究生学位评估工作,具有较强的政府背景。到目前为止,全国省级教育评估专业机构已愈十家,其中多数具有官方背景或作为直属的事业单位。现实中,各级各类教育评估活动愈演愈烈,特别是目前政府的绩效评估也提到了议事日程。

第二节 构建中外合作办学认证体系的可行性分析

一、构建中外合作办学认证体系的现实条件

1.认证是国际上跨境教育质量保障的一种通行做法

跨境教育主要有三种形式:学生流动、教育项目流动和教育机构流动。中外合作办学主要是通过后两种形式引进外国的优质教育资源。跨境教育的监控模式很

---

① 参见吕凤太主编:社会中介组织研究.北京:学林出版社,1998:46-47.

多,输入方往往根据本国(和地区)的国情和需要作出选择。输入方跨境高等教育监控体系主要有以下四种类型:宽松管制与严格管制、强制制度与自愿制度、双轨制度和单一制度、外部许可与认证和自我许可与认证。① 外部许可与认证是指政府建立一种外部的许可与认证制度,要求所有跨境高等教育必须遵守外部组织的监控活动。实施外部许可与认证的机构可能是一个政府机构或是一个独立的注册机构或认证机构。可见,跨境高等教育可将质量保障的功能完全授权给跨境教育提供者或海外当地的合作者,政府或认证机构只保留最终的核准权。

尽管各国的质量保障体系不尽相同,但教育认证却是常用的一种手段。教育认证制度 100 多年前起源于美国,在美国教育质量保障体系中发挥着举足轻重的作用。随着高等教育的国际化,美国的认证机构在许多国家和地区开展了认证活动;认证制度得到了越来越多国家的效仿,并得到了重要国际组织的大力推广和倡导。可以说,教育认证制度已经演变成一种国际通行的教育质量保障制度。

2. 我国相关的法律法规为开展认证奠定基本依据

构建上海市中外合作办学认证制度的法律法规条件已经具备。2003 年 9 月 1 日起实施的《中华人民共和国中外合作办学条例》第三十五条明确指出:"国务院教育行政部门或者省、自治区、直辖市人民政府教育行政部门及劳动行政部门等其他有关行政部门应当加强对中外合作办学机构的日常监督,组织或者委托社会中介组织对中外合作办学机构的办学水平和教育质量进行评估,并将评估结果向社会公布。"可见,由政府组织或委托,通过办学水平和教育质量的评估,社会中介组织可以参与对中外合作机构的日常监督,并在教育质量保障中发挥应有的作用。

2003 年 11 月 1 日起实行的《中华人民共和国认证认可条例》第二条明确:"本条例所称认证,是指由认证机构证明产品、服务、管理体系符合相关技术规范、相关技术规范的强制要求或者标准的合格评定活动。"第十七条也指出:"国家根据经济和社会发展的需要,推行产品、服务、管理体系认证。"中外合作办学属于一种教育服务,数量众多,但质量参差不齐,需要建立认证体系。为此,《中华人民共和国认证认可条例》为构建教育认证制度提供了法规保障。

2004 年 7 月 1 日起实施的《中华人民共和国行政许可法》第十三条明确规定:通过"市场竞争机制能够有效调节的","行业组织或者中介机构能够自律管理的",可以不设行政许可。美国高等教育认证的实践证明,保障教育质量是可以通过这两种方式实现的。因此,《中华人民共和国行政许可法》为实现政府职能转变,构建依靠行业组织或中介机构的教育质量保障制度提供了法律依据。

从总体上看,《中华人民共和国认证认可条例》、《中华人民共和国行政许可法》、《中华人民共和国中外合作办学条例》和《中华人民共和国中外合作办学条例实施办法》等国家法规,为构建上海市中外合作办学认证体系提供了法规

---

① UNESCO-APQN toolkit: regulating quality assurance in cross-border education. http://www.apqn.org.

依据。

3. 上海的教育管理体制改革营造了良好的外部环境

十六届三中全会以来,从中央到地方都把改革的重点转向公共服务型政府的建设,上海正着力建设责任政府、服务政府、法治政府,并把贯彻执行行政许可法的着眼点,放在切实转变政府职能、规范行政行为上来。与此同时,上海市教委以实施教育综合改革试验为契机,把推进依法行政、依法治教列为工作重点,积极创建现代化教育管理的新体制、新模式和运行体系。

原市委副书记殷一璀在 2004 年全市教育工作会议的报告中提出,"要有世界眼光,善于学习发达国家先进的教育理念、管理模式和运作方式,体现现代化国际大都市水平"。同时明确指出,"要依法治教,进一步理顺政府、学校和社会的关系,把管教育、办教育和评教育分开,形成合理的运行机制,各级教育管理部门对那些该管没管的要'补位',不该管的'越位'的要'归位'"。为把教育工作会议的精神落到实处,市教委明确提出"大力发展社会和行业中介评估和认证机构,实现管教育、办教育、评教育的'三分离',形成合理的运行机制"的目标,并作为《2005 年的工作要点》狠抓落实。以此来改变以往政府"大一统"管理的格局,并积极探索政府依法行政、学校依法自主办学、社会参与管理的合理运行机制。

二、将认证体系纳入中外合作办学质量保障框架之中

如何保障中外合作办学的健康、有序发展,并不断提高质量成了一个急需解决的问题。以往我们主要依靠行政手段进行规管和监督,但是,随着政府职能的转变,单纯地采用行政监控的做法已不合时宜。特别是我国加入 WTO 之后,不仅对我国开放教育市场提出了要求,同时也要求遵循国际通行做法进行管理。特别是《行政许可法》颁布实施后,不仅需要进一步规范行政审批,更需要在如何加强中外合作办学的过程监控和质量保障方面想方设法。

国际上对跨境教育进行质量保障逐步形成了一套通行做法。如政府入门审批和专业机构过程认证相结合;教育输入方与教育输出方合作管理跨境教育质量;甚至联合国教科文组织和经济合作与发展组织还共同推出了《保障跨境高等教育办学质量的指导方针》。这些都迫切地要求我们构建起既有本土特色又与国际接轨的中外合作办学质量保障体系。为此,上海市教育行政部门从深化教育管理体制改革入手,充分发挥行业组织的自律管理及社会中介机构评估组织的作用,积极探索"管教育、办教育、评教育"三分离的运行机制。

1. 管理改革:政府由"划桨者"转变为"掌舵者"

早在 1993 年,《中国教育改革和发展纲要》就明确提出:"政府要转变职能,由对学校的直接行政管理,转变为运用立法、拨款、规划、信息服务、政策指导和必要的行政手段,进行宏观管理。"伴随着中国的经济体制改革,教育管理体制的改革也在不断深化。通过政府机构改革,"简政放权、政事分开"逐步得到落实,一种

"政府宏观管理,学校面向市场自主办学"的新体制正在形成。但是,由于长期受计划经济思想的影响,对中外合作办学这一新生事物的管理,很容易走"大一统"的老路。如果我们不转变行政管理的观念,在管理体制上进行创新,仅止于依靠教育行政部门的"审批"和"审查",免不了陷入"一抓就死、一放就乱"的两难境地。

中外合作办学是我国教育市场对外开放的产物,对其管理也必须符合市场规律。为此,政府要善于建立市场机制来改善公共服务,而不是只靠指令控制进行管理。具体地说,政府要树立公共行政的新思维,集中精力做好政策性工作("掌舵"),而把具体的服务性工作("划桨")交给事业单位或社会中介机构,充分发挥市场在教育资源配置中的调控作用和社会对教育的监督作用,从而真正扩大办学机构的办学自主权。

2. 国际接轨:按"国际化"通行准则办事

中国教育市场的潜在价值及发展空间早已被西方国家看好。出于对教育主权的考虑,自改革开放以来,我国教育在总体上依然是在"计划经济"的模式下运作,基本上没有开放教育市场。我国在加入 WTO 时,对教育服务做出了四方面的承诺,其中包括有限开放高等教育、成人教育、高中阶段教育、学前教育的市场。因此,近年来西方发达国家"抢滩登陆"中国教育市场,东南亚国家(或地区)也试图共同分享市场份额,从而使上海中外合作办学呈现出越来越强劲的势头。特别是由于我国高等教育供给长期严重不足,于是高等教育层次的中外合作办学更是引起了外方合作者的极大兴趣。

国际教育服务贸易有四种基本方式,合作办学所提供的教育服务更系统、更深入,所以,中外合作办学对推动我国教育融入"国际化"大潮,直接参与国际教育的竞争影响更大。但是,对中外合作办学的管理,不仅要适应我国教育管理体制改革的现实条件,还要符合 WTO 有关条款的要求,遵循有关国际惯例。这一方面对我国教育行政管理提出挑战,另一方面,也要求我们树立"国际化"的管理观念。具体地说,在规范教育行政方面,首先要改变过去把教育主权仅仅理解为一切都必须由我们自己包办的片面认识,按 WTO 有关条款的要求保证外方合作者的办学自主权。其次,政府的教育管理行为要符合 WTO 有关条款的要求。教育政策法规的制定和执行要公开、透明,要减少政府行政性审批,大力推行登记制。教育行政部门要加强协调与服务,建立和完善调研决策系统、宏观监测系统和支撑服务系统,实现从直接管理向宏观管理和间接管理的转变。

在与世界接轨方面,首先要树立"教育国际化"的观念。随着科技、经济全球化,特别是人才流动的全球化,不可避免地要给教育烙上国际化印迹。我们不能从狭隘的"本位主义"民族文化观出发故步自封,而必须强化国际意识,接纳多元文化,增进国际合作。其次,我国教育教学的质量标准也要具有国际可比性,教育管理也要适应国际惯例。自高等教育质量保障运动始发后,迅速成为一种国际化运动,越来越多的国家(或地区)加入了"高等教育质量保障国际网络"。尽管国情不同,但一些质量标准得到越来越多的国家(或地区)认同,在质量保障机制上也显示出共同特征:"即国家通过立法、拨款资助建立或扶持一个独立的、自治的机构,由该机构以促进学校建立质量保证机制和自评为主要目的,制定标准、要求、计划,组织和培训同行专家对学校的专业、课程进行外部评估,利用评估报告和结果,保证和推动高等教育质量,为政府决策提供较为准确和科学的依据。"我国香港学术评审局"作为校外的一个评审机构,在提供评审服务之同时,亦以协助和促进校内质量保证系统为己任",建立起内外相结合的高等教育质量保证体系和"非本地课程评审"的合作办学管理模式。这些都值得我们借鉴。

3. 应对之策:政府、社会、办学机构三方齐抓共管

我们有充分的理由强调政府在中外合作办学管理中的主导地位。教育部章新胜副部长在全国教育外事工作会议上明确指出:"教育对外开放的根本目的是为了发展我国的教育事业。""中外合作办学的实质,就是以让出我国教育服务市场换取优质教育资源和办学、教学以及学校管理的软件,最终是要缩短差距,提高我国的国际竞争力。"为了实现中外合作办学的根本目的,特别是为了保证我国的教育主权,教育行政部门的主导地位是不可替代的。

但是,要建立与社会主义市场经济体制相适应的中外合作办学管理体制,没有社会中介机构的参与不行。国务院早在《中国教育改革和发展纲要》的实施意见中就明确要求:"为保证政府职能的转变,使重大决策经过科学的研究和论证,要建立健全社会中介组织,包括教育决策咨询的研究机构、高等学校设置和学位评议与咨询机构、教育评估机构、教育考试机构、资格证书机构等,发挥社会各界参与教育决策和管理的作用。"党的十五大也明确提出要积极"培育和发展社会中介组织",以建立与社会主义市场经济相适应的"小政府或小机构、大服务"的管理模式。通过中介组织提供特殊服务进行沟通、协调等职能活动,可以促进政府与办学机构之间矛盾的相互转化和融合,从而保证中外合作办学的健康发展。当然,用人单位、新闻媒体、教育消费者等社会各界对中外合作办学质量的监督,也是不可或缺的。

规范中外合作办学活动也离不开办学机构的自我约束。在对外开放的教育市场中,各办学机构(或利益群体)合作办学活动中,不可避免地存在着一定的矛盾。矛盾的解决既需要政府进行干预,以协调和平衡各方权益,也需要办学机构加强中外合作办学的行业自律。特别是在政府下放权力、实行宏观管理之后,一方面各办学机构要建立自我质量保证体系,以自身的特色和高质量参与市场竞争;另一方面,也需要建立行业协会,实行统一协调和相互监督,维护整个系统的和谐与公平。

上海中外合作办学质量保障体系的基本思路是:在国家制定的学历资格框架下,实行政府、办学单位、社会三方面分工负责、齐抓共管,努力形成一种有利于宏观管理、社会监督、自主办学的有效运行机制(见图6-3)。具体地说:教育行政部门依法审批,实行宏观管理;办学机构自我质量保证,行业协会加强自律;评估机构

进行办学质量监测和社会监督。与许多国家一样,在这样的教育质量保障中,评估(包括审核、认证等多种形式)成了主要的手段。

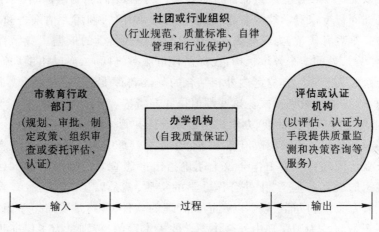

图6-3　上海中外合作办学质量保障体系结构示意图

● 教育行政部门依法审批,实行宏观管理。政府对中外合作办学的管理,要考虑到与世界贸易组织的规则相衔接,而不能包揽一切。深化上海中外合作办学管理体制改革的首要任务,就是要分化政府部门的管理职权,实行"分工负责、宏观管理"。市教育行政部门进行质量保障的主要职责是:① 对全市中外合作办学的发展进行统筹规划;② 对中外合作办学机构进行审议、准入审批、注册登记;③ 根据国家有关政策法规,从实际出发不断完善中外合作办学管理制度;④ 组织对中外合作办学机构进行年度审查或专项检查;⑤ 委托社会中介机构进行质量评估与监控。

● 评估机构主动服务,加强办学质量监控。在政府转变职能过程中,上海涌现出一批教育评估专业机构。在加强中外合作办学质量保障方面,社会中介评估机构是不可或缺的力量。评估机构接受各方面委托,提供以下各项专业服务:① 对申报的中外合作办学机构进行审批前评议;② 对中外合作办学机构进行质量保证体系审核;③ 对中外合作办学机构的办学质量和社会声誉进行评估;④ 向社会公布中外合作办学的质量信息。

● 办学机构自主办学,进行质量自我保证。在进一步扩大办学自主权之后,中外合作办学机构应加强对教育质量的自我保证,以自身的特色和高质量参与市场竞争。办学机构进行自我质量保证的职责有:① 自主制定发展规划,明确办学的质量方针和各项工作质量标准;② 建立并完善质量决策系统、组织指挥系统、管理制度系统、信息反馈系统和教学评价系统,加强对教学过程的评估与监控;③ 建立必要的社会人才需求信息搜集以及毕业生的跟踪调查系统。

● 建立中外合作办学社团组织,加强行业自律管理。由中外合作办学单位自愿结成建立社团组织,共同建立行业规范和质量标准,加强对本行业的统筹协调和自律管理,维护整个系统的和谐与公平。社团组织在质量保障的主要职责是:① 制定行业章法,协调和规范中外合作办学市场行为;② 制定行业质量标准,加强行业检查与监督;③ 协调与政府、社会之间的关系,维护本行业的利益。当然,用人单位、新闻媒体、教育消费者等社会各界,对中外合作办学质量的监督也是不可或缺的。

当前,在政府职能转变和深化教育管理体制改革的背景下,上海市借鉴国际高等教育质量保障的有益经验,试图通过教育认证走出一条新路,改变单纯依靠政府对中外合作办学行政管理的传统做法,以便构建起"教育行政部门依法审批、合作办学机构自我保证、社会中介机构认证监控"相结合的上海中外合作办学质量保障体系。这一质量保障体系的运行机制是:政府通过准入资格把关进行宏观管理;办学机构依法自主办学并自我质量保证;行业协会和评估机构进行自律管理和社会监督;三方面主体齐抓共管、分工负责,努力形成一种"管、办、评三分开"的有效运行机制。

第三节　对上海中外合作办学认证体系的科学设计

自 2004 年 9 月以来,在上海市教委的大力支持下,上海市教育评估协会成立了"上海市中外合作办学认证委员会",并委托上海市教育评估院开展了中外合作办学认证的研究工作。课题组深入调研了上海市的中外合作办学情况,在研究了美国、英国、澳大利亚、马来西亚等国家和我国香港地区的高等教育质量保障和跨境教育的管理制度的基础上,理顺政府、学校、社会之间的相互关系,从深化教育管理体制改革角度通盘考虑,将认证制度与质量保障有机结合,积极探索适合我国国情的中外合作办学认证体系。

一、中外合作办学认证的基本定位

中外合作办学认证由非官方机构组织,中外合作办学机构(项目)自愿参加,主要属于行业自律性行为。宗旨是确保中外合作办学质量和水平达到共同认可的标准,并促进其不断改进工作和提高质量。就性质而言,认证既是一种合格性评估,也是一种发展性评估,通过校外同行评估,承认他们的工作业绩、教育质量和总体发展均达到了一定的水准,使他们有资格得到教育界以及社会公众的信任。

开展中外合作办学认证活动,努力实现三方面功能:一是促进办学者进行自我质量保证。认证促使办学者不断进行自我评价,并针对存在的问题采取改进措施。二是证实办学质量和水平。向社会各界公布认证结果,为学生及其家长、社会用人单位等提供有用信息。三是协助政府进行宏观管理。通过行业协会的自律管理,实现对中外合作办学的过程监督和质量保障。中外合作办学认证与行政部门日常监督是一种互补关系,认证结果作为政府办学审批和年度审核的重要参考依据。

开展中外合作办学认证探索,在中国具有重大的改革、创新意义,主要表现在:其一,打破了长期以来政府高度集权管理的局面,形成了"管教育、办教育、评教育三分离"的有效运行机制;其二,为中国进行高等教育质量保障提供了新的途径;其三,有利于加强与国外教育评估机构的交流合作。

二、中外合作办学认证的组织系统及职能分工

上海市教育评估协会吸纳中外合作办学机构(项目)为会员(亦可以通过认证的途径吸纳会员),在此基础上成立"中外合作办学认证委员会"。该认证委员会经上海市教委批准,自主组织开展中外合作办学认证工作。这是一个非常设机构,日常工作由认证办公室负责。认证办公室设在协会秘书处单位——上海市教育评估院,认证的具体实施委托专业认证机构(目前由评估院)负责。认证办公室根据需要组建专家组,按照认证办学和程序开展工作,为认证委员会提供各种专家评估报告和综合认证报告。

中外合作办学认证的组织架构如图6-4所示。

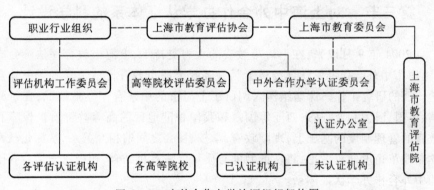

图6-4　中外合作办学认证组织架构图

● 上海市教育评估协会——行业自律。上海市教育评估协会是一个具有独立法人资格的专业性社会团体,也是目前全国唯一的教育评估行业组织。根据"分类活动、分级管理"的原则,已建立评估机构工作委员会、高等院校评估委员会和中外合作办学认证委员会三个分支组织。其主要职能有:统筹、协调评估活动,维护评估市场秩序;负责评估机构认可、各类学校质量认证和评估人员资格认定;组织研制各类教育评估指标体系、实施方案和评估工具;制定本协会评估工作规程和服务质量标准等。

● 中外合作办学认证委员会——认证决策。由中外合作办学单位代表、评估专家、行政官员等方面人员组成(条件成熟时,可增加中外合作办学单位代表和聘请国外认证专家),每届任期为三年。其主要职责是:规划中外合作办学认证活动;审定中外合作办学认证的政策和标准;听取或审查认证办公室的工作报告;审

议认证专家组的认证建议,决定认证结果等。

● 中外合作办学认证办公室——实务管理。负责中外合作办学认证的业务工作,主要职责是:受理中外合作办学者的认证申请;建立相关认证专家库,并组织认证专家进行业务培训活动;安排中外合作办学认证活动,委托有资质的教育评估/认证机构具体实施;经主管部门授权,向社会公布有关认证结果和中外合作办学状态数据等。

● 上海市教育评估院——实施评估。上海市教育评估院是专业从事各类教育评估/认证工作的事业单位,受评估协会中外合作办学认证委员会的委托,承担实施认证的具体工作。主要职责是:根据认证工作的需要,组建自评报告评审和现场评估专家组;按照认证办法规定的程序,开展资格审查、初访指导、自评审议、现场评估和后续复查等有关认证活动;就自评审议、现场评估和后续复查等活动,提交相应的报告;对认证工作相关资料和数据进行收集、整理和分析,提供有关综合报告等。

三、中外合作办学认证的程序、标准及结果

1. 中外合作办学认证的基本程序

对中外合作办学的认证,一般须经历:资格审查—初访指导—单位自评—自评审议—现场考察—认证决定—后续复查等七个基本环节。

● 资格审查。受理认证申请后,对申请者的资格和条件进行审查。主要目的是了解申报者是否具备合法的办学资格,以及在办学活动中是否遵守相关法规和章程。主要活动是对申报表及相关材料进行审阅,并进行必要的核实和实地察看,最终作出资格审查的结论。

● 初访指导。经资格审查合格并签订认证协议后,认证办公室便安排专人联系被认证单位,通过初访进行认证宣传,在公认的认证标准基础上确定个性化标准,在自评阶段提供跟踪指导服务,帮助做好认证的各种准备工作,并商定接受认证专家组现场考察的有关事宜。

● 单位自评。自评过程在于反思和改进,而不只是描述和辩护。主要任务是根据认证标准,审查现有的文件、运作体系和实际操作,客观评价现实的工作绩效,实事求是地撰写自评报告,对存在的问题提出改进的计划和措施,并公布于众,接受所有教职员工的监督。

● 自评审议。自评审议是认证专家现场评估前的准备工作。通过审核和评议自评材料,了解被认证单位是否做好了接受认证的准备,促进被认证单位不断完善自评工作,同时,使参与现场评估专家熟悉被评对象,并提高现场评估工作的针对性和有效性。

● 现场考察。这是整个认证工作的关键环节,主要目的是:以自评报告为基础,全面核实有关数据、事实,并根据该单位的办学理念和培养目标,结合共同商定

的《认证标准》,对其各项工作进行全面评估,客观判断在多大程度上达到了公认的质量标准和声称的办学特色。最后,对被认证单位进行总体评价,并提出认证结果的建议。

● 认证决定。现场考察结束后,专家组提交《现场评估报告》,并征得被认证单位对有关事实的认可。评估院根据《自评报告》、《现场评估报告》等形成《认证综合报告》,提出认证结果的建议,提交给认证委员会讨论。认证委员会评议《认证综合报告》,商定认证结果。认证结果分为四种:通过认证、有条件通过认证、延期认证和否决认证。

● 后续复查。后续复查有两个目的:其一,对尚未通过认证的单位,根据整改意见进行复查,以达到"以评促建、以评促改"的效果;其二,对已经通过认证的单位,通过定期或随机的复查,促使其保持和不断提升办学质量,从而得到持续发展。

2. 中外合作办学认证的标准设定

认证标准是整个中外合作办学认证体系的重要组成部分。在认证标准的起草过程中,我们咨询了中外合作办学的利益相关者,参考了我国有关中外合作办学的法规文件、美国六大区域认证机构的认证标准、联合国教科文组织和经济合作与发展组织、《保障跨境高等教育办学质量的指导方针》等。

根据中外合作办学的特点和教育活动及教学管理的规律,整个认证指标覆盖了中外合作办学活动的 9 个方面:① 办学宗旨和目标,② 组织与管理,③ 教师,④ 学生,⑤ 课程与教学,⑥ 质量保证,⑦ 设施设备,⑧ 财务和资产管理,⑨ 公共关系和社会声誉。上海中外合作办学认证的指标只是普遍认同的质量基准(合格标准),考虑到中外合作办学层次不同和各具特色,特别是要"承认和尊重办学活动的自主性和多样性",在具体实施过程中,还结合各个中外合作办学单位的发展规划和办学特色,共同商定具体的、个性化的认证标准。

为了便于操作,我们设计了《中外合作办学机构认证标准操作手册》(以下简称《操作手册》)。在《操作手册》中,每个方面由四部分组成:关联陈述、核心要素(即认证标准)和观测点以及实测要求。其中,核心要素阐明了某项工作或活动所涉及的要素,并就相应的工作要求与质量标准做综合陈述。观测点对每个核心要素的内涵和具体标准,做进一步的界定和明确,并提出了部分满足观测点的证据示例。由于有些证据可能并不适用于一些机构,因此,无法满足某些具体证据并不意味着机构无法满足相应的核心要素。在实测要求中,针对每一个核心要素和观察点,《操作手册》给出了证据的来源和获取的方法。

3. 中外合作办学认证结果的处理

认证结果如果是有条件通过或延期通过,应向被认证单位提出明确的要求;如果是否决认证,则向被认证单位解释没有通过的原因。如果被认证单位对评判结果有异议,可以在 5 个工作日内向认证委员会提出复核要求。如果被认证单位对评判结果无异议,认证办公室将在适当范围内公布其自评报告和综合认证报告,并将暂定的评判结果向社会公示 15 天,无争议后再正式确定认证结果。

认证办公室有权向政府主管部门提交综合认证报告,在大众媒体上发布通过认证的中外合作办学机构(项目)的名单,并授予认证证书和认证标牌。认证结果有效期为四年,在每年组织的随机检查或周期性复核中,已获得认证证书的单位如果发现教学质量等方面存在严重问题,经认证委员会研究决定可以提前中止其认证资格。一旦认证资格被中止或认证有效期期满,认证办公室将收回认证证书和认证标牌等。同时,获证方必须立即停止涉及认证内容的各种招生广告和宣传展示等活动。

第七章 上海中外合作办学认证标准的设置

第一节 设置认证标准的基本原则

一、认证标准的法规依据

上海市中外合作办学认证坚持依法办学,规范管理。认证标准参考了我国当前有关的重要法律法规,其中主要为《中华人民共和国中外合作办学条例》和《中华人民共和国中外合作办学条例实施办法》。这两部法规要求贯穿在整个标准当中。例如,《条例》中"中外合作办学属于公益性事业,是中国教育事业的组成部分"的定位在整个认证标准中都得到了体现。同时,《条例》当中组织与管理、教育教学和资产与管理等则在认证标准中得到细化和具体化。例如,"国家鼓励中外合作办学机构引进国内急需、在国际上具有先进性的课程和教材","鼓励在国内新兴和急需的学科专业领域开展合作办学"等都得到了具体体现。另外,认证标准法规依据还有《中华人民共和国民办教育促进法》、《中华人民共和国高等教育法》和《中华人民共和国会计法》等。

二、认证标准的对象分类

根据《中华人民共和国中外合作办学条例》和《实施办法》,目前我国中外合作办学分为机构和项目两种基本形式,两者的差异主要在组织与管理方面,因此,中外合作办学认证标准主要分为机构标准和项目标准。当然除了义务教育和军事、警察、政治等特殊性质教育以外,其他各级各类教育都可以开展中外合作办学,具体包括学历教育和自学考试助学、文化补习、学前教育等。针对这些类型和层次,机构和项目标准也会做出相应的调整。

三、认证标准的国际参照

上海市中外合作办学认证标准主要参考和借鉴了美国区域性教育认证机构的认证标准,如中北部学校与学院协会之高等学习委员会、新英格兰学校与学院协会之高等教育委员会、西部学校与学院协会之大学认证委员会;一些重要国际组织有关跨境教育质量保障的指导原则,如联合国教科文组织和经济合作与发展组织制定的《保障跨境高等教育办学质量的指导方针》、联合国教科文组织和亚太教育质量保障组织《跨境教育监管实用手册》等；我国现有的涉外教育认证标准，如《中国外籍人员子女学校认证标准》等。

认证标准力求在设计理念方面与国际接轨，主要表现在：① 强调院校目标达成度评价，尊重院校的个性和特点。具体表现在：在依法办学的前提下，院校需要有明确的定位和切合实际的目标，如办学宗旨与目标部分；具有实现目标的组织管理条件、人力和物力资源以及具有可持续发展的能力等；正在努力实现目标，并取得了成效，如社会声誉与公共关系。② 强调重视学生学习结果和办学绩效评价，尊重院校输入条件的差异性。具体表现在：关注学生学到了什么，毕业生做出了什么样的贡献，而不是学校拥有什么和教了什么。③ 强调学生服务和权益保护。具体表现在院校为学生创设良好的学习环境，提供的各项保障措施都能服务于学生的根本利益，并且服务优质高效。④ 强调利益相关者的共同参与，重视和谐发展。具体表现在不仅要求中外合作双方的共同参与，还要求院校为教职人员、学生参与管理提供机会，同时院校需要着眼于院校发展与社区、用人单位等保持和谐稳定的关系。⑤ 强调院校内部质量保障体系的建设，重视自我完善与提高。具体表现在专门把质量保障作为一个重要方面，并且质量保障不仅包括教育教学，还涉及办学政策、资源配置、教职人员工作和学生学习等方方面面。

四、认证标准的构成及呈现形式

根据中外合作办学的特点和教育活动及教学管理的规律，整个认证指标覆盖了中外合作办学活动的 9 个方面：① 办学宗旨和目标，② 组织与管理，③ 教师，④ 学生，⑤ 课程与教学，⑥ 质量保证，⑦ 设施设备，⑧ 财务和资产管理，⑨ 公共关系和社会声誉。从标准的构成层次来看，每个标准分为若干核心要素，每个核心要素又分为若干观测点。层次的排列呈由简到繁的趋势。如评价标准的关联陈述比较概括、抽象；核心要素则对标准涵盖的主要方面进行了逐条展开；而观测点则对核心要素进行了细化。另外，整个认证指标体系力求做到逻辑上自洽，各要素的划分不重合、清晰，各层次的划分符合包含关系。

并且每一个观测点都有四个评价等级，即 FM：Fully Met——完全达到；PM：Partially Met——部分达到；NM：Not Met——没有达到；NA：Not Applicable——不适用。

针对"Fully Met"，自评机构（项目）或认证专家应当描述和分析优势和特色；

针对"Partially Met"和"Not Met"，自评机构（项目）或认证专家应当描述和分析存在的问题和不足；

针对"Not Applicable"，自评机构（项目）或认证专家应当提出与其宗旨和目标相一致的其他证据。

在对证据示例进行整体考核的基础上，自评机构（项目）可以对核心指标做出评价，每一个核心指标的评分等级为：Met——达到；Not Met——没有达到。

由于有些观测点可能并不适用于一些机构,因此,无法满足某些具体观测点并不意味着机构无法满足相应的核心指标。

另外,为了便于操作,针对每一个核心要素,操作手册都提出了实测要求,明确了证据来源和获取方法。每个标准的最后部分,都要求负责该标准的自评工作小组签字,以确保自评过程的严肃性,并便于查找负责对该部分进行自评的人员。

上海中外合作办学认证的指标主要体现了当前有关中外合作办学的法规要求和中外合作办学的基本特点,属于普遍认同的质量基准(合格标准)。考虑到中外合作办学涉及的类型和层次比较多,为了尊重中外合作办学单位办学活动的自主性和多样性,在具体实施过程中,尤其是在初访指导环节,专家会与被评单位共同商定具体的、个性化的认证观测点或指标,尤其是那些在自评过程中确定的"不适用"的观测点,当然这不包括那些法规硬性规定的观测点或指标。

第二节　中外合作办学机构和项目的认证标准设置

一、中外合作办学机构和项目的活动特点

根据《中华人民共和国中外合作办学条例》和《中华人民共和国中外合作办学条例实施办法》,中外合作办学机构包括以下两种形式:

1. 具有独立法人资格

不隶属于任何单位的机构,例如,上海市虹口业余大学与法国法语联盟共同开办的上海市法语培训中心。这类机构在理事会或董事会领导下,享有独立的办学自主权、独立的财产权和独立的人事管理权等。但这类机构投入较大,要达到学校完整的配套必须有一定的资金和物质保证。特别是开办初期,需有雄厚的资金支持。它的生存与发展均依赖于自身的经营,通常表现出有一定的企业行为,比较注重宣传推广,重视建立自身品牌和长远发展。当前,主要以非学历教育的培训机构居多,因为它运作周期短,投入产出的回报率高。

2. 不具有独立法人资格

有三个或三个以上的学科专业的二级教学机构,这是目前中外合作办学机构的主要形式。例如,上海大学与澳大利亚悉尼科技大学合作开办的上海大学悉尼工商学院。这类机构设有由中方一级学院与外方合作者共同参与的联合管理委员会,但必须服从一级学院的领导,重大事项须报一级学院批准后方可实行;在财务方面一般没有独立的账户,主要为设立在一级学院账户内财务专项;具有一定的办学自主权,可以独立招生,有独立的学制、独立的教学计划、独立的教学活动、独立的学费制度以及独立的师资等;主要借助主体学校的资源,资金投入少;作为主体学校的一个国际交流的窗口,在师资培训、引进课程、引进先进管理经验方面,也为主体学校起到了试行作用。但作为二级教学机构的中外合作办学实体是在学校的

领导下办学,很大程度上更容易沿袭我国传统的教育理念与管理方式,同时出于整个学校发展的考虑,中外合作办学的进一步发展也会受到不同程度的束缚。[1]

根据《中华人民共和国中外合作办学条例实施办法》,中外合作办学项目是指中国教育机构与外国教育机构以不设立教育机构的方式,在学科、专业、课程等方面,合作开展的以中国公民为主要招生对象的教育教学活动。中外合作办学项目没有独立法人资格。它一般是隶属于某一学校的二级教学单位,在联合管理委员会的领导下相对独立运行。例如,北京工业大学与美国西雅图城市大学合作举办的国际MBA项目,该项目位于北京工业大学二级学院中加商学院之下。与以二级学院形式存在的中外合作办学机构相同,中外合作办学项目是中国教育机构教育教学活动的组成部分,应当接受中国教育机构的管理;在财务方面一般没有独立的账户,主要为设立在一级学院账户内财务专项;具有一定的办学自主权,可以独立招生,有独立的学制、独立的教学计划、独立的教学活动、独立的学费制度以及独立的师资等;中外合作办学项目形式灵活多样,可根据不同学校的特点和需求来设计合作项目,规模可大可小,便于办学的资源共享,从而节约投资;具有较好的辐射功能,与母校有多方面的互动关系。成功的合作办学会给原学校带来诸多好处,便于"为我所用"理念真正落到实处。同时,中外合作办学项目是在学校和二级学院领导下办学,很大程度上更容易沿袭我国传统的教育理念与管理方式,同时出于整个学校发展的考虑,中外合作办学的进一步发展也会受到不同程度的束缚。[2]

从整体上来看,中外合作办学机构和项目之间的共性大于个性,尤其是中外合作办学项目和以二级学院形式存在的中外合作办学机构之间更是具有非常多的共同点。两者之间的差异主要在于组织管理、财务管理、人事管理等方面。

二、中外合作办学机构和项目的标准设置

根据教育发展规律和中外合作办学特点,整个认证标准分为九条。下面结合这九条标准做简要的介绍和解释,在机构和项目标准存在差异的方面予以明确。

1. 办学宗旨和目标

本标准可以同时适用于中外合作办学机构和项目。制定本标准主要是为了使中外合作办学机构(项目)明确定位和发展方向,并且这渗透在中外合作办学机构和项目的各个方面。

本标准的关联陈述为:办学宗旨体现机构或项目的教育理念、人才观和发展战略。机构提出相应的培养目标,制定切实可行的发展规划和实施计划,以确保实现宗旨和目标。本标准共有四个核心要素,相互之间具有内在逻辑:① 机构具有明

---

① 陆劲松,丁云伟.关于中外合作办学体制的思考.江苏高教,2002(1).

② 杨晖.中外合作办学模式初探. http://www.ep-china.net/article/strategic/2005/05/20050518094229.htm.

确的办学宗旨和目标,并得到认同;② 根据宗旨和目标制订发展规划,并具有相应的人力、物力和财力条件保障;③ 根据宗旨和目标制订培养目标,确保满足社会需求和学生需要;④ 具有实现办学宗旨与目标的制度保障。例如第二个核心要素具体表述为:机构有符合办学宗旨和目标的发展规划,在人力、物力、财力等资源上能够保障,实施计划做到责任明确、措施得力、切实可行。

本标准每个核心要素又分解为 3 至 4 个观测点进行具体评测。例如,第二个核心要素分解为三个观测点,简要表述为:① 规划的制定与实施以办学宗旨和目标为指导;② 规划需要公开;③ 人力、物力、财力等资源充足,能够保障规划的实施。对于该核心要素的认证,认证标准中提出了以下几个方面的实测要求:了解规划的制定和实施过程,了解规划实施的保障条件是否到位,关注规划实施的效果等。

2. 组织与管理

本标准在机构和项目方面存在差异。具有独立法人资格的决策机构为董事会或理事会,对于重大决策,董事会或理事会可以做出内部最终决定;而不具有独立法人资格的机构或项目的决策机构为联合管理委员会,同时还要接受学校的管理和领导。本标准强调中外双方需要依据章程,明确责任与权利,尤其是中方需要在决策机构中掌握主导权;在决策与管理上,强调民主与公开。

本标准的关联陈述为:机构或项目依法建立一个不断学习、反思、改进和提高的组织;各级行政人员能够依据有关法规和章程行使教育教学和行政管理职权;机构或项目的组织和管理系统便于机构或项目做出决策,能够支持学生的学习,改善运作效力,有效地实现办学宗旨和目标。本标准有四个核心要素,内在逻辑关系为:① 依法设立决策机构,如董事会、理事会或联合管理委员会;② 行政领导和工作人员资质符合要求;③ 重大问题民主协商和科学决策;④ 内部管理制度公开透明。例如,第三个核心要素具体表述为:建立重大问题民主协商和科学决策制度以及健全的监督机制,并遵照章程或协议从事办学活动。

本标准每个核心要素分解为三个观测点进行具体测评。例如第三个核心要素包括以下观测点:① 依据相关法律法规,制定重大事宜的议事和决策程序,并确保执行;② 决策程序体现公正、民主的原则,广泛听取相关人员的意见,体现集体决策意志,必要时进行科学论证;③ 对制度的执行有健全的监督机制,提供有效的组织和人员保障,对各项办学活动的合法性,以及章程或协议的执行效力进行监控和督察。对于该核心要素的认证,认证标准中提出了以下几个方面的实测要求:参照《中外合作办学条例》和《实施办法》的有关要求,通过访谈了解决策程序和实施情况等。

3. 教师

无论是中外合作办学机构还是项目,对教师的要求是一致的。本标准强调教师聘用规范,资历合格,考核科学,具有专业发展机会。

本标准的关联陈述为:创建支持学生学习和生活的优质人力资源,教师数量、结构和能力充分满足教育教学活动的需要;公平对待教职人员,定期进行系统评估;并依据发展需要和教师各自的背景提供专业发展机会。本标准共有五个核心要素,包括:① 教师学历和资历符合要求;② 聘任政策公开透明,与教师签订聘用协议;③ 教师队伍结构合理,包括专兼职结构、学历结构、年龄结构等;④ 教师能够有效履行工作职责;⑤ 支持教师的专业发展。例如,第五个核心要素具体表述为:支持教师的专业发展,并为教师的教学改革、业务培训和学术活动提供机会和创造条件。

本标准每个核心要素分解为3至4个观测点进行具体测评。例如第五个核心要素包括以下三个观测点:① 根据机构或项目的发展需求和教师个人的发展意向,提供平等的国内外培训、进修和在职深造机会;② 基于办学宗旨和教与学的需要选聘教师,根据中外教师个人专业特长予以使用和培养,引导教师向办学需要的专业方向发展;③ 为所有中外教师从事教学改革和学术研究提供机会和创设条件。对于该核心要素的认证,认证标准中提出了以下几个方面的实测要求:① 查看有关教师教学改革和教学研究方面的政策;② 查看教师的科研项目审批材料、科研成果原件及获奖证书;③ 查看教师在职进修条例及相关记录,听取教师对在职进修的陈述。

4. 学生

本标准适用于中外合作办学机构和项目。本标准的关联陈述,即内涵为:依法通过公开透明的政策招生,为学生创设良好的学习环境,提供的各项保障措施都能服务于学生的根本利益,并提供优质的服务。

本标准共有四个核心要素,包括:① 招生政策公开透明,招生信息客观真实;② 创设良好的学习和生活环境;③ 定期对学生服务工作进行考评;④ 学生具有表达意见和建议的畅通渠道。例如,第一个核心要素为:机构或项目实行与办学宗旨和目标一致的招生政策,依照中国相关法规和机构或项目章程确定招生范围、入学条件和招生方式等,广告如实反映机构或项目的现实状况。

本标准的每个核心要素都被分解为2至3个核心指标。例如,第一个核心要素包括以下三个观测点:① 招生简章体现办学宗旨和目标,招生广告真实客观,并报审批机关备案审批;② 招生标准和程序公开公正,招生渠道规范,有监管机制保障招生政策的有效落实;③ 办学类型和层次、专业设置、课程内容和招生规模等有关招生信息能够定期向社会公布。对于该核心要素的认证,认证标准中提出了以下几个方面的实测要求:① 查看招生简章和广告是否反映真实情况,② 查看招生广告的审批文件,③ 调查学生及其家长对招生政策和信息的看法。

5. 课程与教学

本标准适用于中外合作办学机构和项目。本标准的关联陈述,即内涵为:机构或项目按照办学宗旨和培养目标开设课程和进行教学,并能引进国外优质教学资源,通过适当多样的教学形式,提供跨文化的、个性化的课程与教学。

本标准共有五个核心要素,主要包括:① 机构或项目的专业为国内新兴和急需的学科专业领域,符合经济社会发展需求;② 课程和教材符合国内急需,具有国际先进性的要求,如果颁发外方学历、学位文凭,那么课程设置与教学要求不低于该项目在其所属国相应的标准和要求;③ 系统安排教学活动;④ 教师严格执行教学计划,有效运用多种教学方法;⑤ 有效地开发教学资源。例如,第三个核心要素为:机构或项目对各项教学活动进行系统安排,合理配置教学资源,能满足学生个性的发展需要。

本标准每个核心要素都被分解为两个观测点进行具体测评。例如第三个核心要素包括以下两个观测点:① 有合理周全的教学、课时等安排计划,有能力调度和配备充足到位的师资、教学场地和设施设备等;② 根据专业特点和教学计划组织开展实验、实习或社会实践等教学活动,通过丰富多样的课外活动满足学生的发展需要。对于该核心要素的认证,认证标准中提出了以下几个方面的实测要求:① 查看教师的教学进度安排表、保障条件和执行情况,② 了解项目开展的多种形式的教学活动和课外活动的情况,③ 听取师生对教学安排的意见和看法。

6. 质量保证

本标准适用于中外合作办学机构和项目,强调机构或项目构建质量保障体系,促进自我完善与发展。本标准的关联陈述为:机构或项目有健全的质量保证体系,涵盖办学政策、资源配置、教职人员工作和学生学习等方面,经常进行自我评价,并把评价结果用于改进教育质量。

本标准共有五个核心要素,包括:① 机构或项目建立涵盖各方面的内部质量保证体系,② 对办学政策和资源配置等方面进行监控和调整,③ 对教学活动进行评价和调整,④ 对教师进行评价和反馈,⑤ 对学生进行评价和反馈。例如,第三个核心要素为:机构或项目定期审核课程设置、教学大纲和教学计划等,开展多样化的教学评价,确保教学目标的有效达成。

本标准每个核心要素都被分解为 2 至 3 个观测点进行具体测评。例如,第三个核心要素包括以下观测点:① 有明确的课程设置、教学大纲和教学计划审核的标准和程序,并依据经济和社会发展及学生特点而做出相应调整;② 在实施教学计划的过程中,能够采取随堂听课、听取学生和教师的反馈等多种方法评价教学;③ 能够利用课程设置、教学大纲和教学计划评估结果,对课程设置、教师安排和教学计划等方面做出必要调整。对于该核心要素的认证,认证标准中提出了以下几个方面的实测要求:① 查看项目进行课程、专业和教学计划评估的记录,② 了解教学评估后的反馈和调整情况。

7. 设施设备

在设施设备方面,独立设置的中外合作办学机构具有产权和使用权;而非独立设置的中外合作办学机构和项目只有使用权,更多的是与中方母体机构进行共享资源。本标准的关联陈述为：机构或项目提供的教学所需的设施设备不仅充足到位，而且符合既定标准，并建立起良好有序的运转体系。

本标准包括以下三个核心要素：① 机构或项目拥有足够的设施设备，并符合中国同级同类机构或项目要求；② 有明确的设施设备使用和管理政策，并得到贯彻执行；③ 图书馆或信息中心规模适当，服务高效。例如，第三个核心要素为：机构或项目有规模适当的图书馆或信息中心，能够为教师、学生提供必要的图书信息资料，为教学活动提供便利、高效的服务。

本项目的核心要素包含有 2 至 3 个观测点。例如第三个核心要素有以下观测点：① 机构或项目设有符合教学和专业要求、能满足师生需求的图书馆或信息中心。资料信息具有时效性，图书馆的藏书量和藏书种类、信息中心的网络端口或计算机配备等都数量充足，并能保证充足的开放时间。② 师生能通过各种便捷的渠道或方式进入图书馆或信息中心。机构或项目提供充足和持续的资金，保证图书馆或信息中心的运行、维护和更新等。③ 机构或项目设立专业人员负责图书馆或信息中心的管理工作。通过定期、系统的评估，掌握图书馆或信息中心的使用情况，并改进和提高信息资源的服务。对于该核心要素的认证，认证标准中提出了以下几个方面的实测要求：① 实地考察图书馆、信息中心，重点考查图书馆、信息中心的实际使用情况；② 了解图书管理员或网络管理员等人的工作情况；③ 了解师生员工对图书馆、信息中心的意见。

8．财务和资产管理

在财务和资产管理方面，具有独立法人资格的机构具有资产的所有权和处置权以及独立的账户；而不具有独立法人资格的机构和项目只是在中方母体机构开设财务专项，不具有财产所有权和处置权。

本标准的关联陈述为：机构或项目建立完善的资金筹集、管理和分配制度，不仅有效地保证了国有资产的保值和增值，还保证了既定的目标的实现和项目的长期稳定。本标准包括以下三个核心要素：① 经费筹集和管理制度及其实施，② 财务核算和审计制度及其实施，③ 对国有资产和捐赠收入的管理与使用。例如，第一个核心要素为：机构或项目建立经费的筹集、管理和分配制度，有保障办学活动正常进行的经费来源，并具备应对突发财政危机或可能出现困难的能力。

本标准的核心要素被分解为 2 至 5 个观测点。例如，第一个核心指标包括以下五个观测点：① 有稳定多样的收入来源，能够为学校运行和发展筹集到充足的资金；② 办学收费项目和标准得到物价部门的核准，并在招生简章和招生广告中载明，没有违法违规的现象；③ 财务预算制定要综合考虑教育教学、学生服务和硬件设施建设等活动，以便整体推进教育目标的实现；④ 如果按照有关法规和章程提取发展基金和合理回报，则必须确保发展基金用于教学活动和改善办学条件；⑤ 机构或项目能够分析和认识将影响其财务状况的机遇和风险，并及时做出相应的调整。对于该核心要素的认证，认证标准中提出了以下几个方面的实测要求：

① 考查项目经费来源、资金到位情况；② 审察财力是否能保证学校的可持续发展；③ 查阅近三年的财务报告和审计报告；④ 调查教职人员、学生对经费管理和分配的意见和看法。

9. 公共关系和社会声誉

机构和项目在公共关系和社会声誉方面具有共同点。本标准的关联陈述为：机构或项目在教学、研究和服务等方面坚持非常高的道德标准，取得了显著成就，并且获得学生和社会各界的好评。

本标准包括以下三个核心要素：① 机构或项目内部各方人员关系和谐融洽，② 向社会公布的信息真实准确，③ 在服务社会方面取得显著成就。例如，第一个核心要素为：机构或项目内各方人员之间的关系和谐融洽，能充分、有效地利用中外合作双方及所在国的公共资源和社会关系。

本标准的核心要素被分解为 2 至 4 个观测点。例如，第一个核心要素包括以下 3 个观测点：① 机构或项目决策机构和行政班子之间能够进行有效的沟通和交流，在重大问题上能达成一致，有效使用双方资源，发挥双方的综合优势；② 中外管理人员之间、中外教师之间以及行政人员与教师之间关系融洽，富有凝聚力；③ 以学生为本，中外教职人员与学生关系融洽，并能够及时和有效地回应学生的意见和建议。对于该核心要素的认证，认证标准中提出了以下几个方面的实测要求：① 了解中外合作双方进行沟通和交流情况；② 通过座谈会或问卷，调查项目内部人员的关系状况；③ 召开学生座谈会和调查，了解学生对中外教职员工的满意程度。

探索篇

第八章 中外合作办学认证的实践探索

第一节 中外合作办学认证工作指南

为了规范中外合作办学认证的各项工作,指导相关方面及有关人员有效地开展活动,有必要制定《中外合作办学认证工作指南》系列文件,主要应包括:认证办法、自评手册、专家手册和相关法规等。

一、中外合作办学认证办法

制定中外合作办学认证办法,目的是为了规范中外合作办学认证行为,保证认证工作水平和提高服务质量。认证办法是认证工作的纲领性文件,是对认证全过程活动的说明和规定,也是认证活动有关人员的行为准则。上海市教育评估协会制定的《中外合作办学认证办法(试行)》(简称"《认证办法》")共分八章(详见附录二):

——总则。明确制定该办法的依据,对中外合作办学认证作出界定,明确中外合作办学的性质及其功能,中外合作办学认证的运作环境及对象范围。

——认证机构。主要规定认证的组织体系,由认证委员会、秘书处、受委托的评估机构、评估专家组等组成,并规定相互关系及各自的工作职责。

——申请认证。明确申请认证的中外合作机构或项目应具备的条件,以及申请认证的程序和应准备的材料。

——认证程序。明确中外合作办学的认证包括:初访、自评、材料审核、现场考察、认证决定、后续复审等程序,并规定各个环节的工作任务,及认证结果的形式。

——认证结果处理。规定认证结果的处理及公正、公示和有效期。

——工作规范。明确规定中外合作办学认证活动的各项工作及各类人员的规范,以及实行回避制度。

——认证费用。明确收费标准及用途。

——附则。对本办法其他事项作说明。

二、中外合作办学认证自评手册

1. 自评说明

机构自评是认证过程中最重要和最有价值的一个部分,其收益大小取决于机构反思的深刻程度。自评过程有助于机构认识其优势和挑战,也有助于确定问题和机遇。自评过程的目的在于以评促建、以评促改,在于反思和改进,而不只是描述和辩护。中外合作办学认证委员会(以下简称"认证委员会")要求那些机构,不管是寻求首次认证或复核认证的,都要进行深入的自评,随后才安排专家的同行考察。

在自评过程中,机构需要认真反思教育教学和管理等方方面面,尤其关注学生学习和成就。机构将判断这些方面体现宗旨、达到目标和满足认证标准的程度。在自评委员会的领导下,各个工作小组仔细察看现有文件、运作体系和操作实际,客观地评价现实的工作绩效,对存在的问题提出改进建议,并就指定的主题撰写分报告。自评委员会把各个工作小组的分报告加以编辑和整合,形成自评报告草案,公布于众,广泛征求各方意见,然后加以修改,最后把自评报告终稿提交给认证办公室和认证考察小组。

2. 组织与人员参与

成功的自评依赖于整个学校团体在自评过程中的广泛参与。实际上,这个过程的一个重要价值就在于:它使机构内教职人员和学生等能够更好地理解机构办学宗旨,并为之努力工作。但是为了保证自评的实施,机构应当组建自评委员会和工作小组,由他们具体负责自评工作。

自评委员会将领导整个自评工作。它的成员由机构任命,应当有能力、有威信和有奉献精神,还需要有充分的代表性,包括行政人员、教职人员和学生等代表。自评委员会并不一定需要院(校)长的参与,但其与行政领导的有效沟通非常重要。自评委员会通常包括一个主席、三个成员(每个成员负责《认证标准》的三个部分)和一个秘书。自评委员会具有履行职责所必需的权威和资源。

工作小组在自评委员会的领导下负责自评工作的各部分事宜。其成员的确定也要考虑能力、专长和代表性等因素。一般有三个工作小组,每个小组负责《认证标准》的三个部分,其组长由来自自评委员会的成员担任。

3. 自评的过程

根据《认证办法》第十九条,中外合作办学认证的自评过程,一般有四个环节。在自评过程中,以下几点需要特别强调:

(1) 交流

在整个自评过程中,交流显得非常重要。这一方面是机构内部成员之间的交流,另一方面是机构与认证办公室的联系。

机构内部成员之间的交流不仅包括自评委员会成员内部交流,还包括自评委员会与工作小组、行政领导和理事会(董事会)等成员之间的交流。自评委员会应当做好宣传发动工作,使各方人员了解认证的理念,关心和支持自评工作。在自评报告草案形成后,应当公示两周,广泛听取机构内各方人员的意见和建议,然后加以修改、润色和定稿。

在进入自评阶段之前,自评委员会最好派1~2名人员参加认证委员会的培训班或作为认证考察团的成员到其他机构考察,这将有助于机构更好地了解认证的目的和程序。同时机构也对全体教职人员和学生等进行认证的宣传动员,例如组织人员深入学习认证标准、认证办法和自评手册等材料,积极邀请认证专家到单位做报告或讲座,以便使全体成员对认证的理念和模式等方面有清晰准确的认识。认证专家的初访也会为机构的自评提供细致的指导,并且认证办公室为每个申请认证的机构安排一个联络员,他们负责解答机构在认证过程中所遇到的问题或困惑。因此,自评委员会需要与其联络员保持经常的沟通和交流。

(2) 自评时间安排

为了确保自评的有效性而不干扰机构的日常活动安排,整个自评工作需要有充足的时间。这一方面要考虑资料的收集、分报告的撰写、分报告的整合、自评报告草案的讨论和修改、自评报告的提交等,另一方面还要考虑节假日和机构一些既定活动的影响等。确定时间表的一个简便有效的方法是由考察团进校的日期向前推算,从而确定完成各项活动的大致日期。具体来说:

首先,由机构和认证委员会商定考察团进校的大致日期,通常被安排在每年的3月/4月或11月/12月;由考察团进校日期向前推6到8个星期,确定自评报告送达认证委员会和现场评估专家组成员的大致日期;由此向前推6到8个星期,机构自评委员会对自评报告草案进行公示,听取机构内各方人员的意见和建议,然后修改、润色和定稿;由此再向前推32到40个星期,三个工作小组完成各自的分报告,然后由自评委员会进行整合,形成自评报告草案;在工作小组开始工作前4个星期左右,机构应当组建自评委员会和工作小组,认真学习和理解认证标准,了解认证的过程和方法,学会使用《自评手册》。也就是说,机构准备自评工作需要有12到15个月的时间。

4. 自评报告的撰写

整个自评报告应当条理清晰,简洁易懂,篇幅一般控制在 A4 纸单面80到150页为宜,以便于同行评估人员能够细致地阅读和研究。

● 整个自评报告的内容和结构如下:封皮,包括机构的名字和地址,本次自评的用途,即初次认证或复核认证,以及提交的日期;具有自评委员会全部成员签名的扉页;内容目录;机构的概况;报告的内容摘要等。

● 自评的组织:这一部分通过文字或图表来说明自评的组织结构,包括自评委员会和各个工作小组,他们的负责人和成员,以及自评时间表;机构的组织结构图,包括各个重要部门和教学单位,以及相应的负责人姓名。

● 机构对照标准进行的自评,包括:

第一,完整的标准评分表:机构可选择“不适用”的评分等级,但是在此部分最后要附上简要的原因说明。

第二,对“实践有效性”部分的答复:各工作小组应仔细检查所负责部分的“实践有效性”,并按照它来评估机构自身的工作。

第三,结论陈述:自评委员会和工作小组应确保描述陈述清晰、准确和完整,以便考察团在考察中能验证其真实性,并将其全部或部分地融入考察团报告中。

第四,自评报告的每一部分都应标有评级结果、评判人姓名、职位以及签名。

● 考察团可获取的原始资料清单。清单中列举的资料应存放在机构为考察团准备的办公室里,以便考察团到达后查阅。当然,那些需要保密的资料,如财务报表、审计报告和预算报告等仍应放在财务室,相关考察团成员可以到机构财务室查阅。

三、中外合作办学认证专家手册

1. 基本情况

(1) 认证的背景与意义

随着我国加入 WTO 和教育市场开放,上海市的中外合作办学有了蓬勃发展。为了有利于引进国外优质教育资源,同时加强宏观管理和质量保障,上海市教委积极推行"管教育、办教育、评教育"三分离的运行机制,发挥行业组织或者中介机构自律管理的作用。积极支持上海市教育评估协会和上海市教育评估院开展中外合作办学认证工作,并批准成立了"上海市中外合作办学认证委员会",对认证活动进行决策与指导。上海开展中外合作办学认证活动,也得到了国家教育主管部门的大力支持,有关领导和专家对认证方案和认证文件的科学性、可行性进行了论证,并鼓励上海市为在全国推广提供试点经验。

教育认证起源于美国,随着教育的国际化,教育认证越来越多地得到国家、教育机构以及社会的肯定。如今认证不仅成为许多国家进行教育质量保障的重要手段,也成为国际"学历互认"、"学分转移"的凭证和标志。借鉴国际普遍认同的教育认证做法,既有助于加强对中外合作办学的宏观管理和质量保障,又能为国外合作者所理解和接受。

(2) 认证的性质、特征和功能

中外合作办学认证是一种行业自律性行为,旨在确保中外合作办学质量和水平达到共同认可的标准,并促进其不断改进工作和提高质量。就性质而言,认证既是一种合格性评估,也是一种发展性评估,通过校外同行评估,承认它们的工作业绩、教育质量和总体发展均达到了一定的水准,使它们有资格得到教育界以及社会公众的信任。

认证的主要特征是:非官方组织的、自愿参加的、非统一标准的、持续不断的、以合格为基准的发展性评估。认证活动努力实现三方面功能:一是促进办学者进行自我质量保证。认证促使办学者不断进行自我评价,并针对存在的问题采取改进措施。二是证实办学质量和水平。向社会各界公布认证结果,为学生及其家长、社会用人单位等提供有用信息。三是协助政府进行宏观管理。通过评估协会的自律管理,实现对中外合作办学的过程监督和质量保障。

(3) 认证与评估的比较

教育认证与国内教育评估有较大的差别。我国现行的教育评估一般都是自上而下的行政性评估,用统一评估指标体系进行评定,甄别出诸如"示范"、"优秀"、"合格"多种等级。行政性评估能够起到较好的"以评促建、以评促管"的作用,然而由于这种评估多为政府"要我评",并与政绩或奖惩挂钩,被评学校往往处于被动地位,也容易滋生弄虚作假、搞形式主义的不正之风,同时也不利于政府政事分开、简政放权和学校自主办学、创建特色。当前在政府职能转变和深化教育管理体制改革的背景下,教育认证可以走出一条新路,将会受到各方面的欢迎。

教育认证与教育评估之间的差别见表 8 - 1:

表 8 - 1　教育认证与教育评估的差别

评价类型	主体	地位	标准	功能	结果	信息
教育评估	政府	要我评	统一	鉴定	评优	当事人
教育认证	第三方	我要评	基准＋个性	改进	公证	社会公开

(4) 认证工作使用的语言

在中外合作办学认证活动中,主要使用汉语,但为了方便与外方人员交流,专家尽可能用英语作为工作语言。《中外合作办学认证指南》中的主要文件,以及认证活动的有关报告、结论等重要文书,均采用汉语、英语两种语言。

2. 资格审查

● 资格审查的目的。根据《认证办法》第十五条,认证办公室接到中外合作办学单位接受认证的申请后(《申请表》详见附表 1),便组织专家对申请者的资格和条件进行审查。其主要目的是了解:申报者是否具备合法的办学资格;申报者是否达到《认证办法》第十三条规定的条件;申报者是否接受过外方认证机构的认证,如果接受过,认证结果如何;申报者要求接受认证的动机和理由是什么。

● 资格审查的主要活动。资格审查工作可委托评估机构实施,成立由认证专家 2～3 人组成的审查小组,主要活动包括两个方面:一是对申报表及相关材料进行审阅,二是进行必要的核实和实地察看。根据《认证办法》第十五条,资格审查的主要任务是:

(1) 审阅申报表及相关材料文本的齐备性和规范性;

(2) 审查申请者是否符合申报资格和接受认证的条件;

(3) 根据申报材料审查的需要,必要时可进行实地考察与访问;

(4) 作出资格审查的结论。

● 资格审查报告。申报材料审查和必要的实地考察后,资格审查小组向认证办公室提交有关申报单位的《资格审查报告》(详见附表 2)。报告内容主要包括以下几个方面:

(1) 资格审查小组的主要活动;

(2) 申报单位办学的基本情况;

(3) 对申报表及相关材料审阅的意见,以及相关证件核实的情况;

(4) 实地察看与访问所得到的印证性信息与证据;

(5) 对资格审查作出综合结论和建议。

3. 初访指导

● 初访指导的目的。经资格审查合格并签订认证协议后,认证办公室便安排专人联系被认证单位,通过初访进行认证宣传,并在自评阶段提供跟踪指导服务。其主要目的是:使初访活动成为被认证单位明确认证内涵、标准和程序,使自评指导成为按照公认的质量标准和个性化特色进行改善的过程。

● 初访指导报告。专家组在完成初访和指导任务后,要及时提交《初访与指导报告》(详见附表3),主要内容包括以下几个方面:专家组初访的主要活动情况及其效果;共同商定的个性化认证标准(在公认的认证标准的基础上,突出不适合的条款和增加个性化的条款);双方签订《中外合作办学认证协议书》(详见附表4);指导被认证单位创建的活动记录及取得的主要成效。

4. 自评审议

● 自评审议的目的。自评审议是认证专家现场评估前的准备工作,一般采用通讯评议的方式完成,其主要目的是:通过审核和评议自评材料,了解被认证单位是否做好了接受认证的准备,促进被认证单位不断完善自评工作,同时,使参与现场评估专家熟悉被评对象,并提高现场评估工作的针对性和有效性。

● 自评审议的主要任务。自评审议工作可委托评估机构实施,原则上由准备参与现场评估的专家(一般由7~11人组成)进行审核和评议。主要任务详见《认证办法》第二十条。

● 自评审议报告。有关专家在审阅自评报告、初访指导报告和相关材料后,每人及时提交《自评审议报告》(详见附表5),主要内容包括以下几个方面:

(1) 自评报告的完备性和规范性情况;

(2) 审阅自评报告后的突出印象;

(3) 自评报告和相关材料中需要核查的数据、事实和存在的主要问题;

(4) 提出对后续认证环节或现场评估的建议;

(5) 必要时进行集体讨论,并形成综合意见。

5. 现场评估

● 现场评估的目的。现场评估是整个认证工作的关键环节,其主要目的是:以自评报告为基础,全面核实有关数据、事实,并根据该单位的办学理念和培养目标,结合共同商定的个性化《认证标准》,对其各项工作进行全面评估,客观判断在多大程度上达到了公认的质量标准和声称的办学特色。

● 现场评估的主要任务。现场评估工作可委托专业评估机构实施,现场评估专家组的人员组成及其主要任务,详见《认证办法》第二十二条。

● 现场评估报告。现场评估结束后,专家组应及时提交《现场评估报告》(详见附表6),主要内容包括以下几个方面:被认证单位的基本情况和现场评估活动概况;对照共同商定的认证标准,分公认标准和个性标准两个部分,以事实为依据进行描述;判断达到认证标准的程度,指出存在的主要问题和不足,并提出改进建议;对被认证单位进行总体评价,并提出认证结果的建议。

● 现场评估的相关工作。在现场评估前后,还需要做好以下几方面的工作:

评估机构在自评审议前 8 周,向认证办公室报告拟参与自评审议和现场评估的专家组人选;认证办公室就拟定的专家组成员名单,在现场评估前 6 周向被认证单位征询意见;双方取得一致意见后,由认证办公室提前 5 周与有关专家联系,并颁发聘书;现场评估专家组确定后,由正、副组长和秘书与专家组成员保持联系;现场评估时间视具体工作量,由双方预先商定并安排现场评估工作日程(详见附表 7),主要包括:时间安排、活动内容、地点、参与对象、主持人、工作要求等方面的信息;现场评估结束后,专家组应在 2 周内向评估机构提交《现场评估报告》,并由评估机构交给被认证单位负责人审阅,对报告中有关事实表示认可。评估机构应在现场评估结束后 3 周内,向认证办公室提交《认证综合报告》。

● 认证综合报告。评估机构根据《资格审查报告》、《初访与指导报告》、《自评审议报告》和《现场评估报告》,形成《认证综合报告》(详见附表 8),主要内容包括以下几个方面:被认证单位的资格条件和办学现状;对公认标准的修改和增添的个性标准;自评过程中创建和完善的情况;达到认证标准的程度,以及存在的主要问题和不足之处;专家的总体评价,以及对认证结果的建议。

6. 后续复查

● 后续复查的目的。后续复查是整个认证过程的最后环节,主要有两个目的:其一,对尚未通过认证的单位,根据整改意见进行复查,以达到"以评促建、以评促改"的效果;其二,对已经通过认证的单位,通过定期或随机的复查,促使其保持和不断提升办学质量,从而得到持续发展。

● 后续复查的类型与任务。后续复查由认证办公室组织 2～3 名专家进行,根据《认证办法》第二十五条,后续复查分为两种:一是对"有条件通过认证"和"延期认证"的单位而言,在正式接到认证评判结果之后的一年内,应该对认证综合报告中提出的改进意见,做出积极的回应和采取整改措施,并做好认证专家组的再次回访或现场评估的准备工作;二是对已经"通过认证"的单位而言,办学活动出现了重大变动或教学内容有了较大的调整,有必要组织专家组重新进行复查。即使办学活动没有出现重大变动,也要根据综合认证报告中提出的改进意见,采取积极的整改措施,并做好认证委员会组织的周期性或随机性复查准备工作。

● 后续复查报告。后续复查报告(详见附表 9),是认证委员会复议被认证单位(尚未通过认证)认证结果的重要依据,也是对已经通过认证的单位进行质量监控的主要信息。主要内容包括以下几个方面:后续复查的类型、后续复查的主要内容、被认证单位采取的主要措施和取得的实效、专家组的复查意见与建议。

7. 专家职责

● 专家组的成员组成。根据具体的认证活动,从专家库中遴选有关专家。专家组成员一般由学术专家、评估专家、管理专家及用人单位代表等方面的人员组成,必要时还可聘请外籍专家。但是,针对认证过程的不同环节,专家的类型和人数可以有所不同。

● 专家组的工作分工。根据开展认证工作的需要,可按组长、副组长、学术秘书等对专家组成员的工作职责做适当的分工。

组长。是由认证委员会(认证办公室)任命的领导专家组的负责人。专家组一旦组成后,便实行组长负责制,由他组织专家组的所有活动,并与认证组织者(认证办公室和评估机构)和被认证单位经常保持密切联系。主持认证工作的重大活动,并与副组长、学术秘书以及其他专家组员相互尊重,协作共事。

副组长。是事先征求组长意见,并经认证委员会(认证办公室)任命的组长助手。主要是协助组长做好专家组内部的管理工作,负责与专家组成员的联络和落实日程安排,主持专家组成员的培训、考察、研讨等有关认证活动。

学术秘书。是由认证办公室或评估机构委派的专门工作人员,应具备评估/认证的实践经验和一定的专业背景,有较好的公文写作能力和一定的英语读、写、说水平,并具有吃苦耐劳和乐于服务的精神。主要任务是负责专家的生活安排、认证活动记录、认证报告的起草等事务性工作,参与专家组内部的信息交流与研讨,但不参与决策性的表决。

● 专家组的工作准则。中外合作办学认证活动奉行"认真、规范,民主、集中,客观、公正,廉洁、自律"十六字准则。这就要求认证专家和工作人员具体做到:

认真、规范。认真阅读《中外合作办学认证指南》系列文件,认真从事认证各项工作,按要求撰写有关材料、报告;严格按照认证程序和办法开展工作,对照认证标准进行分析、判断,并在规定时间内完成所承担的任务。

民主、集中。尊重被认证单位的办学宗旨和目标,通过多渠道搜集各方面的有效信息,专家组内广泛交换意见、充分评议;坚持少数服从多数的原则,必要时采用投票的方式,集中大家的意见,形成普遍认同的结论。

客观、公正。按照教育教学和教育管理规律办事,全面收集评估信息,系统地进行分析、判断,确保认证结果的可信度和权威性。奉行求实、诚信、中立的立场,进行全面、客观、公正的评估,对认证工作和评判结果负责。

廉洁、自律。专家组内分工协作,认证过程中本着同行互助的精神,对被认证单位进行学术指导和进言献策。不利用认证活动过程和认证工作机会,谋取个人利益,或做出对于专家组和被认证单位不适当的事。

● 专家组的工作纪律。中外合作办学认证实行回避制度,认证专家和工作人员若与被认证单位有特殊关系时,应主动提出要求回避对该单位的所有认证活动。认证专家及工作人员必须遵守以下工作纪律:

——不接受被认证单位的任何有价证券和礼品馈赠,不参加各类有碍公正评判认证结果的社交活动;

——不得向被认证单位提出与规定认证活动无关的要求;

——不透露应该保密的任何认证信息和认证结论;

——不散布有损于被认证单位的任何言论。

许可证编号：

上海市中外合作办学认证

申　请　表

中外合作办学
机构/项目名称：

_____

申请认证类别：
　　□ 高等教育机构　　□ 高等教育项目
　　□ 中等教育机构　　□ 中等教育项目
　　□ 学前教育机构　　□ 学前教育项目
　　□ 非学历培训机构

联　系　人：_____

电 话 / 传 真：_____

电 子 邮 件：_____

申 报 时 间：_____

上海市教育评估协会制

一、中方合作办学者

名称			
地址		邮编	
设立时间		组织代码	
法定代表人		身份证	
网址		主管部门	

中方合作办学者简介	单位性质	
	办学层次	
	培养规模	
	颁发证书	
	已申请或通过的认证机构的认证情况	

近三年已开展合作办学情况	机构/项目名称	外方合作办学者	开设专业及其层次

二、外方合作办学者

<table>
<tr><td rowspan="2">名称</td><td colspan="3">（英文）</td></tr>
<tr><td colspan="3">（中文译文）</td></tr>
<tr><td>法定代表人</td><td></td><td>身份证</td><td></td></tr>
<tr><td>注册日期</td><td></td><td>注册有效期</td><td></td></tr>
<tr><td>注册地</td><td colspan="3"></td></tr>
<tr><td rowspan="2">地址</td><td colspan="3">（英文）</td></tr>
<tr><td colspan="3">（官方语言）</td></tr>
<tr><td rowspan="6">外方合作办学者简介</td><td colspan="2">教育机构性质</td><td></td></tr>
<tr><td colspan="2">办学层次</td><td></td></tr>
<tr><td colspan="2">培养规模</td><td></td></tr>
<tr><td colspan="2">可颁发证书（所在国认可）</td><td></td></tr>
<tr><td colspan="3">已申请或通过的认证机构的认证情况</td></tr>
<tr><td colspan="3" style="height:300px"></td></tr>
<tr><td rowspan="6">已开展合作办学情况
近三年在中国境内</td><td>机构/项目名称</td><td>中方合作办学者</td><td>开设专业及其层次</td></tr>
<tr><td></td><td></td><td></td></tr>
<tr><td></td><td></td><td></td></tr>
<tr><td></td><td></td><td></td></tr>
<tr><td></td><td></td><td></td></tr>
<tr><td></td><td></td><td></td></tr>
</table>

三、合作办学事项

机构/项目名称	（中文）				
	（英文）				
目前住所/办学地址					
审批部门					
批准时间①					
机构属性（机构填写）	□ 具有法人资格　　□ 不具有法人资格				
合作期限					
办学规模					
招收学生②	招生类别	录取标准	录取方式	年招生数	期数/人数
	总　　计				
办学层次	□ 学历教育　　　　　　　□ 非学历教育				
	□ 高等教育　　□ 中等教育　　□ 学前教育　　□ 培训类				
授课形式	面授　　%				
	其他　　%（何种形式：　　　　　　　　　　　　　　）				
修业年限					

---

① 在附件中提供办学许可证（副本）复印件。

② 在附件中提供目前的招生简章和招生广告复印件。

各自负责事项	中方	
	外方	

颁发证书情况	中 国 学 位 证 书:☐博士　　　☐硕士　　　☐学士 中 国 高 等 学 历 证 书:☐研究生　　☐本科　　　☐高等专科 中 国 中 等 学 历 证 书:☐高级中等学历 中 国 其 他 学 业 证 书:(请说明　　　　　　　　　　) 外 国 学 位 证 书:☐博士　　　☐副博士　　　☐硕士 　　　　　　　　　　　　☐学士　　　☐副学士 外 国 文 凭 证 书:(请说明　　　　　　　　　　) 外国其他学业、专业证书:(请说明　　　　　　　　　　)

颁证机构名称	证书名称

办学宗旨	

培养目标①	

组织与管理	决策机构 (机构填写)②	☐ 理事会　　　　☐ 董事会(具有法人资格的机构) ☐ 联合管理委员会　　　　(不具有法人资格的机构)	
	校长/主要行政 负责人 (机构填写)	姓名	
		身份证号码	
		职称	

---

① 在附件中提供近期的发展规划和目前的对外宣传文字复印件。
② 另附决策机构人员名单,包括姓名、所任职务、性别、年龄、国籍、职业。

150

	项目管理机构 (项目填写)①		
	项目负责人 (项目填写)	姓名	
		身份证号码	
		工作职务	
		职称	
	组织机构图② (列表描述各 部门负责人的 姓名和责任)		
硬件条件	办学投入	中方	
		外方	
	场地设施	占地面积	
		建筑面积	
		所有权	
	图书	拥有量	
	设备	总值	
	社会捐赠	捐赠者	
		资产数额	
		用途	
	其他资助	资助者	

---

① 另附项目管理机构人员名单,包括姓名、所任职务、性别、年龄、国籍、职业。
② 空格不够请另附页。下同。

教职人员①	授课情况	中方教师授课所占比例	%	外方教师授课所占比例	%
	师资情况	所聘中方专职教师数		所聘中方兼职教师数	
		所聘外方专职教师数		所聘外方兼职教师数	
		外方合作办学者从本机构选派的教师数		学生/教师比例	
	主要的人事管理政策和制度				
	简述中外教职人员的交流和学习情况				
课程与教学	列表阐述所开设的专业和课程的名称、教学目标和特色				
	列表阐述引进的教材名称、出版信息和使用情况				
	教学计划安排和主要的教学方法②				
	简述教学研究活动情况				

（资产数额）

---

① 另附3位教师（包括2位外方教师）个人档案材料复印件。
② 另附2至3份教师教案。

学生服务①	学生辅导员或班主任的数量/学生总数		
	简述学生表达意愿的主要渠道和意见处理情况		
质量保证	简要阐述自我质量保证体系的建构和效力		
	教师教学水平评价标准和方法,以及评价结果的使用		
	学生学业成绩及行为表现的评价标准和方法,以及评价结果的使用		
财务管理②	收费情况	收费项目	收费标准
	简介经费筹集、经费来源情况,以及如何满足教育教学活动和学生需要		

---

① 另附 2 至 3 名学生学籍档案的复印件。
② 另附最新财务审计表复印件。

四、申请承诺

本单位自愿申报上海市教育评估协会组织的"上海市中外合作办学认证",并对以下事项作出郑重承诺：

1. 在办学活动中严格遵守有关中外合作办学的政策法规，按照章程或协议行事；

2. 仔细阅读并完全接受《上海市中外合作办学认证办法》以及所申报类别的认证准则／标准，并愿意签署认证协议书；

3. 在接受认证过程中保证履行相应的义务和职责；

4. 在认证申请表中所填写的及复印件中所提供的各项内容均真实准确。

单位负责人签名①：

单位盖章：

---

① 中外合作办学机构需法定代表人或主要负责人签名，并由中外合作办学机构盖章；中外合作办学项目需项目负责人签名，并由中外合作办学者盖章。

编号：

上海市中外合作办学认证

资格审查表

中外合作办学
机构/项目名称：

_____

申请认证类别：

☐ 高等教育机构　　☐ 高等教育项目
☐ 中等教育机构　　☐ 中等教育项目
☐ 学前教育机构　　☐ 学前教育项目
☐ 非学历培训机构

联　　系　　人：_____

地　址／邮　编：_____

电　话／传　真：_____

电　邮／网　址：_____

申　报　时　间：_____

上海市教育评估协会制

一、审查小组构成

组长		单位/职务	
电话/传真		电子邮件	
地址/邮编			
组员		单位/职务	
电话/传真		电子邮件	
地址/邮编			
组员		单位/职务	
电话/传真		电子邮件	
地址/邮编			

二、申报者基本情况

机构/项目名称	（中文）		
	（英文）		
目前住所/办学地址			
审批部门			
批准时间		许可证编号	
机构属性（机构填写）	□ 具有法人资格　　□ 不具有法人资格		
中外合作期限			
办学规模			
办学层次	□ 学历教育　　　　　　　　　□ 非学历教育		
	□ 高等教育　　□ 中等教育　　□ 学前教育　　□ 培训类		

三、认证记录(申报者已开展的认证活动)

四、审查小组的主要活动

五、申报材料的审查和核实情况

六、审查意见和建议

组长签名：

组员签名：

日　　期：

编号：

上海市中外合作办学认证

初访与指导报告

中外合作办学
机构/项目名称：

_____

申请认证类别：
☐ 高等教育机构　　☐ 高等教育项目
☐ 中等教育机构　　☐ 中等教育项目
☐ 学前教育机构　　☐ 学前教育项目
☐ 非学历培训机构

联　系　人：_____

地 址 / 邮 编：_____

电 话 / 传 真：_____

电 邮 / 网 址：_____

申 报 时 间：_____

上海市教育评估协会制

一、初访指导小组构成

组长		单位/职务	
电话/传真		电子邮件	
地址/邮编			
组员		单位/职务	
电话/传真		电子邮件	
地址/邮编			
组员		单位/职务	
电话/传真		电子邮件	
地址/邮编			

二、初访的主要活动及预期目标

三、被认证机构/项目的情况概述

160

四、个性化认证标准的商定

五、指导活动和主要效果

六、被认证机构/项目的准备工作

为自评所作的准备
为现场评估所作的准备

七、初访指导小组意见和建议

应该进一步了解的情况
应该加强和改善的方面
现场评估的重点
组长签名： 组员签名： 日　　期：

编号：_____

上海市中外合作办学认证协议书

根据_____(以下简称"乙方")的自愿申请,在平等友好协商基础上,上海市教育评估协会(以下简称"甲方")与乙方就_____认证的有关事宜签署如下协议:

一、权利与义务

1. 乙方的权利和义务

(1) 有权要求甲方提供相应的认证咨询和自评指导。

(2) 有权在招生广告、宣传展示中使用有效的认证结果。

(3) 有义务按照《上海市中外合作办学认证办法》和相关认证标准,按时向甲方提交申请材料、自评报告以及必要的补充材料和相关资料。

(4) 有义务向甲方委托的认证专家提供认证活动所需的各种文件、资料,开放各种设施、教学场所,以及提供必要的工作条件,并积极配合认证专家开展相关的听课、座谈、调查等信息搜集活动。

(5) 有义务针对认证委员会的意见在规定期限内进行整改,并接受甲方周期性和随机性的质量检查和日常监督。

2. 甲方的权利和义务

(1) 有权按照《上海市中外合作办学认证办法》和相关的认证标准,对乙方开展与认证工作相关的各种活动。

(2) 有权要求乙方提供与认证相关的各种资料信息,委派的认证专家有权要求乙方开放教学设施、设备,以及随时视察相关教学活动,从多种渠道搜集乙方的相关信息。

(3) 有权将乙方的自评报告和初步的认证结果,在其教职员工及服务对象范围内进行公示;有权将综合认证报告和认证结果在社会媒体上公布。

(4) 有义务就认证标准、专家组成和现场考察等具体事宜与乙方磋商。

(5) 有义务向乙方提供专业性的认证咨询服务和必要的业务指导,确保认证活动的规范性和公正性,按时提交认证报告和公布认证结果。

二、认证费用

经双方商定,乙方按照《上海市中外合作办学认证办法》的有关规定,向甲方支付认证经费共计人民币_____（大写：人民币_____）。乙方可以在双方签署本协议后 5 个工作日内一次性支付，也可以分两次支付。即在双方签署本协议书后 5 个工作日内，乙方向甲方支付全部认证费用的 50%，剩余费用的 50% 在现场考察启动前 3 个工作日付清。

三、承诺

1. 甲方及其认证专家和工作人员未经乙方许可不得向第三方泄露有关乙方要求保密的资料。但下列情况除外：

（1）任何法规、文件中规定可以公开的信息；

（2）任何甲方可以从其他公开途径得到的信息；

（3）按照《上海市中外合作办学认证办法》和本协议应该公开的信息。

2. 乙方向甲方提供的相关认证资料和信息均应真实准确，并保证在认证资格被终止或有效期满后，不再利用前认证结果和相关内容进行宣传活动。

四、协议的更改

1. 本协议执行期间，如遇到相关条款需要调整或更改，需经双方共同协商后达成书面协议方为有效。

2. 本协议未尽事宜，由双方共同商定，必要时以补充协议的方式约定。

五、协议的中止

本协议签署之后，原则上任何一方不可随意中止协议的执行。但如遇下述情况之一，在友好协商不能解决问题的情况下，可以考虑中止协议的执行：

1. 当乙方不能遵守认证申请时承诺的相关规定，甲方提出整改意见而无明显改观的情况下，甲方有权决定中止本协议，乙方已经支付的相关费用将不予退回。

2. 当认证委员会作出否决通过的认证结果，且甲方正式通知乙方该认证结果后，则乙方的认证资格视为被中止，本协议也立即中止。

六、争议解决

乙方如对认证结果不服，可向甲方提出复核申请或要求重新认证；还可以请求上级主管部门进行行政仲裁或法律申诉。

七、其他

1. 本协议一式两份，甲、乙双方各执一份，自双方签字盖章之日起生效。

2. 与本协议相关的一切文件，均以中文原件为准。

甲方(章)　　　　　　　　乙方(章)

地址：　　　　　　　　　地址：
签署人：　　　　　　　　签署人：
职务：　　　　　　　　　职务：
日期：　　　　　　　　　日期：

编号：

上海市中外合作办学认证

自评审议报告

中外合作办学
机构/项目名称：

_____

	□ 高等教育机构	□ 高等教育项目
	□ 中等教育机构	□ 中等教育项目
申请认证类别：	□ 学前教育机构	□ 学前教育项目
	□ 非学历培训机构	

联　系　人：_____

地　址／邮　编：_____

电　话／传　真：_____

电　邮／网　址：_____

申　报　时　间：_____

上海市教育评估协会制

一、自评报告的基本情况

自评报告和相关材料的完备性、规范性和真实性

二、自评的主要内容

办学优势和特点

存在的问题和不足

改进的计划和措施

三、自评审议建议

自评的主要问题
需要进一步核查的数据、事实
现场评估的重点
签　名： 日　期：

编号：

上海市中外合作办学认证

现场评估报告

中外合作办学
机构/项目名称：

_____

申请认证类别：

☐ 高等教育机构　　☐ 高等教育项目
☐ 中等教育机构　　☐ 中等教育项目
☐ 学前教育机构　　☐ 学前教育项目
☐ 非学历培训机构

联　系　人：_____

地　址／邮　编：_____

电　话／传　真：_____

电　邮／网　址：_____

申　报　时　间：_____

上海市教育评估协会制

一、现场评估专家组构成

组长		单位/职务	
电话/传真		电子邮件	
地址/邮编			
副组长		单位/职务	
电话/传真		电子邮件	
地址/邮编			
组员		单位/职务	
电话/传真		电子邮件	
地址/邮编			
组员		单位/职务	
电话/传真		电子邮件	
地址/邮编			
组员		单位/职务	
电话/传真		电子邮件	
地址/邮编			
组员		单位/职务	
电话/传真		电子邮件	
地址/邮编			
组员		单位/职务	
电话/传真		电子邮件	
地址/邮编			

二、被认证机构/项目的情况概述

三、现场评估的主要活动

四、现场评估的重点考察内容

五、公认标准的达成情况①

办学宗旨与目标
组织与管理
教职人员
招生与学生服务
课程与教学
质量保证
设施设备
财务与资产管理
公共关系和社会诚信

---

① 空格不够请另附页。下同。

存在的主要问题和不足
改进措施的建议

六、个性化标准的达成情况

突出的印象和优势
存在的主要问题和不足
改进措施的建议

七、总体评价

八、认证结果的建议

□ 通过认证
正副组长签名: 组员签名: 日　期:
□ 有条件通过认证
建议整改期限:
整改主要内容:
正副组长签名: 组员签名: 日　期:

□ 延期认证
延期认证理由：
正副组长签名： 组员签名：   日　　期：
□ 否决认证
否决认证理由：
正副组长签名： 组员签名：   日　　期：

上海市中外合作办学认证

现场评估工作日程

时间	活动内容	地点	参与对象	主持人	工作要求
	专家组碰头会		专家组评估秘书		讨论现场评估的重点事项和具体分工
	听取自评汇报		专家组、决策机构、管理层和教师代表		汇报重点（优势和特点、存在的问题、改进措施），时间限制
	查阅资料		有关专家		按照认证标准将资料分类呈现
	实地考察		有关专家		依据专家组的要求合理设计考察路线
	随堂听课		有关专家		提供当天的课程表和教师名册
	教职工座谈会		有关专家、教职人员		教职人员名册
	学生问卷调查		有关专家、学生		学生名册

编号：

上海市中外合作办学认证

认证综合报告

中外合作办学
机构/项目名称：

_____

申请认证类别：

☐ 高等教育机构　　☐ 高等教育项目
☐ 中等教育机构　　☐ 中等教育项目
☐ 学前教育机构　　☐ 学前教育项目
☐ 非学历培训机构

联　　系　　人：_____

地　址／邮　编：_____

电　话／传　真：_____

电　邮／网　址：_____

申　报　时　间：_____

上海市教育评估协会制

一、机构/项目基本情况

机构/项目名称	（中文）				
	（英文）				
目前住所/办学地址					
审批部门					
批准时间			许可证编号		
机构属性（机构填写）	□ 具有法人资格　　　□ 不具有法人资格				
中外合作期限					
办学规模					
办学层次	□ 学历教育　　　　　　　　□ 非学历教育				
	□ 高等教育　　□ 中等教育　　□ 学前教育　　□ 培训类				
招收学生	招生类别	录取标准	录取方式	年招生数	期数/人数
	总　　计				
修业年限					
各自负责事项	中方				
	外方				

178

颁发证书情况	中　国　学　位　证　书：□ 博士　　　□ 硕士　　　□ 学士 中 国 高 等 学 历 证 书：□ 研究生　□ 本科　　　□ 高等专科 中 国 中 等 学 历 证 书：□ 高级中等学历 中 国 其 他 学 业 证 书：（请说明　　　　　　　　　　　） 外　国　学　位　证　书：□ 博士　　□ 副博士　□ 硕士 　　　　　　　　　　　　　□ 学士　　□ 副学士 外　国　文　凭　证　书：（请说明　　　　　　　　　　　） 外国其他学业、专业证书：（请说明　　　　　　　　　　　）

颁证机构名称	证书名称

二、认证标准

公认标准的修改
个性化标准

三、自评情况概述

四、认证标准的达成情况

突出的印象和优势

存在的主要问题和不足

五、专家的总体评价

六、认证结果的建议

□ 通过认证
复查工作的建议：
□ 有条件通过认证
建议整改期限：
整改主要内容：
□ 延期认证
延期认证理由：
□ 否决认证
否决认证理由：
认证机构： 机构盖章：
日　　期：

编号：

上海市中外合作办学认证

后续复查报告

中外合作办学
机构/项目名称：

_____

申请认证类别：
□ 高等教育机构　　□ 高等教育项目
□ 中等教育机构　　□ 中等教育项目
□ 学前教育机构　　□ 学前教育项目
□ 非学历培训机构

联　系　人：_____

地　址／邮　编：_____

电　话／传　真：_____

电　邮／网　址：_____

申　报　时　间：_____

上海市教育评估协会制

一、复查专家组构成

组长		单位/职务	
电话/传真		电子邮件	
地址/邮编			
组员		单位/职务	
电话/传真		电子邮件	
地址/邮编			
组员		单位/职务	
电话/传真		电子邮件	
地址/邮编			

二、复查主要内容

复查的类型： □ 通过认证 □ 有条件通过认证 □ 延期认证
主要的整改事项
重大的改进和建设

三、整改措施和效果

四、再次回访或现场评估的准备工作①

五、复查的综合意见与建议

组长签名：

组员签名：

日　　期：

---

① 通过认证的机构/项目不填写此项。

184

第二节　上海大学悉尼工商学院认证纪实

一、接受认证试点的背景和意义

教育认证起源于美国,已有 100 多年的历史。随着教育的国际化,教育认证越来越得到各个国家、教育机构及社会的肯定,并逐步走出国境,发展为跨国认证。教育认证本身不仅是检验教育质量保障的重要手段,同时也是国际"学历互认"、"学分转移"的凭证和办学机构国际地位的标志。目前我国还没有一家专门的教育认证机构,现今的教育质量认定主要通过行政隶属渠道进行按统一模式进行的例行评估和审核,亦有少量委托境外认证机构来进行的。境外跨国认证的实质,是为推行其本国的教育文化、评价标准和体系,最大程度占领国际教育市场。因此,建立我国自身的教育认证体系、认证机构已成为当务之急。近年来,国家对此已开始重视,召开了多次国际会议。上海市教委领导率先开始研究和探索我国自己的认证体系、制度、办法和标准。教育部认为,上海市试行中外合作办学认证对国内教育质量是一个推进,有助于形成既有中国特色,又与国际接轨的教育认证制度,以应对教育国际化的挑战。

为保证中外合作办学认证顺利开展,提高课题研究的科学性和可操作性,上海市教委领导决定选择 2～3 家具有一定代表性的中外合作办学机构(项目)作为认证的试点单位,在探索中不断完善认证办法。最终,上海大学悉尼工商学院作为在国内成立较早、办得较为成功的典型被选定为首家接受办学认证的机构。

上海大学对悉尼工商学院(以下简称"SILC")参加中外合作办学认证试点,给予积极鼓励和大力支持。校领导认为,本次认证是"我要评",一是需要借外力改进自己,二是可以宣传自己;希望悉尼工商学院抓住机遇,在机制和体制上不断创新。对 SILC 来讲,被选为认证的首家试点具有十分重要的意义:

- 是对全院师生的信任,也是对学院办学实力、办学成果的肯定;
- 是一次很好的机遇,通过认证可以进一步规范自身办学,提高教育质量,建立、健全科学、高效的管理体制、机制和制度;
- 良好的认证结果与评价可以树立学院的公众形象,提高知名度和社会影响,为毕业生走向社会营造更宽阔的发展环境;
- 配合上海市教委构建具有中国特色、与国际接轨的教育认证体系,为我国中外合作办学机构的办学质量、办学水平建立可供普遍参照的标准,为推进中外合作办学事业的良性发展作出贡献。

二、接受认证的前期准备工作

1. 认证申请

对照认证委员会的有关文件规定,悉尼工商学院完全符合接受办学认证的机构或项目的三个基本条件:

- 经地方政府或国家审批部门批准正式设立,并具有两年以上办学经历;
- 遵守《中华人民共和国中外合作办学条例》及《中华人民共和国中外合作办学条例实施办法》,按照章程或协议从事办学活动;
- 接受认证标准,并在认证过程中能履行应尽的义务和职责。

2005 年 12 月 13 日,学院向上海市教育评估协会正式递交了《中外合作办学机构认证申请表》,申请表详细、准确地介绍了中方和合作外方的情况及具体办学事项;包括办学宗旨和目标、层次、规模、证书,以及组织与管理、硬件条件、教职人员、课程与教学、学生服务、质量保证、财务管理等要素。龚思怡执行副院长在申请承诺书上签了字。根据认证手册规定,认证委员会在受理认证申请后,在平等协商的基础上拟订认证协议书。

2. 认证初访

2005 年 12 月 16 日,教育评估协会会长郑令德及李亚东、蔡盛泽、聂清、方乐五位专家前来初访,解说认证具体事宜。初访在嘉定校区文荟楼会议室进行,学院院务会成员龚思怡、陆翠兰、傅志田、任剑婷、戴建英、吕斌、刘伟光、高琍平、谭鲲、全慎智等出席会议。

首先,评估协会专家通过 PPT 向与会者介绍了认证的目的,宣传和解释《中外合作办学机构(项目)认证指标》;介绍认证的程序和方法、认证指南和自评手册,在认证指标基础上共同商定个性化的认证指标,指导开展各项创建活动、撰写自评报告,商定接受认证专家组现场考察的有关事宜。

专家们指出:中外合作办学认证是基准指标加灵活,注重特色,进行行业自律,旨在进行经常性的监督,保持成果。认证作为一个质量保证的监控体系,采取"初访指导—单位自评—自评审议—现场考察—认证决定—后续复查"等步骤,形成完整的一个循环。合作办学机构或项目有着共性,也有个性。对具体被认证单位来说,越有个性化就越有其特色,希望悉尼工商学院在认证过程中针对自己的特点,就机构认证指标中的标准陈述、核心要素、观察点及实测要求进行自我测评,在一些方面可以做个性化补充和修改,帮助评估协会制定出具有科学性(包含共性与个性)的认证指标,作为具有普遍参照意义的标准。

执行副院长龚思怡代表学院承诺:个性化指标由学院根据自己的办学经验先提出来,经专家认可,此后的现场考察可以按专家确认后的测试要求进行。学院争取在 12 月底将个性化指标列出,然后请专家再来共同探讨决定。

3. 认证准备

• 动员阶段。2005 年 10 月 10 日,龚思怡执行副院长在院务会上对悉尼工商学院申请接受中外合作办学机构认证进行了动员,传达了上海市教育委员会关于同意组建"上海市中外合作办学认证委员会"的批复和学院被选定为首家认证试点单位的信息。认证程序为:认证委员会接受学院申请,签订协议,专家组初访,学院提交自评报告,专家组进驻现场评估,提供认证结论。方明伦院长特别指出,这对于学院是一个良好的机遇,学院各个部门应该以饱满的热情积极参与认证过程,高标准地完成这项工作。

• 前期准备。学院主要办学人员认真学习并讨论《中外合作办学认证指标操作手册》的基本标准,包括:学院的办学宗旨和目标、组织与管理、教师、学生、课堂与教学、质量保证、设施设备、财务和资产管理、公共关系和社会声誉九个部分。各部门开始按要求收集相关材料,着手相应的准备工作。

• 成立自评委员会。12 月 19 日,学院成立自评委员会,龚思怡任主任,委员有陆翠兰、傅志田、任剑婷,全慎智担当秘书。委员会下设三个工作小组,分别由各委员担任组长。

• 完善认证指标。自 12 月下旬起,学院根据上海市中外合作办学认证委员会的要求,发动各工作小组协助市认证委员会对认证指标原始稿进行补充和修改,从办学者角度对指标体系进行完善,形成各自均可参照的共性标准,并根据悉尼工商学院的特色,适当加以个性化。学院各认证工作组对认证指标体系中的关联陈述、核心要素和实测要求进行了反复研究,举行多次院务会议和院务扩大会议进行讨论交流,通过先分组、后集中的方式,结合自身的办学经历和经验对操作手册进行逐条推敲,最后由学院负责汇总,经相关人员审阅后正式发给市教育评估协会中外合作办学认证委员会。

经修改和补充的认证指标内容主要有:提出办学宗旨和目标需具有引领性和现实性;联合管理委员会中方应具有引领办学走向的主导地位,主要办学者应具有国际教育研究能力。领导班子应是一个追求不断学习、探索研究的集体;机构的决策体现集体意志,规章制度既符合人性化又不失权威性,做到切实可行和便于操作;办学机构须拥有一支自身的职业化、高素质、爱岗敬业的全职行政管理队伍;师资建设中加入了外籍教师和归国人员的成分,强调了任职资格、学历认证、外籍教师比例、遵守涉外法规及外籍人士管理等指标;在指标中对教师提出科研、培训深造的要求;对学生工作管理者提出国际化、从事教育研究、讲究科学等要求;对课程与教材的引进提出最低百分比、课堂教学电子化程度等要求;提出对学生进行课内外学习表现、考试成绩、社会实践、毕业论文、组织管理、人际交往能力等学业和行为诸多方面的综合评价;提出充分利用双方所在国的教育和社会资源,开拓办学和学生就业空间;等等。

2006 年 1 月初,认证指标修改初稿传送市教育评估协会,1 月 22 日,市中外合作办学认证协会回复,对 SILC 所做的工作表示感谢,该认证指标操作手册将成为该学院在本次认证过程中专家组的认证依据。

4. 自评阶段

- 自评实测。2006年1月初,学院开始进入认证自评阶段,由各自评工作组负责各自分配的内容,针对九项一级指标的各要素进行自评。认证指标由此成为自评实测依据,自评分四个评分等级:完全达到、部分达到、没有达到和不适用。除了这四个评定等级外,各分栏负责人需在相关部分陈述栏中描述和分析优势和特色,分析存在的问题和不足,或提出不适用的其他证据。各认证工作组组长负责对认证自评实测中的分管项目进行自评,写出陈述意见后传送学院审核。

- 自评报告。学院认证自评报告从1月下旬开始起草,由专人负责撰写和统稿,各工作组提供相关材料,或写出部分章节。自评报告于3月6日完成第一稿,送学院领导审核后交各认证工作组负责人进行核对和补充,经过多次反复和会议讨论,最终形成比较集中的意见,并于4月5日将自评报告初稿递交到认证办公室。4月21日,评估协会领导、专家在仔细阅读和讨论了学院的自评报告后做出反馈意见,学院根据反馈意见又进一步进行修改和完善。

自评报告全套三册:自评报告正文、自评报告摘要(含附件)和自评实测表,于5月19日正式排版完稿,交付印制,并于5月22日印制完成,一式15份送交教育评估协会中外合作办学认证委员会。

- 其他准备材料。为配合本次中外合作办学认证、促进学院档案资料建设和规范办学,学院根据以往教育部本科教学评估和历年合作办学年审的经验及认证指标体系实测要求,发动各个部门对各类认证佐证材料建设做了充分准备:梳理完善了各项规章制度,明确了办学理念、宗旨目标,制定学院"十一五"发展规划,对学院各个时期的历史资料进行了整理。

三、认证专家组的现场考察

1. 前期准备

6月14日,龚思怡副院长在院务会议上对专家组认证现场考察的接待工作进行了安排,并组织与认证有关的宣传,包括陈列室内容更新、向全体员工和学生发放认证宣传要点。5月17日和6月26日,学院领导分别前往市教育评估院,邀请评估院领导前来先期视察,落实认证现场评估的具体准备工作,实地模拟考察路线,商讨现场评估日程和开幕议程。根据认证委员会的要求,学院在全院范围内通过张贴告示,网上公布,并逐级、逐班地传达学院师生与专家组个别谈话交流,反映情况的预约方式,公布了认证委员会专用邮箱:shcacfci@163.com。任何对SILC的发展有建议或意见的人员都可以在7月6日前,通过该邮箱与委员会预约,由委员会统筹安排在7月8日的开放时间进行面谈,听取反映。

悉尼工商学院中外合作办学专家现场认证评估为时三天,从7月7日上午开始到7月9日下午结束。专家组于7月6日上午在上海市教育评估院召开预备会议,对认证标准进行再次研究,讨论悉尼工商学院的自评报告和现场考察认证日程。龚思怡执行副院长代表学院向专家组介绍了认证的准备情况。

专家组由以下人员组成:组长孙建荣(美国中北部学校与学院协会认证评审员、教授)、副组长莫景淇(教育部基础教育课程教材发展中心评价处处长),成员有江彦桥(上海市教育委员会国际教育交流处处长、教授)、李亚东(上海市教育评估院副院长、评估协会秘书长)、顾建新(浙江师范大学外事处处长、教授)、董秀华(上海市教育科学研究院《教育发展研究》常务副主编、博士)、吴小东(上海理工大学中德学院院长、教授)、聂清(上海对外贸易学院澳特曼国际商学院院长、教授)、蔡盛泽(上海市教育委员会国际教育交流处副处级调研员)。

2. 现场考察

第一天(7月7日):现场认证会开幕式、工作汇报与考察

7月7日上午8:30,在上海大学悉尼工商学院学习中心底楼举行学院中外合作办学认证现场会开幕式。出席开幕式的除认证专家组成员外还有:上海市教育委员会副主任、教科院院长张民选,上海市教育评估协会会长郑令德,上海市教育评估院院长金同康,上海大学常务副校长周哲玮和上海大学副校长叶志明等。上海大学外事处处长张武教授、科研处副处长陶倩教授、教育质量监评办主任宋少沪教授以及悉尼科技大学外事处处长 Tze Ay Chuah 女士,以及悉尼工商学院近百名师生代表也出席了开幕式。

简单而又隆重的现场认证开幕式于上午8:30准时开始。会议由上海市教育评估院院长、上海市教育评估协会金同康常务副会长主持。上海市教育评估协会会长郑令德代表评估协会首先发言,她介绍了国内外教育认证的现状和上海在国内率先实践教育认证、建立具有本土特色的中外合作办学质量保证体系,尽早切入国际教育认证领域的重要意义。她说,中外合作办学质量保证不能单靠传统的行政监控手段,要真正提高中外合作办学的办学质量,必须引入跨境教育质量保证体系,结合本国实际探索行之有效的方法。郑会长感谢悉尼工商学院参与了教育认证的前期准备工作,主动申请接受中外合作办学的首次认证,感谢上海大学校领导的大力支持,并预祝本次中外合作办学现场认证取得圆满成功。

上海市教委副主任张民选教授在讲话中特地指出,悉尼工商学院的中外合作办学现场认证是一次具有重大意义的全新尝试。全国有上千所中外合作学院,上海占总数的1/4。如何导入监控机制,通过检测评估,确保中外合作办学的办学质量,是政府正在思考的新的课题。而本次中外合作办学认证就是这个课题的组成部分,健康的办学最终将以优质的教育服务赢得市场。

会上,上海大学党委副书记、常务副校长、悉尼工商学院联合管理委员会副主席周哲玮教授代表上海大学向与会领导、专家表示热烈欢迎。他说这次认证确实意义非凡,我们愿意接受这一挑战。悉尼工商学院十余年来办学水平不断提高,办学层次不断提升,充分体现了上海大学自强不息、敢为人先的精神。希望通过此次

认证,切实提高学院中外合作办学质量,为培养全面发展的人做出更好的成绩。

简短的开幕仪式结束后,认证专家组组长、美国中北部学校与学院协会认证评审员孙建荣教授宣布现场认证评估工作正式开始,他首先介绍了专家组成员和本次专家组进驻、进行现场评估的目的,即通过办学认证,提高办学质量,从而保障学生利益和合作办学双方的利益。专家组将在本次认证过程中,认真行使职责,公正客观地进行认证评估。同时,专家组和被认证单位是相互信任的关系,认证过程中和认证结束后,专家组都会对学院提出建设性的意见,帮助学院更好地建设。

悉尼工商学院执行副院长龚思怡随后向专家组和上级领导作了中外合作办学的自评陈述,并回答了相关提问。她在汇报中系统描述了学院的发展进程,办学中的主要特色、成就及发展规划。她说:这次中外合作办学认证对学院的意义十分重大,对内,可以总结经验、规范办学、寻找问题、提升自我;对外,可以接受监督、获取帮助、同行交流、树立形象。学院决心以这次认证为契机,坚持自己的办学理念和办学宗旨,通过长期不懈的努力,分三阶段实现发展目标。学院愿意通过自身的成功办学,成为国内中外合作办学的开拓和实践者、国际教育交流与合作的推动者和国际化经济管理人才的缔造者。

上午10:30,专家组在学院各部门负责人陪同下考察了学院的教学场地和设施。专家们参观了中外教师、行政人员的办公场所,对趋同化和透明化的办公理念及良好的办公条件表示满意。在学院发展陈列室、澳大利亚研究中心、信息咨询中心、商务实验室,专家们听取了有关人员对学院的历史,各中心、实验室以学生为本的教学和服务理念的介绍;在商务实验室,专家们观摩了学生企业经营管理的沙盘模拟介绍和演示,听取了课程基本情况、软件应用介绍和观看现场模拟;对条件优越的研究生工作学习区十分欣赏。通过现场实施考察,专家组对学院的教学和育人的软硬件及基本设施建设表示满意,认为符合中外合作办学院校的办学条件。

随后,专家们进行了信息交流,评议上午的考察内容。下午,专家们主要进行集中办公,查阅认证相关材料;针对一些问题展开讨论。傍晚,专家组驱车前往上海大学校本部进行参观,并与学校领导共进晚餐。晚上专家组继续工作,研讨第二天访谈提纲。

第二天(7月8日):分组访谈与查阅资料

第二天的现场认证评估工作主要是举行各层次、各类别的座谈会,进行专题访谈。上午8:30—10:00,专家组与上海大学各相关部门的负责人,如教务处、质量评估办、外事处、科研部门及悉尼科技大学代表进行访谈。访谈的主要内容涉及悉尼工商学院在办学过程中学校各部门对其在教学管理、质量保障、外事管理和科研方面的综合印象。与澳大利亚悉尼科技大学代表的访谈中,专家们主要了解中澳合作双方在合作与沟通方面的情况。专家组的另几位成员稍后与悉尼工商学院的执行副院长、外方副院长和主要管理人员进行了交流,详细了解了办学过程中的工作细节、办学理念宗旨、措施及提高办学质量、改善管理等内容。在访谈间隙,专家组立刻召开短会,对采集的信息进行交流与评议。中午,专家组邀请部分学生在嘉定校区附近共进午餐,交流问讯学生对学院办学的意见或建议,从不同角度直面了解学生参与学院建设、对学院办学理念、宗旨、目标的理解和知晓程度,以及学院在学生管理、教学质量等诸方面存在的问题。

下午,主要访谈学院的一线教师,包括外籍教师代表以及学院普通工作人员。另一组专家与毕业生代表进行了座谈,了解他们的就业情况和个人发展,并对学院工作提出建设性意见。在毕业生就业单位及其他利益相关者代表的电话访谈中,专家们特别关注学院的社会影响与声誉,毕业学生在实际工作中的表现和能力状况。下午 16:20—17:20 是专家组安排的开放时间;教师或学生可以通过公开的e-mail 地址和其他联系方法进行预约,与专家进行个别面谈交流。夜晚,专家们对全天采集的信息进行了汇总与评议。

第三天(7 月 9 日):座谈交流与认证反馈

现场认证的第三天,专家组成员与学院主要管理人员进行了交流,专家组讨论了认证报告的基本内容和初步认证意见,并于下午举行反馈会议,传达了专家们对悉尼工商学院三天来的现场评估初步意见。

上午 8:30,认证现场交流会以沙龙形式在学习中心三楼举行,与会者除专家组成员外都是学院主要行政管理人员、骨干教师,英语教学副院长詹妮(Jenny McMullan)女士和 Insearch 课程主任保罗(Paul Bon)先生也应邀出席座谈。认证专家组组长孙建荣教授总结了五个方面的问题,希望大家畅所欲言。这五个问题是:如何全面理解合作办学的特色?中外合作办学对学校办学有哪些"特殊"要求?如何完善办学过程中各方(中方与外方、师生之间、行政人员与教师)之间的沟通?中外合作办学的共性要求(办学合法性、规范性、项目可比性、教学资源管理)?中外合作办学对教学质量的特殊要求有哪些?不仅对中方负责,同时对外方(澳方)负责。

由于以上问题比较宏观,又采取沙龙形式的座谈交流,大部分管理人员和教师都是有感而发,主要体现在对办学的信心、自身在工作和教学中对合作办学的理解,包括引进消化、办学和教学特色体现、各个层面的交流沟通及质量保障等。

有专家提问:如何消化吸收国外引进资源?如何创新?如何保证课程管理质量?中外合作办学对学院有哪些特殊要求?"走出去"体现在哪些方面?解释学院的定位,为何这样定位?对"国际化"、"一流"、"知名"的理解及具体准备?中外双方沟通如何?学院正在做什么,将来又准备做什么?

针对这些问题,龚思怡执行副院长对学院的定位和目标做了进一步说明,学院到 2010 年将发展成为国内特色鲜明的教学研究型国际化商学院。学院要逐步从教学型向教学研究型发展,国际化定位的实现是有一定难度,但经过努力可以达到。我们培养人才的目标是商界精英,因此必须从中外合作转向建设国际化商学院。副研究员傅志田老师认为,目前这种形式的中外合作办学只是在历史长河中某个特定阶段起着作用,目的是通过办学合作迅速壮大自身、达到国际化。我们的目标是把学院建设为国内最好者之一,国际上有较高的知名度,当中外合作办学的大潮过去之后,我们学院留存了下来,发展壮大了,可以立身于较好的高校之林了,这就是我们的抱负。

在"引进"和"走出去"的理解中,龚思怡副院长主张国家应该将中外合作办学提升到国家战略、政府战略层面。新加坡就是从教育引进入手,将自身建设成为整个亚太地区的国际教育枢纽。我们也应在更高的国家战略层次发展中外合作办学,把这块教育市场做得更好。至于引进什么?傅志田老师认为不能局限在具体的教材、师资等实物上,而最主要的是引进理念和方法,具体的东西是可以去创造、去购买的。悉尼工商学院今天取得了一定成绩与其办学理念、教育方法是密不可分的。吕斌副教授亦认为,"引进"与"走出去"是双向的。引进加吸收、转化,结合了中国文化的特点和优势,使中西文化相融会,反过来吸引西方人来学习中国文化,这才是中外合作办学的最佳模式。中外合作办学的成果最终是向全世界推广,走出国门,这才是真正的成功。悉尼工商学院的办学目标和规划是与此相适应的,学院"荟世上精萃、树天下英才"的办学理念正体现了这种鸿鹄之志。

与此同时,学院其他主要负责人也分别对教育资源的消化、吸收、如何创新、课程管理质量保证等方面作了说明。

最后,认证专家组孙建荣组长做了总结性发言,强调了这次交流的必要性,期待在今后有进一步沟通交流的机会。会后,专家组成员在会议室集中讨论,研究这次现场认证评估的初步意见,为下午的信息反馈会议做准备。

7月9日下午13:30,在嘉定校区学习中心底楼召开现场认证评估信息反馈会议。上海市教育评估协会会长郑令德、上海教育评估院院长金同康,上海大学副校长叶志明、学院院长方明伦专程前来出席会议。出席信息反馈大会的还有悉尼工商学院教师和行政人员代表。上海教育评估院金同康院长主持会议,他认为通过几天来专家们的现场实地考察和举行各种类型的座谈会进行调研,悉尼工商学院中外合作办学现场认证达到了预期的目的。

专家组组长孙建荣教授代表专家组做了认证初步反馈报告。他首先宣布专家组对悉尼工商学院的认证结果建议原则性通过,感谢认证专家组全体兢兢业业的工作,保证了认证工作的顺利开展;感谢悉尼工商学院全体人员的热情配合。他认为悉尼工商学院是敢于第一个吃螃蟹的人,为认证工作积累了大量宝贵的经验。

龚思怡执行副院长发言指出,悉尼工商学院是认证的积极申请者,之前已对自身的各项工作做了认真自评,进行了整改,因此也是认证的实际最大受益者。学院正处于转型期,正在做"十一五规划",通过发动全体员工对学院宗旨、定位进行大讨论,从而加强了统一认识和学院上下的凝聚力,激发了全体师生的爱院精神,这一切对学院今后的工作和发展有着不可估量的推进作用。龚思怡对专家组的辛勤工作表示感谢,感谢上海市教育评估院、上海市教育委员会和上海大学对学院一贯的大力支持。

上海大学副校长叶志明教授代表学校感谢上海市教育评估协会把悉尼工商学

院列为认证首家试点单位,认为这是对上海大学中外合作办学项目的支持和厚爱。他说:悉尼工商学院全体师生12年来付出了艰辛的努力,勇于探索和创新,有敢为天下先的精神,这是悉尼工商学院得以发展的根基和源泉。叶校长表示上海大学将在专家组建议基础上,以认证促建设,以认证促改革,以认证促发展,使学生最终受益。上海大学将在今后一如既往地给予悉尼工商学院以最大的支持。

上海市教育评估协会会长郑令德教授最后总结道:这次现场认证非常顺利、高效,既是探索又是实践,意义非比寻常。认证的高质量完成一是有来自国外、上海本地、全国各地的高水平专家的加盟和上海市教委领导、上海市教育评估院的大力支持;二是认证本身意义重大,目标明确,精心组织,工作务实。她表示专家们的反馈意见将形成书面报告,提交认证委员会讨论,适当时候向社会公布。

第三节　上海大学悉尼工商学院认证的收获

上海大学悉尼工商学院对本次认证目的非常明确,把它看作是借助外力对自己进行的一次全面"体检",是发自内心的"我要评",因而必然成为认证的最大的受益者。近年来,该学院正处于一个转型期:正在从教学型向教学研究型过渡,由中澳单线合作向多渠道开放的国际合作过渡。在认证过程中,学院发动全体人员对学院宗旨、定位进行了大讨论,对自身进行了彻底审视、强化了内功建设,并将今后的工作重点锁定在打造学院核心竞争力上,使认证真正成为学院未来的工作和发展不可估量的推动力量。

通过后期回访和跟踪调研,上海大学悉尼工商学院在这次认证中的主要收获表现在以下三大方面。

一、规范了合作办学者的教育教学常规管理

1. 对办学整个过程进行了一次全面审视和总结

悉尼工商学院自成立以来历经多次不同形式、不同级别的评估和审核,但相比之下,这次中外合作办学认证规模最大、针对性更强。因而,学院领导将这次认证看作催化学院内功建设、推进学院发展的动力,决定抓住这次机遇,对学院成立以来的整个办学过程进行一次回顾,总结经验、整改完善。

全面审视和总结工作主要集中在认证的自评准备阶段,历时半年以上。学院成立了自评委员会,根据自评手册要求对历年办学进行总结,按部门和项目进行自测、自评。学院在汇总所有信息基础上逐条、逐项审核检查,对照总结,最终填写自评测试表、撰写自评报告和自评报告摘要。在自评报告中悉尼工商学院如实汇报了学院整个发展过程和现实情况,从体制、管理、招生、师资、学生、科研、质量、财、物等角度全方位展示了学院的真实面貌,坦诚面对存在的问题,有思想,有建议,有措施。这一切充分反映了学院珍惜历史、不回避问题、有整改的成

熟、积极态度。

2. 对规章制度进行了一次整体梳理和健全

悉尼工商学院制定了一系列规章制度,但由于时间长远,有些已经不再适用,有的需要适度修改,有的分散在各个职能部门,因此存在着时效问题和透明度不够的问题。通过这次认证,学院将各部门的规章制度进行统一汇总,梳理修改,新增或废止。对关系到全体教职工切身利益的制度,还通过教师代表大会进行讨论、充分听取群众意见。在梳理修改基础上,学院印制了内部规章制度册,并规范了日后的制度建设流程。对于日常使用、带有普遍性的规章制度,学院将其编入教师员工手册,做到人手一册,人人知晓。

3. 对所有办学文件、档案进行了一次系统规整和补救

学院重要文件采取领导及相关人员传阅制,通常由院办负责收、发和归档。但是不少归口部门的文件(包括人事、教学、学生档案等)最终还是由各部门分别保管。这对使用者来说很方便,但随着时间的推移,有些文件因收集不全、人员或岗位变动等原因,造成查找困难甚至出现丢失现象。通过这次认证,学院成立了档案管理小组,设立部门档案员,对重点文件进行了追查,逐项补齐。档案管理小组专门制定了档案分类目录,规范收集和使用办法,督促各部门妥善存放于部门档案室或档案柜。为使学院对各部门的重要文件、档案情况有总体了解,集中掌握,各部门须定期向院办汇总文件、档案的目录表,标明存放地点和责任人。

二、促进了合作双方的理念整合和发展共识

1. 对合作双方进行了一次理念整合和质量求生的教育

在现场认证考察中,专家们多次提请学院注意中外双方多合作、多沟通,以便形成合力,学院对此十分重视。在认证前,学院已经向外方董事作了汇报,使外方了解这次中外合作办学认证的意义,请他们予以配合。澳方对此很感兴趣,及时提供了认证需要的外方各种佐证材料。现场认证结束后,学院领导及时向外方转达了专家组在认证报告中提出的意见和建议,并在当年 9 月 4 日第十五次董事会上专门讨论了整改意见。董事会表示充分理解专家们的意见,一定会加强中外双方领导及两所大学职能部门多层次、全方位和经常性的联系,提高沟通的及时性和准确性,使双方在重大问题上取得共识和形成合力。澳方董事保证,悉尼科技大学一定会在对等的基础上予以更多的优质教育资源的支持,开辟更多的师生交流、科研合作机会。

中澳双方一致同意认证专家组的意见,在办学中注重教育质量,加强对教育质量保障体系的研究与探索,充分利用两所大学已有的质量体系,结合合作办学的特点建立符合两校要求的教学质量保障体系。双方一致认为,悉尼工商学院只有在发展中求生存,只有不断提高办学水平、提升办学层次,以学生培养质量制胜。今后中澳双方将在开拓国际合作、强化内部实力方面积极配合,共同努力,以尽快实

现学院的长远发展目标,使之成为中澳两国教育合作的丰硕成果。

2. 领悟了核心竞争力的真谛,并着手全力打造

认证之后,悉尼工商学院领导立即带领大家研究如何趁"认证效应"的良机,加速学院发展,并在学院展开核心竞争力的大讨论。通过讨论,大家意识到:核心竞争力与一般竞争力不同,它植根于特定的土壤,是一统体系下形成的化合物,是不可分割、不可或缺、他人无法模仿的"内部经过整合了的知识和技能",即一种被协调与整合后的诸多竞争元素产生的合力,能保障学院获得持续发展的"绝对竞争优势"。

悉尼工商学院的核心竞争力在于:学院整体性先进、正确、超前的办学理念,良好的主流文化(大学精神),各种资源和竞争力的利用和整合能力,探索创新和排除万难的能力。目前,该院领导已经采取从建设主流文化入手,抓住学生和教师作为"人"的第一要素,配以确实可行的、科学的制度规范,以一系列的环境建设、文化建设,营造起悉尼工商学院特有的大学精神。师生们坚信:当先进的办学理念、规范的制度、高素质的团队与现代化大楼、设备构建起来时,学院的核心竞争力也就在其中了。

三、增强了全员发展意识和学院社会影响力

1. 体会了规范办学的硕果,激发了强院意识

悉尼工商学院的办学理念是"荟世上精萃、树天下英才",认为只要通过认真办学、严谨规范,有发展眼光、抓住机遇,那么悉尼工商学院定能通过国际合作途径逐渐壮大起来,成长为一所知名的国际化商学院。他们还认为:当前的中外合作办学只是历史长河中的特定现象,目的是通过中外合作迅速壮大自身、使国内教育尽快达到国际水平。为此,学院企盼教育部门领导能将中外合作办学提升到国家战略、政府战略高度,不只停留在低层次的教育补充地位,那么中国的教育就会做好、做强。

这次认证使悉尼工商学院看到了希望,产生了普遍的强院意识。他们立志严谨办学、经过几十年或更长一些时间,把学院建设成为国内一流、国际知名的商学院。当中外合作办学的大潮退去之后,悉尼工商学院要留存下来,要立身于领先的高校之林。

2. 使学院声誉得到有效提升,斗志得到鼓舞

对悉尼工商学院来讲,被选择为中外合作办学认证的全国首家试点单位具有十分重要的意义,这是对全院师生的信任,也是对学院办学实力、办学成果的肯定。此次认证具有一定的权威性,汇聚了上海市教育主管部门、教育评估机构和业内的国内外教育认证专家,可转化为学院一次很好的发展动力。尤其是在认证结束后,认证委员会于2007年5月21日在上海万豪虹桥大酒店举行"中外合作办学研讨会暨首家办学机构授牌仪式",悉尼工商学院因而获得了全国首家通过国家教育

权威评估机构认证的殊荣。信息一经媒体向社会发布,有效地提高了学院的知名度和社会声誉。

办学认证的顺利通过,悉尼工商学院全体师生无不感到鼓舞和振奋,并将它看作社会对学院的一种厚望,深感肩负责任的重大。从该学院师生的言行来看,全院上下对未来充满信心,凝聚力得到增强,斗志得到鼓舞。悉尼工商学院已经在认真研究认证报告内容和结论,制定规划,牢记规范办学,积极配合上海市教委构建具有中国特色、与国际接轨的教育质量保障体系,推进中外合作办学的良性发展。

第九章 中外合作办学认证
的国际合作与展望

第一节 中外合作办学认证的国际合作

一、国际组织在跨境教育质量保障中的作用

跨境教育形式的多样化以及各国高等教育体系及质量保障体系的多元化发展,使国际组织的作用日益凸显。国际组织为世界各国及跨境教育的利益相关者提供了交流、协商、合作的平台,在总结经验、共同协商的基础上,国际组织以其制定的规则和规范指南将世界各国和地区紧密联系起来,形成了一个以联合国为中心的"全球网络"。

1. 国际组织通过多种方式为跨境教育合作交流提供国际平台

从第一章中国际组织有关跨境教育质量保障的活动可以看出,国际组织关注、讨论和涉及的跨境教育问题具有普遍性,国际组织对于协调国家间关系,促进国家间的相互了解和合作发挥着独特的作用。另外,国际组织具有论坛功能、协调功能、沟通功能、规范和管理功能、资源配置功能。它通过召开国际会议、制定规则、通过决议、动员国际舆论等方式对各国政府及整个国际关系施加影响。如UNESCO的五大职能同样适用于其对跨境教育质量保障的推进,这五大职能包括:前瞻性研究,即明天的世界需要什么样的教育、科学、文化和传播;知识的发展、传播与交流,主要依靠研究、培训和教学;制定准则,即起草和通过国际文件和法律建议;知识和技术,即以技术合作的形式提供给会员国帮助它们制定发展政策和发展计划;专门化信息的交流。

国际组织在采取行动时,需要成员间的协调一致。如 UNESCO 推动高等教育国际化主要是采用"自下至上"的方式,这实际上是一个"共识"的凝聚过程。各成员国为了共同的目标而聚集在一起进行磋商,不断产生分歧,弥合分歧,进而达成共识。在这个过程中,各成员国要不断地调整自身的行为,以促进共识的达成(比如签订"宣言"或是"行动纲领"),同时也会由于各个成员国的不同要求而制定个别决议或是特别决议。换句话来说,国际组织不拥有直接的、强制性的手段,因而在发挥作用时也有一定的局限性。国际组织更多提供的是信息交流的平台,它为跨境教育的质量保障提供强大的数据库和可充分利用的资源,为各国间的交流合

作提供平台和必要的资金支持。因此,对于各国政府和国际组织的成员而言,更重要的是如何利用国际组织这个良好的平台,引进国际先进的教育理念和成功的经验,适应跨境教育主流的变化,及时调整和制定本国的跨境教育质量保障措施。同时,将本国、本地区有益的经验和存在的困惑通过国际平台发布出去,促进国际对本国本地区跨境教育发展的了解,以更好地在互动的基础上提高跨境教育的办学质量。

2. 国际组织为跨境教育质量保障提供了实践经验和行动指南

《保障跨境高等教育办学质量的指导方针》、《关于规范跨境高等教育质量保障的信息包》、《跨境高等教育:服务贸易总协定解读指南》,以及《外部质量保障:高等教育管理者的选择》等文献,是以 UNESCO 为首的国际组织在调查、总结世界各国跨境教育发展和质量保障经验基础上,合作开发的成果。这些文件及有关跨境教育质量保障的文献,为各国跨境教育的发展提供了具体的实践经验和行动指南。国际组织所提供的信息和资源,为各国了解世界跨境教育的进展提供了整体的发展框架,有助于各国把握国际跨境教育发展动向,及时了解跨境教育的发展动态。国际组织与区域性质量保障组织及各国质量保障机构之间的项目合作,使跨境教育发展相对成熟的国家有机会更好地总结经验,反思跨境教育质量保障中出现的问题并积极寻求对策;同时有助于刚刚进入跨境教育发展的国家加强能力建设,借鉴已有的跨境教育质量保障经验,更好地为本国跨境教育发展服务。

综上所述,国际组织在促进跨境教育发展和提高跨境教育的质量方面的作用是十分必要的。它提供了高等教育国际化发展所必需的法律原则、规则和制度,规范和约束着有可能自由放任的全球化。同时,国际组织独自地或相互协调地妥善处理全球性跨境教育问题,推动着跨境教育的健康和平衡发展。因而,在一定意义上,国际组织是高等教育全球化进程中的一个重要载体,高等教育全球化所需的运行规则依托政府间组织来创设并予以执行,跨境教育的国际秩序也因政府间组织的存在与积极活动才有实现的可能。

二、我国融入国际跨境教育质量保障需做的努力

我国加入 WTO 后,高等教育质量面临的挑战促进了高等教育质量保障的国际合作研究。高质量的教育跨境服务对于教育输出方和输入方双方的长远利益都有重要意义。当前,跨境教育面临的最大挑战在于跨境教育的质量。国际组织关于跨境教育的行动与合作方式,为我国如何以更好的方式去发展跨境教育提供了很好的借鉴。另外,国际组织关于跨境教育质量保障的文件和立场,也为我国跨境教育质量保障的稳步发展提供了开阔的思路,有助于我们在国际化跨境教育质量保障的框架内,本土化地开发适于我国跨境教育发展的质量保障体系。

1. 积极加入国际组织并充分发挥中国在亚太地区的作用

国际组织对跨境教育的理解和规定,引领着世界跨境教育未来的发展方向,要

想在国际机构中有发表意见的可能、有融为一体和促进发展的愿望,就必须首先成为国际组织的成员。"中国应参加到所有的重要国际组织中,融入其中,参与其中,参加各种国际规则的制定和修改进程,在体系内部维护中国的利益,维护国际和平,使中国成为国际体系中的主流国家,提高中国在国际事务中的作用。"①

加入国际或地区性质量保障网络组织,作为会员国可以参与这些组织的日常活动,并对其现有运行制度中不合理的方面进行建议和改造,使这些组织规定的原则、决策程序向更有利于保护和促进自身利益的方向发展。因此,中国教育质量保障机构加入国际或地区性质量保障机构网络组织既要利用国际组织维护自身的利益,也要通过国际组织来谋求自己的利益。与此同时,还必须通过加入国际组织来改造自己,推动自身的发展。可见,在国际质量保障机构网络组织不断发展的今天,要想维护自身的国家利益,就必须积极参与建立新的国际或地区性质量保障规范活动,以期赢得更大的发展空间。②

中国是联合国教科文组织创始国之一,作为国际组织,UNESCO 的平台有助于我们进一步加深与世界各国高等教育体系的相互了解和信任,在此基础上推动我国高等教育的国际交流与合作。我们应积极关注国际组织有关跨境高等教育的一些基本立场,把握跨境教育的国际发展动态,及时制定和调整跨境教育质量保障的应对措施。比如,在高等教育领域,维护学术自由和满足市场需求是一对矛盾。UNESCO 和 WTO 在这一问题上的不同倾向,实际上为我们处理高等教育国际化提供了两个值得重视的价值参照。过于强调高等教育的市场化,会损害高等教育的学术自由,并危及基础研究的生存和发展;而过分强调学术自由,也会使高等教育脱离社会的现实需求,削弱高等教育体制的竞争力。因此,在制定我国的高等教育国际化政策以及跨境高等教育质量保障措施时,应该对两者都有充分的考虑。基于国际组织在跨境教育发展中的重要作用,未来我们应继续重视与 UNESCO 等国际组织在更多领域内的合作,借助国际组织的平台,努力推进我国高等教育国际化的步伐。

由于中国实力的增强和国际地位的提高,在国际重大政治、经济事务中,已经少不了中国的参与。在教育和教育质量保障方面,国际上也逐渐开始关注中国的声音。在国际或区域性质量保障网络组织中,目前我国内地加入 INQAAHE 并成为其正式会员的机构有:教育部高等教育教学评估中心、上海市教育评估院、江苏省教育评估院和广东教育发展研究与评估中心等。上海市教育评估院是亚太地区 APQN 的资深会员,一直与 APQN 保持着密切联系,目前云南省高等教育评估中心刚刚加入 APQN,成为中国大陆加入该组织的第二家评估机构。

① 叶自成.中国实行大国外交战略势在必行——关于中国外交战略的几点思考.世界经济与政治,2000(1).

② 江彦桥.促进教育质量保障活动的国际合作.中国高等教育评估,2007(1):54.

除了加入国际质量保障组织成为其会员外,我们还应该更积极地参与这些组织的工作,争取担任职务,积极发挥作用,为国际和地区服务,争取应有的国际地位。在这方面我国香港的经验值得借鉴。香港学术评审局在成立的第二年即1991年就主办了一次高等教育质量保障的国际会议。会议期间,在各国代表的倡导下,成立了 INQAAHE。香港学术评审局顺理成章地成为 INQAAHE 的首届秘书处,并负责编辑 INQAAHE 的"QA"简报,历时四年。这使得刚成立不久的香港学术评审局很快就融入了国际质量保障的大家庭。香港学术评审局历届的总干事(Executive Director)都曾经担任 INQAAHE 的理事。另外,2006 年,上海市教育评估院在上海为 APQN 成功地承办了第二届会员年度大会,并且在会后还参加了APQN 的一些专题工作。现在,上海市教育评估院江彦桥常务副院长是 APQN 理事会的理事。从 2009 年起,上海市教育评估院成为 APQN 的秘书处。希望有朝一日能有评估机构真正代表全国高等教育质量保障界在国际组织中,特别是亚太地区组织中发挥一个发展中的大国应有的作用。

以上这些内地的质量保障机构主动参加国际组织及其活动,走上讲坛,交流信息,广交朋友,这种举措值得大力提倡和推广。未来中国在高等教育质量保障领域应继续充分发挥在亚太地区的重要作用,以合作和交流的方式加大中国评估机构在亚太地区的话语权,在亚太地区发挥与中国政治、经济地位相匹配的重要作用。

2. 加强质量保障和认证机构的能力建设及国际化进程

跨境教育的发展,使教育质量保障日益走向国际化,主要表现在:其一是使本国的质量保障和认证能够在世界上得到认可;其二是本国的质量保障和认证机构积极参与质量保障的国际活动,并在其中发挥重要作用。跨境教育的国际合作与交流是一个互动的过程,教育质量保障和认证机构的国际交流意义重大。通过国际合作与交流,可以提升这些机构的能力,促进机构发挥在国际性活动中的作用,促进本国质量保障和认证得到世界其他国家的认可,进而促进本国的学历、学分与国外的互认,参与国际游戏规则的制定。跨境教育质量保障的国际合作与交流形式多样,可以包括人员互访、专家互聘、认证或审核结果的互认、参加国际会议、定期举办跨境教育质量保障国际论坛、项目合作、参加国际培训等。

高等教育质量保障和认证机构的国际化进程之所以得到发展,一方面是因为跨境教育在发展的过程中需要集中优势资源,以确保教育的质量。而教育评估和认证机构间的国际合作与交流,是集中优势资源,分享信息的重要途径。如马来西亚评估体系的建设得到过新加坡高等教育认证委员会的帮助,澳大利亚大学质量保障署(AUQA)刚刚启动了第二轮评估工作,其评估重点是教学的标准和结果,而这种新尺度正是该机构向一些外国机构咨询后作出的决定。印度国家评估认证委员会也已吸纳了其他国家的专家作为其成员考察其工作并给予反馈。另一方面,评估机构也希望通过接受国际标准来证明其专业性。当评估机构希望评价自身质量,或者了解自己是否符合国际行为规范的时候,通常会接受国际标准的检验。而评估机构获得国际声誉的方法就是接受国际评估专家组的评估。在亚太地区,澳大利亚和新西兰的评估机构接受了这种评估。评估专家组的国际化越来越普遍,在亚太地区,新西兰、日本和我国香港地区的评估机构的理事会中都有外国(和地区)成员,香港学术评审局有1/4的理事会成员来自海外。

3. 积极开展中外合作办学认证的国际(地区)合作

在积极开展跨境教育的国际(地区)合作,促进资格互认和学分转移方面,我国香港工程师学会有成功的经验并做出示范。迄今为止,香港工程师学会已与多个工程专业团体签订了资格互认协议或合作协议。其中,香港工程师学会参与的国家(和地区)互认和交流项目主要包括:1995年6月,学会获接纳成为"华盛顿协定"的正式成员,经学会所审核的工程学位均可得到其他成员认可。2001年6月,学会成为"工程师流动论坛"创办成员之一。"工程师流动论坛"的宗旨在于为各成员的相关团体提供国际(地区)工程师资历相互认可的蓝图。2002年6月,学会成为"亚太工程师"的创办成员之一,"亚太工程师"的目的在于提高亚太经合组织成员之间专业工程师的流动性,并为各成员提供工程师资历的多边互认蓝图。2003年6月,学会成为"悉尼协议"的正式缔约成员,经香港工程师学会审核的高级文凭或同等课程获得多个签署成员承认。2003年6月,学会成为"工程技师流动论坛"创办成员之一。"工程技师流动论坛"的目的在于为推动日后工程技师资格的多边互认工作做准备。此外,到目前为止,香港工程师学会已经与不同国家和地区(包括内地)的21个相关学会(协会)签订了相互认可协议。

无论是教育输入方,还是教育输出方,要对合作办学进行质量保障,缺乏对方的支持与合作,是难以全面、动态地搜集境外教育机构办学的信息资料,就不可能保障真正的质量,也不利于高等教育的国际(地区)化,因为教育质量包含着对教育的"本土化",国际(地区)化需要彼此进行"文化认同"。近年来,美国、英国、德国等国家的教育评估或认证机构纷纷来到中国,对相应的合作办学单位进行审核或认证。教育输出方开始关注境外教育机构或项目的办学质量问题,无疑是一件好事。但是,如果教育输出方与教育输入方双方所采用的模式(如认证、审核、评估等)不相同,特别是执行质量标准不一致,不仅会造成办学单位无所适从和人力、财力的浪费,也会引起办学单位教学混乱,妨碍到高等教育的国际(地区)化。

开展中外合作办学认证活动,迫切希望得到教育输出方教育评估机构(国外通常称为"质量保障机构")的大力支持和真诚合作。具体地说有以下三种合作形式:一是共同认证。在认证全过程进行紧密合作,现场评估时委派评估专家,共同组织认证活动。二是互认结果。在认证办法、认证标准相互认可,并且现场评估委派观察员的基础上,对各自的认证结果相互承认。三是信息交流。彼此提供被认证单位在本国(和地区)办学的有关信息,并提供各自认证报告或相关材料。

认识到国际(地区)化进程对中外合作办学认证推广与认可的重要性,上海市教育评估院和上海市教育评估协会积极开展国际(地区)合作,加强与APQN成员的联系。先后访问了英国、美国、芬兰、瑞典、德国、爱尔兰、俄罗斯、澳大利亚、新西兰、印度尼西亚、菲律宾、日本、韩国等国家的高校教育评估机构,以及我国香港和台湾地区的评估机构。而且还与我国香港学术评审局和澳大利亚高等教育评估中心开展了人员互访和短期实习访问等活动,并与我国香港地区及菲律宾教育评估机构签订了合作协议。未来上海市教育评估院和上海市教育评估协会将继续保持积极的国际(地区)交流态势,同时加强与政府部门和省级教育评估机构的合作,为我国中外合作办学认证和质量保障作出贡献。

另外,承担中外合作办学认证的专业机构,还要积极参与国际(地区)交流和国际(地区)事务,保证认证程序和认证标准的国际(地区)化,积极寻求与国际(地区)相关机构的互认与合作。在认证的程序和标准上,不仅要强调考虑中国的实际,更要强调与国际惯例接轨,积极采用国际通行的程序和标准,保证我国中外合作办学与相关国民教育之间的等效与互认。只有这样,才能在保证我国中外合作办学质量的同时,实现我国中外合作办学和他国(地区)同等教育的相互认可,促进人才的流动。

第二节　中外合作办学认证的未来展望

一、加强我国高等教育质量保障体系建设,保障中外合作办学质量

1. 以中外合作办学促进我国高等教育机构的能力建设

当前国际社会存在的四种不同但不排斥的政策目标,对发展中国家相关教育政策的制定,有一定的启发作用。① 这四种方式是:"相互了解"方式、"技术移民"方式、"经济收益"方式、"能力建设"方式。其中"能力建设"方式鼓励跨境高等教育,并将其作为一种快速提高新型国家国力的途径。一般情况下,在政府法律监管的范围内,政府鼓励引进外国的院校、项目和学术人员,并开展营利性的投资活动,以确保这些活动与国家建设或经济建设的进展相协调。采用这种方式的主要有东南亚、亚洲北部和中东地区的国家和地区等,例如马来西亚、中国和新加坡等。亚洲国家之间、教育输入方和输出方之间没有像欧洲"波伦亚宣言"那样相互承认高等教育学历学位的协议,缺乏双边和多边认可的标准。因此部分亚洲国家目前正努力促进国家之间学历学位的相互承认。例如,中国与德国、英国、法国、新西兰等20多个国家签订了学位互认协议,并将同荷兰、澳大利亚、爱尔兰等国签订协议。

中外合作办学的发展,必将促进我国高等教育的发展以及高等教育的国际化。在跨境教育的发展进程中,也会出现许多问题,其中跨境教育的质量是各国普遍关

---

① 周满生.免受劣质教育侵害,亚太亟须跨境高等教育规则.(2003-03-10)[2008-02-27] http://sd,nankai.edu.cn/noscript/sd/jiu/kuaidi/cop_20050318.html.

注的问题。跨境教育质量问题的日益凸显,反过来促进了各国教育质量保障体系的能力建设,促使教育质量保障和认证机构不断反思跨境教育的质量问题,积极寻求跨境教育的保障措施,并从自身能力建设入手,提升质量保障和认证机构的质量。因此,从这个意义上来说,中外合作办学的发展与我国高等教育的发展以及教育机构的能力建设是一个息息相关的过程。

2. 建立我国高等教育的认证制度和国际化的认证标准

目前,我国尚未按照国际规则建立起一个高等教育的认证制度。这不仅使政府疲于应付层出不穷的质量问题和社会各界对质量问题的关心和疑问,同时也影响中国高等教育的总体质量在国际上得到认可,从而影响了中国高等教育在国际教育服务市场上的份额。另外,随着教育服务市场的开放,国外的教育认证服务也将逐步进入我国教育领域,如果我们仍然缺乏质量认证标准,必然要受制于高等教育强国所设定的游戏规则。因此,我们必须实现跨越式的发展,建立国际化的高等教育认证制度。

我国高等教育要实现国际化必须依照国际性的高等教育质量标准运行,对中外合作办学的认证也必须依照国际标准。因此,我们必须在考察我国高等教育质量现状基础上,建立国际化的认证标准。迫切需要成立"全国高等教育质量保障和认证中心",并为各级各类教育质量保障和认证机构搭建一个沟通与交流的平台。同时,应积极参与高等教育质量保障机构国际网络组织,向世界发布中国质量保障和认证方面的信息,加强与其他国家质量保障和认证机构的沟通与交流。在坚持国家利益的前提下,促进质量保障和认证的标准与方法的一致性。另外,应积极参与国际性的质量保障和认证标准与方法的制定,加强与我国有着进出口高等教育项目国家的质量保障和认证机构的联系与合作,增进双方的相互信任,推动进出口教育项目的顺利开展。

3. 建立"以外促内、政府认可、专业服务"的质量保障体系

国际高等教育质量保障体系,一般由学校内部质量保障体系和学校外部质量保障体系构成。教育质量归根到底要靠学校校长、教师、学生和管理人员的共同努力,因此,质量保障应以内部为主。当前重要的是让各校把内部质量保障体系真正建立起来和发挥作用,这是保障教育质量的根本性、战略性措施。

欧洲高等教育区的部长级峰会对高校内部质量保障的标准和准则的说明,值得借鉴:① 高校应制定质量保障的政策和相关程序,以确保其专业和学位授予的质量;② 高校应有正式的机构负责批准、监控和周期性审查本校的专业和学位授予;③ 高校应始终如一地使用已公布的准则、规章和程序对学生进行评价;④ 高校应保证参与教学的教师有任教资格并能胜任工作;⑤ 高校应确保用于支持学生的资源是充分的和适合的;⑥ 高校应确实保证他们收集、分析和使用了对于各专业和其他活动实施有效管理的相关信息;⑦ 高校应定期公布最新、公正和客观的关于各专业和学位(学历)授予的信息。

根据国际组织提供的材料和国外跨境教育办学经验，为了使外部质量保障机构的水准和质量有保证，并在彼此间保持均衡，必须有一个权威的机构根据统一的准则来对它们进行认可，即元评估。外部质量保障机构在获得认可后，才可以在认可的范围内开展评估业务。此外，为了使外部质量保证能够健康地发展，外部质量保证机构需要有业务引导，需要有权威的教育标准，需要有科学研究和学术活动的支撑，需要有交流和沟通渠道等。因此，在一个拥有数以千计的高等学校和一批外部质量保证机构的大国，应该设立一个专门的机构，担负对外部质量保证机构的认可、引领、服务和规划等使命，并对各校的内部质量保障作原则性指导和专业支持。从中国当前的情况来看，目前这个机构只能由政府来领导。

4. 以学生的学习产出作为中外合作办学认证的落脚点

认证的质量标准覆盖教育的投入、过程和产出三个方面，早期认证比较注重前二者，随着教育改革中新的学习理论的兴起以及教育评估理论的发展，教育质量的准则越来越重视学生的学习产出。无论教育过程如何发展，教育的最终产品是学生，学生学习的结果和效果、学生学习产出的状况，最能直接说明教育的质量。因此，国际上教育质量的标准越来越重视学生的学习产出。制定质量的标准可以直接从规定各级学位的学习产出标准入手，而评估的最终目的就是要调查和评价学校在何种程度上确保给学生提供了相应的学习条件，在何种程度上实现了学生的学习产出标准。

不仅是认证的标准注重学习产出，一些国家的学位标准或专业培养计划也都在不同程度上用学习产出来表明其质量和水准。1995 年，美国工程与技术认证委员会首次公布《工程准则 2000》(*Engineering Criteria* 2000)，其中第三条准则列出了工程专业毕业生必须具备的 11 种能力。2001 年，英国高等教育质量保障局公布了适用于全国的学位标准，该文在阐述各级学位的质量和水准时，用了近一半的篇幅列举各级学者持有人应有的学习产出。2005 年，美国高等教育认证委员会提出考虑欧洲和欧盟高等教育大区 (Evropean Higher Education Area，简称"EHEA") 45 国达成共识的学位标准。这份文件的全部篇幅都是用毕业生的学习产出来说明各级学位的质量和水准。以上 3 个例子说明，学习产出正得到更多国家和更多方面的重视，在质量保障的准则中注重学习产出已成为一种国际发展趋势。

跨境教育是高等教育国际化的重要组成部分，对中外合作办学质量的认证，最终也应落实到学生的学习效果和学习质量上。从这个意义上来说，中外合作办学认证不仅仅是质量保障自身领域范围内的事，它还和当代学习理论、课程与教学改革、教育心理学的最新发展等等息息相关。中外合作办学认证最终应该回归学生本身，切实保护学生的利益不受侵害，真正以高质量的教育促进学生的发展。

二、在中外合作办学认证体系中，积极探索引入专业认证制度

在自上世纪 90 年代兴起的高等教育质量保障运动中，各个国家和地区都对专业认证制度给予了高度重视。由专业协会协同高等教育工作者对高等学校的专业性教学计划进行的专业认证,几乎可以说是最古老的高等教育质量保障方法。通过严格的高校专业认证可以确保各级专业人才的水准和质量,最终保证涉及公众健康、福利和安全的各项专业性工作符合一定的标准和规定。目前,美国工程与技术认证委员会一反以往在国际上的冷漠态度,力争在工程、技术、计算科学和应用科学领域内的质量保障方面雄踞全球领导地位。ABET 与英国、爱尔兰、加拿大、澳大利亚、新西兰、南非、中国香港、日本等的工程专业认证机构通过签约"华盛顿协定",互认工程专业认证的结论和学位,以利于工程教育的国际化和工程人员包括学生的全球流动。现在,"华盛顿协定"已被公认为质量认证国际化的范例。①

1. 通过专业认证实行资格认可制度和加强教育质量保障

专业,无论其是传统的还是新兴的,都在很多方面有别于普通的职业,其中最重要的一点是它以是否接受过高等专门教育为标志。为了掌握某一领域的知识和技能,相关专业的从业者必须经过和接受长期的教育与训练,包括高级水平的普通教育与训练,以及专门的教育与训练,而且这种训练往往是在大学里进行的。普通职业发展成为专业的一个重要条件就是要有针对专业从业人员的教育机构,而且最理想的是作为大学不可分割的组成部分。在法制健全的国家,为维护专业人员及其"顾客"的共同利益,对专业人员有严格的资格认可制度,对其从业或开业有整套的注册登记制度。②

专业认证(specialized/ professional programmatic accreditation)可简单理解是"专门的/专业性的教学计划的认证"。与院校认证是为了证明整所学校的教育质量不同,专业认证强调认证的对象是专业性的教学计划。即主要关注那些被公认为进入某特定专业或职业做准备的教育计划(区别于普通的文理教育教学计划)的质量,主要由非政府性质的院校、专门职业和特定领域的专业人员联合会等,通过认证对达到或超过既定的教育质量标准的专门职业性教学计划进行认可,并协助专门职业性的教学计划进一步提高教育质量。另一方面,从业证书的认可和许可证的颁发都是针对个体的成就和能力进行的评估和证明,而专业认证则是针对高校的专业教育质量进行的评估和证明。③

概括来说,获取从业或开业许可证的规定条件要求高等学校将其各自的课程体系与取得许可证的必不可少的知识和能力要求紧密联系。作为学生进入专业就业的准备课程,必须超出而不是低于许可证颁发的规定条件。从公众的角度说,他们也非常希望自己支持的高校能够确保那些希望在专业界从业的学生有能力实现

---

① 毕家驹.国际高等教育质量保证的发展动向.中国高等教育评估,2006(4):37.

② 王沛民.研究与开发"专业学位"刍议.高等教育研究,1999(1):45-46.

③ Lenn M P. Accreditation, certification, and licensure. New Direction for Higher Education,1987(57):51.

自己的理想。公众也有权利相信完成学校批准的教学计划就可以获得在相关专业从业或执业的能力和资格。从这个意义上说,不管高等学校喜欢与否,也不管它们的最大利益是不是能够因而得到保护,它们都无可选择地要与专业资格认可制度紧紧地纠缠在一起。[①]

专业资格认可制度不仅是专业自律的重要机制,事实上还构成了高等教育质量保障的一种重要方法。因为按照目前的国际惯例,专业资格注册制度的建立基本包括四项主要内容,即建立专业教育的认证制度、在专业注册师指导下的专业工作训练制度、国家职业资格考试制度以及登记注册制度。[②] 因此,专业认证("专业教育的认证制度"的简称)通常是实行专业资格注册制度的必要基础,为进入各专业领域工作的预备教育提供的质量保证。专业认证的关键在于专业的教学是否适合学生毕业后进入该领域从事专业工作的要求和期望,是否符合该专业资格证书或执照的申请条件。

具体而言,专业协会往往对高等学校的运行产生直接影响,包括课程的组织方式、师资的聘任、授予学位的层次与种类、教学的方法、教学辅助的方式、资金的分配等。许多情况下,学校内部决策的重点领域往往是外部压力影响的结果,地方资金的分配通常也受到认证报告的强烈影响。

2. 专业认证的功能作用以及我国专业认证的实践探索

专业认证的主要功能和作用有二:一是用可接受的最低标准对专业的教育质量进行评估,使公众、学校和学生的利益得到基本保障;二是力图通过制定评估教学效果的准则,通过持续的自评、专家评审、咨询和服务等,以鼓励和促进相关专业改进工作,提高质量。具体地说:

首先,对于广大公众、各机构、组织和高等教育界来说,专业认证可以确认一个专业性教学计划具有明确和适当的目标,拥有可以达到该目标的资源,而且正在不断努力去实现该目标,符合有关专业组织制定的全国性标准,提供了合乎当代要求的专业训练,参与了校际合作,包括新生录取和学分转移,并且通过了公正的外部审查。

第二,对于即将报考的学生、现正在读的高校学生、毕业生、雇主和专门职业的发证单位来说,专业认证表明它对于一个专业性教学计划承认其经过了评估认证,符合或超过了有关专业团体制定的全国性标准,认为该教学计划的毕业生可以为他们的职业道德负责,毕业生所具有的知识能满足他们初入该专门职业界工作的要求,以及获得从业证书和领取许可证的先决条件。

第三,对于教学计划自身来说,专业认证可以激励其进行自我评估,进一步发

---

① Bogue E G, Hall K B. Quality and accountability in higher education: improving policy, enhancing performance. Westport, Connecticut: Praeger Publishers, 2003:99.

② 毕家驹. 关于土木工程专业评估的评述和建议. 中国高等教育评估,1999(1):12.

展,并按自己制定的方向改进工作,经常提供咨询意见,提供了一个向公众负责的体系,提高了教学计划的声望,增加了获得各种公、私经费的机会,提供了价格公道的评审机制,因为大部分工作都是由自愿奉献时间、学识和训练有素的志愿者完成的。①

专业认证最早起源于北美地区,之后英国及英属殖民地国家和地区的高校也开始陆续引入专业认证制度。可以说,专业认证,已经在专业性高等教育领域得到了广泛采用。在我国,自1985年开始全国性的专业/教学计划办学水平评估试点工作陆续开展,诸如机械制造工艺与设备、供热通风与空调工程、计算机及应用三个高等工程本科专业的评估试点,应用化学专业的评估试点等。这种评估是90年代中期前后我国开展高等教育评估的最主要、最基本的形式。② 值得一提的是,在上述评估试点工作进行的同时,个别行业性的专业评估工作也开始展开。这就是由建设部领导的土木建筑专业评估。"土木工程专业评估,是我国工程学士学位专业中按照国际通行的专门职业性专业鉴定制度进行合格评估的首例"③,也是到目前为止唯一的一例。

1993年,第一届全国高等学校建筑工程专业教育委员会(NBCEA)经建设部批准成立。委员会主要由工程教育界和工程界的资深学者和工程师组成,具有专业权威性。其中,教授占44%,高级工程师占44%,建设部和教育部有关负责人占12%。委员会本着"一定要建立与国际接轨的工程专业评估制度"的指导思想,与国外同行保持密切的交流与合作,积极研究国际评估经验,并结合中国国情予以消化吸收,力求专业评估标准与国际公认水准相当,评估程序与方法也力求符合国际惯例,并在制定土木工程专业评估制度的同时就考虑了它与有关工程师注册制度的衔接问题。委员会利用5年左右的时间分两批对提出申请的21所高等学校的土木工程专业点进行了审核性评估,最终18个专业点获得通过。土木工程专业评估制度的建立与实施,为注册结构工程师执业资格制度的推行创造了基本条件。

1998年5月,我国建设部人事教育劳动司与英国土木工程师学会共同签署了土木工程学士学位专业评估互认协议书。与此同时,中国注册结构工程师管理委员会(NABSER)与英国结构工程师学会也共同签署了名称和内容相仿的协议书。在这两份协议书中,双方认为全国高等学校建筑工程专业教育委员会和英国土木工程师和结构工程师等组成的联合评估委员会(Joint Board of Moderators,简称"JBM")所使用的评估标准和评估程序是大体一致的;双方相互承认由中国全国高等学校建筑工程专业教育委员会评估通过的土木工程专业学士学位和英国JBM

① Lenn M P. The Role and value of accreditation for professional programs, qualification assessment and regis-tration for professional engineers and quality assurance in higher education. Seminar Report, 1994.

② 李化树. 中国高等教育评估制度及其发展趋势. 中国高等教育评估, 1995(2): 39, 40.

③ 毕家驹. 关于土木工程专业评估的评述和建议. 中国高等教育评估, 1999(1): 11.

鉴定通过的土木和结构工程师专业学士学位;并认为以上学位符合中国结构工程师注册资格和英国土木工程师学会和结构工程师学会正式会员资格的学术要求。根据中国注册结构工程师管理委员会和结构工程师学会所签署的结构工程师执业能力考试互认协议,持有以上学位的毕业生在提出申请成为中国注册结构工程师或申请成为英国结构工程师学会正式会员时,享有对等的地位。该协议书涵盖的专业点包括已被双方各自评估通过的专业点以及在今后的评估或再次评估中获得通过的专业点。

这两份协议的签订,标志着我国土木工程专业评估初步实现了与国际接轨,并为我国工程学位获得国际教育界和工程界的认可打开了通道,为我国工程人才以正式专业资格走向世界迈出了重要的一步。这在我国就业市场准入和高校专业认证方面具有里程碑的意义。

3. 我国高等教育发展迫切需要建立专业认证制度

上世纪末期以来,我国高等教育发展的内外环境都发生了一系列迅速而深刻的变化。而这些变化都在相当程度上为专业认证制度的建立提出了迫切的要求。

首先,高等教育大众化进程的启动,彻底结束了高等教育单一的学术、精英发展模式,实践应用型专业人才的培养被提上议事日程。

在我国,从古到今的传统文化一向重学(学问、科学)轻术(职业、技术),崇尚学术性而对"专业"概念是生疏的甚至是拒绝的。受其影响,为数不少的人片面地强调高等学校是学术性机构,高等教育的主要功能就是开展学术研究,培养学术研究人员,为学术研究服务,过分狭隘地集中于学术准备,排除了个人、社会和职业的目标,课程过于偏重理论,只是指向考试和高一级的学术训练,与真实生活和社会需求相去甚远。

1999年起高等教育大扩招,致使高校毕业生就业由过去的卖方市场转向买方市场:大学毕业生遇到了50年来最为严峻的就业形势。究其原因,高等学校学科专业设置与社会需求不相适应,学校人才培养结构与社会需求结构错位,学校没有培养出符合社会需要的多技能、高素质的人才:一方面很多新兴行业找不到相应的专业人才,另一方面很多专业的毕业生又找不到工作;一方面很多用人单位找不到想要的人,另一方面很多人找不到需要他们的单位。

当今时代,科学技术迅猛发展,科技成果转化为现实生产力的周期不断缩短,创新知识正在成为经济增长和社会进步的关键因素。很显然,今日社会大量需求实践性专业人员(practicing professional),它们主要需要系统教学和实践训练,同时应用科技成果解决实际问题。单纯强调学术发展和理论造诣的柏林大学时期的教育理念在一定意义上变成了一种理想。在迎面而来的知识经济时代,劳动者应该是知识工人,并且知识社会里的劳动力的核心是由高度专业化的人才组成的,专业化程度越高,知识的应用效率就越高,知识创造的财富就越丰厚。在我国,满足社会发展的需要尤其是对高级专门人才的迫切需要成为我国当今高等教育重中之重的首要任务。

第二,计划经济向市场经济的转变,专业人才配置由计划转向市场,职业资格证书制度的实施呼唤专业认证制度的建立。

随着我国市场经济主体地位的逐步确立,劳动力资源尤其是专业人才的配置体制也逐步由计划主导转向市场为主,人才的单位所属逐步让位于社会所属,个人越来越成为市场行为的主体。由此产生的一个根本性的问题是如何确认市场行为主体的行为能力,规范市场主体的行为,维护市场正常秩序,从而保障国家财产、公共利益和人民生命安全。国家职业资格证书制度的推出和实施正是这种客观需求的必然结果。经过近十年的发展,我国职业资格证书制度陆续铺开,实施执业资格制度的专业技术领域已经超过 50 个。

按照国际惯例,专业认证制度通常是国家职业资格证书制度的基本内容、必要基础和重要支撑,是从业证书申请发放和登记注册过程中一种不可缺少的前提条件。[①] 在几乎所有已经建立起高等教育专业认证制度的国家和地区,专业认证制度和职业资格证书制度是完全挂钩的。未经认证的高校教学计划毕业的学生,在职业资格证书的获取、注册师资格的获得上都将遇到很多限制,有的国家甚至予以完全禁止。因为专业认证的关键是评估“专业的教学是否适合学生毕业后进入该领域从事专业工作的要求和期望,是否符合该专业资格证书或执照的申请条件”[②],是为进入各专业领域工作的预备教育提供质量保证,其目的是为培养高质量的人才,为经济建设服务。从机制方面讲,专业认证是为了职业注册,而职业注册是专业认证的原动力。认证与注册是相辅相成的,如果没有职业注册或认证与注册关系不紧密,则专业认证也就失去了原动力。

目前,我国职业资格证书制度与高等教育之间的联系还不是很直接,但这种格局的改变已经势在必行。一个很明显的例子就是在实施专业学位教育的专业领域,几乎都提出了在专业学位与职业资格衔接方面的迫切要求。如全国法律专业学位教育指导委员会、建筑学专业学位教育指导委员会、兽医专业学位教育指导委员会、医学专业学位教育指导委员会等都在 2001 年底国务院学位办组织召开的首次全国专业学位教育工作会议的大会发言中明确表达了这种愿望,[③]并提出了通过国家资格证书考试等环节实现衔接的建议和设想。而职业资格证书制度与高等教育的衔接必然意味着专业认证制度的建立和发展。

① Larson C W. Trends in the regulation of professions//Young K E, Chambers C M, Kells H R. (eds.) Understanding accreditation: contemporary perspectives on issues and practices in evaluating educational quality. San Francisco: Jossey-Bass Publishers,1983:322.

② 毕家驹.美国的高等教育评估//夏天阳主编.各国高等教育评估.上海:上海科学技术文献出版社,1997:76,77.

③ 参见:首次全国专业学位教育工作会议专稿.学位与研究生教育,2002(1):3,9,10,11,16,17,27,28,29,30.

第三,经济全球化引发大规模的人才国际流动和国际配置,专业人才资格互认的难题更加凸显出我国相关制度的缺失。

如果说高等教育大众化的进程和市场经济的发展还不能充分说明专业认证制度的重要性的话,经济全球化引发的人才国际配置、专业人才资格互认的问题显然就与专业认证直接相关了。

伴随经济全球化的进程,人才日益成为全球性资源,人才国际化尤其是人才资源配置的国际化,即通过国际市场进行人才配置的机制开始逐步形成。按照国际惯例,专业认证制度已经成为专门职业市场准入制度的重要基础和前提。专业认证制度和专业人才的市场准入制度完全挂钩,未经认证的高校教学计划毕业的学生,在职业市场准入、注册师资格的获得上都将遇到很多限制,有的国家甚至予以完全禁止。而近年来随着专业人员国际流动趋势的日趋加剧,专业资格的相互承认都是要建立在专业认证制度互相承认的基础之上的,得到他国承认的专业认证已经逐步发展成为国际专业人才市场准入的一道门槛。也就是说,专业人员出国服务应持有经过专业认证的本国学位和经过注册的本国专业资格,还要得到对方国家对本国高等教育专业认证和专业人员注册制度的认可。这样才能保证得到便捷、平等、无歧视的对待。

2001 年年底,我国加入世界贸易组织,国门更加宽敞地打开了,在专业人员国际流动和跨国配置的过程中,相关制度缺失的一系列问题逐步显现,构成了对我国高等教育制度以及高等教育质量保证制度的严峻考验。目前,我国唯一已经"走上了一条认证、培养、任职资格相互衔接的良性循环轨道,并且与国际相关领域配合很好"①的专业是建筑学。除此之外,其他领域的专业认证制度尚未建立,无论是在组织机构、制度架构等方面都还缺乏与国际惯例对接的平台。这样,就使我国相关专业的教育和专业界在世界上处于一种孤立和隔绝的境地。我国无法向世人证明自己开展专业高等教育、培养专业人才的质量,我国相关专业的学生和专业人员出国,只能任由对方按个案处理,难免受到刁难、苛求和歧视。

总之,我国高等教育已经发展到一个新的历史阶段。如何确保高等学校所培养的人才具备未来经济社会发展所需要的资质和能力,成为摆在高等教育面前的巨大挑战。专业认证制度,也由此被推到了波峰浪尖上,成为高等教育发展对高等教育评估提出的新的需求之一。

---

① 周其凤. 总结经验 继续努力 把我国专业学位教育工作推向一个新的发展阶段. 学位与研究生教育,2002(1):2.

附录一：

认证的政策基础和组织、方法因素

——来自 IIEP 研究计划的启示

古德芒德·海恩斯　迈克尔·马丁

　　近 30 年来,由于社会对高等教育需求的大量增加,以及政府对人力资源投资的日益关注,大多数高等教育体系都面临着全面的扩张趋势。据联合国教科文组织统计,高等教育学生人数已由 1980 年的 5 100 万人升至 1995 年的近 8 200 万人。随着高等教育系统的扩张,高等教育机构的数量也日益庞大,高等教育体系呈现出多样化发展的趋势。由于财政预算有限,许多国家将发展私立高等教育机构作为其满足社会需求的途径。除此之外,一些国际公共或私立教育提供者还在国外开办分校,或与当地大学签订合作协议。世界范围内的虚拟高等教育或高校合作的发展,一定程度上满足了社会对高等教育的需求,提高了高等教育的有效性。

　　无论是在发达国家还是发展中国家,高等教育的扩张以及多样化和个性化发展,引起全球范围内对高等教育过程和产出质量的日益关注。目前,许多国家正在设计新的国家层面的外部质量管理体系。解决此类问题的一个普遍的方法就是建立所谓的认证体系。

　　阿德尔曼(Adelman)认为,认证是指“作为检查和评价的结果,机构或项目被认可达到最低标准的质量控制和质量保障过程”。

　　尽管对认证目的的认识观点都比较一致,但在认证方法选择方面,通过比较分析发现,其差异性还是显而易见的。

　　国际教育规划局(IIEP)发起了一个研究项目,通过一定数量的案例研究对认证体系的方法选择进行比较和分析。研究案例来自不同发展水平、不同大陆和不同类型的高等教育体系。如,哥伦比亚在拉丁美洲拥有极其多样化的高等教育体系;匈牙利在中欧国家中,正处于经济转型期;印度在低收入的南亚国家拥有庞大的高等教育体系;菲律宾属于东南亚中等收入国家;美国作为西方工业化国家,第一个发展起认证体系,其特色化的认证模式为许多国家提供了参考。

一、高等教育认证体系产生的内外部因素

　　尽管以上案例中,各个国家创建认证体系的时间都不尽相同,但其建立认证体

系的动因都非常相似。

最早的认证体系出现在 19 世纪末的美国。在 1885 年到 1895 年间,为了对机构进行认证,相继成立了四个地区性认证协会,20 世纪初,另外两个认证协会也相继成立。认证体系建立时期,正是学生入学规模急剧扩大的时期。1890 年,只有1.7% 的 18 岁到 24 岁的青少年进入高等教育机构学习,而到 1990 年,高等教育的入学率已经接近 34.6%。其中许多高等教育机构都是私立的,并处于缺乏合作的状态,因此要求加强高等教育机构间合作,以确保入学标准的可比性(尤其是高等教育入学标准的可比性)的呼声越来越高。在这一时期,一些中学和学院因为可以证明其标准符合要求而被接受为认证会员。项目认证的最初发展也出现在 20世纪早期,当时的认证更关注结果,如大学和学院如何为其毕业生做好准备。

在菲律宾,认证制度是在 1950 年到 1970 年间发展起来的。其认证制度产生于高度多样化和复杂化的高等教育体系,在这个体系中,天主教私立高等教育与新教私立高等教育、非宗教私立高等教育、公立高等教育并存。这一情况是菲律宾殖民历史的产物,其高等教育结构是在西班牙和美国的统治下相继建立起来的。菲律宾的认证活动始于 1951 年,当时一批私立高等教育机构的教育者决定为天主教机构建立一个通用的标准体系。这些发生在菲律宾从美国的殖民统治下独立出来不久,在很大程度上遗留了美国殖民统治时的风格,尤其是在教育体系方面。因此,其高等教育的实践和过程很容易移植国外的经验。菲律宾针对四种类型的高等教育机构,相继成立了四个认证机构,每个认证机构都有自己的认证标准和组织结构,并对其职权范围内的认证负责。1976 年,菲律宾联邦认证机构(Federation of Accrediting Agencies)成立,成为协调各认证机构的最高认证组织。

在最近的十年中,印度、哥伦比亚和匈牙利都相继建立了认证体系。

印度认证发展的动因源于高等教育体系的扩张,以及高等教育公共资源减少背景下高等教育机构发展的日益多元化。从 1950 年到 2000 年,印度大学的数量从 30 所增加到 259 所,学院数量由 500 所增加到 10 750 所。在 20 世纪 80 年代基础教育还未普及化的背景下(至今仍然未普及),印度实施了强制性政策,要求资金从高等教育转向私立教育。从 1980—1985 年到 1992—1997 年,公共资源分配给高等教育的比例,从占总共的教育支出中的 22% 降到 8%。在这一背景下,有关成立私立高等教育机构的法律法规相对放宽,由此出现了多样化的私立高等教育机构,其中学院类机构多样化的特点更加明显。这也使人们日益关注高等教育的发展,以确保最低的质量标准,这对已处于优势发展的高等教育机构,既存在竞争威胁,同时也有利于其提高质量。建立认证体系的准备工作是在国家教育政策(1986 和 1992)及随后的委员会工作框架内进行的,其发展随着 1994 年印度国家评价和认证委员会的成立达到顶峰。

在哥伦比亚,认证体系是随着 1992 年高等教育法的颁布而建立的。哥伦比亚高等教育形成了各不相同的公立和私立高等教育机构,他们在规模、职责、资源和质量方面存在明显差异。在大学之外,还存在一些非大学性质的高等教育机构,最近,哥伦比亚高等教育体系发展迅速,无论在学生数量还是在机构数量上,私立高等教育的发展势头都超过公立高等教育。1965 年,只有 2% 的 18 到 24 岁年轻人进入私立高等教育机构学习,到 2002 年,这个数字增加到了 16%。1990 年,有 1 809 个高等教育项目注册,1997 年这一数量增加到 2 948 个。截至 1950 年前后,公立大学所招收的学生占所有大学生的 60%,到 2001 年,私立大学的招生人数占全部高等教育入学人数的比例超过了 2/3。与印度相似,哥伦比亚因为 1990 年到 1999 年间对高等教育公共财政投入的减少,私立高等教育的重要性日益增加。1990 年,23.6% 的教育财政预算拨给了高等教育,而 1999 年这一数字仅为 16.5%。所有这些因素引起人们对高等教育质量的日益关注,包括关注最低标准以及对高质量教育的进一步提升。哥伦比亚在世界银行高等教育项目的支持下,建立起了认证体系,世界银行为其创建提供了资金支持。

在匈牙利,高等教育认证的产生源于对 1991 年政治改革的回应。在以前的政治制度下,高等教育机构是在一个严密的科层制体系下运行,但对于学术界来说,这一基于管理法令和科层控制的监控模式已经发生变化。管理者将机构自治和扩大高等教育的入学率作为一项民主权利。新政府下放了建立私立高等教育的权利,许多新的私立机构随之成立。同时,高等教育开始重点关注课程的适切性,尤其是课程在内容与水平方面与西方学习项目的可比性。在匈牙利,学生不可以从一所高等教育机构转到另一所机构。在研究生教育领域,以前的科学学院(Academy of Sciences)将权利下放到大学,让大学自己创建研究生项目。所有这些变化形成了"内容管理"(content control)的需求,它完全不同于传统的在政府部门运作的科层控制。由此也产生了早在 1992 年形成的认证委员会的概念,认证委员会同样得到了世界银行项目的资助。

以上所讨论的各项因素表明,尽管认证体系产生的时间在各国不尽相同,但其产生条件基本相似。认证往往出现在私立机构起着重要作用的庞大且多样化的高等教育体系中。当今政府趋于弱化其对高等教育的控制,或者由于政治变革以及高等教育体系的扩张或多样化发展,政府的管理功能已被弱化。以匈牙利为例,其高等教育发展的快慢随着市场的变化而变化,这时认证就成为一种质量控制机制。与政府的直接干预相比,认证的方式更能让大众接受。而来自诸如世界银行等国际组织的政策和财政支持,很明显成为认证制度产生和存在的另一个重要因素。

二、认证关注的焦点

正如之前所指出的,认证这一概念会使人产生错觉,认为其目的是相同的。通过对认证体系的比较分析,事实并非如此。认证的目的存在很大的差异,可以是"目的适切性",也可以是"基于标准的方法"。前者是基于质量等同于高等教育机构的目的和目标的假设,后者是基于质量就是预先制定的标准的假设。

第二个关注点涉及认证是关注确保最低质量标准,还是关注绩效或质量提升。对于新建立或正在改革中的认证体系来说,其最根本的具体功能是为高等教育质量保障完成其在现有的机构设置体系中的功能。

第三个关注点是认证制度。认证可以是专业认证、项目认证,也可以是机构认证。专业认证关注的是具体的学科内容,而与该学科是在哪个项目中实施无关。项目认证关注的是学习项目,而机构认证则是对高等教育机构整体质量的判断。

第四个关注点涉及认证过程的性质,即认证是强制性的还是自愿的。在强制实施的认证中,所有的机构或项目都必须按照国家相关规定来接受认证,而在自愿性质的认证中,被认证机构可以提出具体的要求。

美国的认证体系由六个地区性认证团体组成,主要负责机构认证以及对大量涉及专业学习项目认证的专业团体进行认证。政府主要负责给高等教育机构及其项目进行授权,而不对现有机构的质量水平和质量提升负责。正是由于这个原因,地区性认证机构也对大学教育能力的变化进行监管。直到最近,它们还是倾向于使用"目的适切性"的方法,即对高等教育机构质量的评估是基于机构的使命和既定目标。而当前,它们则开始倾向于更多地采用"基于标准"的方法。

菲律宾的认证体系同样既关注机构认证又关注项目认证。与美国相似,菲律宾的认证也是自愿的。通过认证,机构获得认可,证明其达到或超过了政府制定的最低质量标准。机构认证是将机构作为一个完整的运行实体,对整个机构建设的特色进行评估。而项目认证则关注某一具体的学术课程。不管是机构认证还是项目认证,它们都是作为同样的认证过程的一部分进行的(这取决于要认证的等级),尽管它们的项目可能只被部分认证。

印度的认证体系同样关注质量提升。它关注机构认证是因为高等教育机构之间存在质量差异。自从对为扩大高校自主权进行认证展开讨论,对高等教育机构的认证就被作为一个恰当的绩效考核制度而存在。印度的全国评估与认证委员会(The National Assessment and Accreditation Council,简称"NAAC")在首先关注机构认证的同时,也同时决定开发项目认证。

哥伦比亚的认证体系走过了不同的历程,但它对其他国家的质量管理是一个补充。在哥伦比亚高等教育发展研究所(ICFES)下运行的国家认证委员会(National Council of Accreditation,简称"CAN"),负责所谓的自愿性高质量评估,它主要是关注项目的质量提升,这些项目一般都超过了政府部门规定的最低标准。同时,CAN也通过实施认证来保证教育项目的最低标准。像哥伦比亚高等教育促进局(Colombian Institute for Fostering Higher Education)这样的国家机构,主要对其他项目是否达到此类最低标准进行认证,对高等教育机构实施管理监督。在对高等教育机构实施评估之初,政府起着重要的作用。高水平的项目认证只是复杂认证体系的一部分,它主要关注高水平质量的认证和提升。尽管在多样化的质量体系中,项目认证为质量评估提供了一个非常有意义的切入点,但CAN认为它只能提供部分服务。出于这个原因,为了使这一方法更加综合化,CAN 决定为机构认证开发一套方法体系,使其可以通用于项目认证,菲律宾就是如此。

在匈牙利,匈牙利认证委员会(Hungarian Accreditation Committee,简称"HAC")为联合项目和机构的认证也实施了一系列活动。由于匈牙利的机构和项目受政府控制,这使认证体系的实施成为可能,HAC 通过认证力图确保最低质量标准。HAC 的认证工作始于对高校博士项目的认证,这对匈牙利大学来说是一项新的能力。认证基于大学永久编制人员的有效性,以及现有的与博士项目相同领域的本科生项目而展开。本科生项目的认证标准涉及人员以及硬件必备设施。HAC 的认证主要集中在对项目和机构的认证上。因为机构认证至少是建立在对一系列"卓越"或"强势"学科领域认证的基础上的。

以上探讨涉及不同认证体系的关注点,说明大部分认证体系都是采取自愿的原则(除了哥伦比亚教师培训项目认证)。认证之所以在这些国家发展起来,是因为与其他国家的质量保障实践相比,本国还存在一定差距。除了哥伦比亚之外的许多国家更加倾向于关注质量提升而不仅仅是绩效。只有废止了现有的确保最低质量标准的政府体系,或者政府对教师培训等项目负有特殊责任,认证才会越来越关注确保最低质量标准。

国家认证通常在开始时关注机构或其项目,但最终一致认为两者是相互补充和促进的。一些国家的认证体系,如哥伦比亚和印度,可能起初只会对机构或只对项目进行认证,然后经过一段时间再发展其他认证。另一些国家如匈牙利和菲律宾会同时使用两种认证。只有美国的认证体系既拥有第一种也拥有第二种形式,它通过不同的机构来完成。不过他们正尝试将两种认证整合,以使之可以相互促进。

最后,鉴于"目的适切性"或"基于标准"的方法有融合的趋势,你会发现,"目的适切性"曾一度受到青睐,直到最近,人们开始关注"基于标准"的方法。认证体系一旦离开机构目标分析,它们就会更加关注标准和标准的范围,其结果是,认证日益趋向于"基于标准"。

三、外部质量保障的机构:谁发起? 谁负责? 隶属于谁?

以上例子说明,所有认证体系都是由一个或多个外部认证机构来实施的,建立认证体系的动因源于政府或现有的作为"缓冲器"的机构(如印度和哥伦比亚),或者源于高等教育共同体及其代表(如美国、菲律宾和匈牙利)。

认证体系的权力归属是一个备受争论的问题,它通常涉及与认证基本目标相联系的因素。如果政府拥有认证的权力,认证可能会具有控制导向,并倾向于对绩效的评价。如果由高等教育部门来实施认证,它通常是通过高等教育的联合体来操作,这时认证更可能的是以改进为目的的。这种两分法简化了现有的实践,案例研究显示,外部认证机构的隶属关系不只是与整个认证体系的目的一致,它更加符合现有的管理结构。认证机构或全部是私立实体(美国和菲律宾)或是半自治机构(哥伦比亚、印度和匈牙利)。

认证机构在认证过程中也或多或少地起到实质作用。在所有的研究案例中,这些认证机构都负责设计和组织认证过程、开发认证方法。因此,他们至少拥有广泛的管理职责。在印度等国家的认证体系中,其认证机构通过参加现场考察、培训评估专家而发挥作用。但所有案例中,似乎认证机构与外部评估小组所发挥的作用明显不同,而外部评估小组对认证体系的信誉来说是一个非常重要的因素。

在组织结构方面,大部分的认证机构将管理机构(或理事会)和秘书处加以区分。在美国,地区性认证机构是由理事会的理事来负责的,他们同时也是认证的决策者。在菲律宾,每个认证机构包括联邦认证署(Federation of Accrediting Association of the Philippines,简称"FAAP"),都有自己的理事会和秘书处,它们由机构负责人统一领导。所有认证机构的理事会定期举行会议,每年理事会和机构会员都要集中一次。在哥伦比亚,认证的决策者——认证委员会由 7 个极具声望的专家组成,对 CAN 负有监督作用的国家高等教育委员会负责遴选专家组成员。CAN 委员会的成员不仅对认证过程负有监督责任,他们也要参加现场考察和培训外部专家。CAN 也有执行秘书处负责其日常工作。

在印度,NAAC 尽管受到严格的监管,但也是一个半自治体。大学授予委员会是对高等教育机构制定政策、规划、监管和资源分配的机构。NAAC 的工作是由其委员会大会和执行委员会来负责,执行委员会由大学、学院和专业委员会的高级学术和教育管理者,以及大学授予委员会、人力资源开发部、印度大学协会的机构代表组成的。委员会大会由大学教育资助委员会(University Grants Committee,简称"UGC")35 个成员的负责人来管理,他们负责制定政策。执行委员会是 NAAC 真正的政策制定者,它由委员会大会的成员组成。

在匈牙利,HAC 负责为博士项目提供认证,并且向最后做决定的教育部推荐认证项目和机构。另一个机构——高等教育研究委员会以社会需求为基础,负责推荐符合需求的新项目和机构。两者因功能相似而产生了一些问题。与哥伦比亚相似,HAC 由一个委员会组成,它将那些主要来自匈牙利高等教育不同部门的学者汇聚到了一起。匈牙利校长会议委派 12 名成员进入委员会,10 个成员来自匈牙利科学学院,少部分来自其他部门。因为 HAC 的首要任务是对博士项目进行认证,所以大学的人员成为其主体。

根据案例分析,我们可以认为认证机构通常是完全私立(但是非盈利性)或半自治组织。但是,鉴于管理机构的构成,有相当一部分认证受政府部门非正式的控制。在其他系统,很明显学术团体是管理的主体。对认证机构控制权的分配似乎是整个高等教育体系权力分配的一个功能,尤其是在学者的相关权力与政府控制方面。

四、方法：如何认证

在以上5个案例中所使用的认证方法惊人的相似。认证之初几乎都会有一个资格测试阶段，其作用是挑选符合认证的机构或项目，其挑选依据是一套最低质量标准。合格鉴定之后是自查和同行评价阶段，根据自查和同行评价结果得出认证结论，最后通常是准备认证报告，有时也会发布质量报告。

1. 设置标准

认证体系通过一系列认证要求体现符合或不符合质量标准的意见。因此，认证可以基于预先确定的标准，这些标准体现了质量的核心。由于标准涉及各种不同的教育和研究领域，各领域所关注的重点又有所不同，因此，机构认证和项目认证的标准也有所不同。

认证标准通常通过指导方针和手册等工具来体现。指导方针是官方文件，以详尽的方式明确总原则、标准及其分类，是对官方质量标准的陈述。当要对给定标准的质量进行评价时，指导方针也可以作为参考。在一些情况下，还会分发评估和评价手册，手册提供了机构自评和外部评价实施时所需的相关信息。

手册可以灵活地为自评和同行评价提供不同的等级，既可以使用严格的预定格式，如核对表，也可以制定开放性问题。

质量标准涉及多方面，主要是与教育相关（例如教学、课程等）的问题，这些方面相应地都会在自评报告中涉及。根据所使用的质量模型，高等教育机构在认证中所要提交的信息与教育投入、产出或教育过程相关。教育投入信息指资源方面的信息，如教师、建筑、资金等。这种类型的信息可以被直接测量。产出信息是指就业统计、毕业生满意率，或与教育过程产出有关的信息。过程评价所涉及的方面更加复杂，通常是以价值判断为基础，如对某一学科研究领域规划目标的评价等。根据认证模式，被评机构要提交质性和量化信息。

在我们研究的案例中，与"质量标准"相关的术语并不连带使用，但其主要过程（为每种规范开发质量指标和标准、在正式文件中详细定义操作程序）都是或多或少相似的。认证机构负责开发标准体系以及指导方针和手册等正式文件。通常标准是与其他利益相关者一起制定的。

2. 申报条件

大部分认证体系要求申请认证的机构（在自愿基础上）能够证明自己已经达到了某些最低质量标准，或符合申报条件。因此，只有符合申报条件的机构才能申请认证，也就是说，证明自己达到申报条件是任何认证过程的逻辑出发点。

美国对高等教育机构的组织结构有基本要求。根据申报条件，认证机构只能对已经达到基本要求或者在教育项目中取得极大质量提升的机构进行认证。认证合格意味着可以从政府获得学位授予权，并可以根据其管理结构、最少的可利用资源以及在最短时间内的运行等情况，提出一些特殊要求。菲律宾的认证方式类似于此。

在印度,经大学准予委员会或公认的大学认可的机构,可以授予其合格。这些机构或至少存在五年,或至少送走两批已完成教育项目的学生。

在哥伦比亚,国家认证委员会在做出是否认证的决定前要评定12个方面的情况。这12方面的要求针对被评机构提交的材料提出,同时也作为对机构的一个整体了解。委员会的成员在认证开始前会对被评机构进行一次初访。

在匈牙利,高等教育机构要申请认证,必须至少有一个教学项目(faculty programme)或博士项目已通过认证。对教学项目的认证而言,它也必须至少有某个项目已经被认证过。符合认证的标准要与高等教育的最低质量标准一致。

3. 自我评价

自评及自评报告是外部评价的基础。一般认为,能够真正认识自己的机构在完成教育目标方面,比没有自我反思和评价的机构更易获得成功。自评的指导方针通常有清晰的结构,并且作为促成自我评价过程的工具来使用。不过,认证体系不同,其自评过程中所使用标准的性质和详细程度也会有差别。

在美国,自查也起到非常重要的作用,但是其标准和侧重点在这些年里发生了变化。由于高等教育机构的多样性,很难保持一套不变的标准体系。认证机构提供指导方针的目的是帮助高等教育机构进行自我分析和评价。为适合各种高等教育机构的结构特征,认证机构为其进行自评提供了多种选择。有时美国的认证机构为被评机构组织工作坊,在这里被评机构进行自我分析、提出问题、交流经验。这个例子说明,评估机构发挥了为被评机构提供咨询的作用,保证了经验的交流和学习(高等教育质量保障和评估中心,1998)。多样的、灵活的评估模式为专门性评估提供了可能,也提高了高等教育机构的自治。根据被评机构所承担的任务,不同的类型的标准对应不同类型的机构,但当前的认证一般仍是检查被评机构的优缺点。项目评估(如医学、法律)中的质量焦点是非常重要的,因此其标准的灵活性不大。

在菲律宾,机构自评允许高等教育机构提交材料,说明其任务、目的、目标、部门和人力资源、财务能力及其他结构性因素等方面的优缺点。评估顾问在被评机构准备自评报告时可以提供咨询服务。自我评价包括八个方面,但每个机构都有自己的评价标准。当作出评估报告后,机构必须解决自我观测报告中提出的问题,然后报告将被提交给认证协会的委托学会。

对印度的案例研究明确机构和部门需要注意的细节。这主要包括七个主要方面:课程,教/学及其评价,研究,咨询和发展,基础设施和学习资源,学生的支持和进步,组织、管理和良好的实践。评估的第一阶段是收集指标数据。第二阶段,被评机构要分析自己的功能和表现。因此要考虑根据不同的机构和背景因素,提供不同的指导方针。

匈牙利的自评由机构、领导和部门的自我评估组成。不同的领域被划分出不同的分类。教师和学生通过调查问卷,对整个教育过程作出评价。评价既要有质性分析,也要有量化数据,评价也要关注教育的投入和产出。

在哥伦比亚,高等教育机构必须遵循国家评估委员会的标准。但是高等教育机构可以在指导方针的基础上开发自己的自我评价模式。项目评价关注项目目标的清晰性,和项目内容与方法的一致性。高等教育机构通过权重分配来强调优先发展的领域以及自己的优势和缺点。指导方针可能提供了信息的多种来源(如访谈、统计、材料),但机构可以自行选择使用哪种方式。通过自评,机构做出自评报告,并将其提交给认证机构。自评报告是评估认证下一阶段现场评估的基础。

4. 现场评估

现场评估一般由一个外部评估组组成,它一般是由学术同行组成,也可能会包括来自公共管理部门的专家和成员。外部考察是国际普遍认可的外部质量保障方法,也是认证的重要组成部分,它可以为认证结论提供客观依据。在进行考察时,必须将相当水平的多种类型的专家集中在一起,因此,遴选专家是一个重要程序。

(1)评估组的组成

在匈牙利,外部考察组成员由全体会议选出,其成员可以是 HAC 的成员或其他方面的学者。按照规定,评估组专家必须拥有博士学位。

在印度,专家组成员通过非正式的提名方式选出。在此之前,这些专家是从其他国家机构的数据库中挑选出来的,但现在 NACC 创建了一个自己的数据库,可以通过数据库来挑选专家。专家组的组成和规模依认证单位的性质而定。有建议将其他利益相关者包括在专家组中,但目前专家还是由学者组成。NAAC 主要是将机构作为一个整体进行评价,因此,评估小组的专家构成也应该具有全面性。

在美国,区域性认证机构和项目认证机构有所不同。在项目认证中,其成员都是从事与项目有关的某一行业,而在机构认证中,其评估组成员必须有广泛的管理经验。评价专家只能通过任命和面试来挑选。

在哥伦比亚,同行专家的挑选必须是与接受认证的相关学科有关,并熟知学科发展。他们不是代表高等教育机构,而是代表某个领域的专家。目前哥伦比亚正在开发外部同行专家库。

诚实和正直对专家而言非常重要,专家的构成会影响到评估的效果。在许多案例中,高等教育机构可以将自己的观点向专家表达,或者至少可以根据现有或潜在的利益冲突,反对将存在利害关系的专家纳入评估组。

在美国和印度,认证时会给被评机构提供一个大范围的专家组名单,机构可以根据情况对其中的某个专家提出异议。在印度,评估组的成员必须要签订一个"非利害关系"的协议,以表明他们的公正和客观性。在其他案例中,这一程序是不透明的,尽管客观中立是所有遴选的核心。

评估组中同行专家的选择要与评价的关注点一致。哥伦比亚的认证关注项目相关的优缺点,因此,所挑选的外部专家要具有对被评机构准备的自我分析进行评价的能力。对项目认证而言,因为项目认证通常运用基于成果的方法来关注专业能力,因此专家组主要由专业同行组成。

（2）准备和到访

评估组成立后,即开始与被评机构协商评估安排事宜,确定现场评估的时间。在匈牙利,评估组组长会在现场评估前对被评机构进行一次到访。同样做法的还有哥伦比亚。外部评估组考察的时间一般是三到五天。

一般程序是通过短期培训,向评估小组介绍评估指导方针,发放评估手册,使评估组成员有时间熟悉要评估的内容。在匈牙利,评估组成员接受指导方针和被评机构提交的评估申请表,并且有一周的时间分析信息、分配任务。在印度、哥伦比亚、菲律宾和美国,在现场评估之前,都要组织对评估组的成员进行培训。在印度,为了明确专家的优缺点,NAAC 都要在培训后对专家进行测评。如果像美国一样有区域性的认证机构,这些机构在培训和引导外部评估专家方面会制定不同的程序。在所有的案例中,给专家提供评估手册是必需的。

现场评估要获得的信息主要通过与教职员工、学生和管理者进行访谈,还有就是通过评估各种资料来获得。在印度,NAAC 根据被评机构不同成员之间的关系提供了访谈提纲。评估团体视察被评机构的部门和院系,通过与不同机构成员交流互动、分析档案资料获取信息。除此之外,评估组还要访谈已经毕业的学生及其家长。

现场评估的目的根据不同单位、部门、院系、项目而定,一般而言其主要目的是明确自我评估的真实性,深入分析在机构自评中被忽视的问题,这些问题对质量评价来说可能是至关重要的。现场评估提高了自我评价的清晰度,也使评估小组有机会根据实际考察得出不同的结论。

现场评估并不基于外在的观察,而是基于被评机构人员与评估专家之间的讨论和互动。在项目评估中,专家也有相同的责任,只是评估分析这部分有所不同。

五、评估结果:等级系统

认证隐含了一个是或否的结论。但它可能也使用一个等级系统,等级系统倾向于拉开不同质量水平的距离。人们希望通过划分等级,来激励被评机构为进一步提高在高等教育体系中的地位而努力提高质量。在印度的例子中,评估的结果是通过记分表来公布的。这也是不同标准的一个权重体系,在这个体系中,每个被评机构都有一个总分数。

在菲律宾,每个认证指标都使用从 1 到 5 五个评分等级。最后,根据所有个体指标的分数或等级,会得出一个平均分数或等级。

在匈牙利,项目认证的质量保障由四个质量指标组成:优秀、良好、合格和不合格。

除了确定等级,所有的认证程序都包括撰写质性分析报告,这个报告一般是在参考评估小组不同专家意见的基础上,由评估组的组长执笔。通常,被评机构有权力对评估报告递交书面意见。比如,印度被评机构的领导有权对评估报告提出个人意见。如果专家一致认为报告中所使用的信息不完整,则可以对报告进行修改补充。NAAC 报告的机密部分是不提供给被评机构的。在整个过程中,从写报告到最后评等级,都是非常标准化和透明的。

哥伦比亚的程序与印度和匈牙利是相同的。外部评估专家组起草外部评估报告,被评机构可以对报告提出意见。他们的工作对整个项目或机构质量的提高具有辅助作用。美国也是如此,在美国,现场评估时被评机构就会作出口头反馈意见,而评估报告完成后,被评机构也可以对其提出不同意见。在菲律宾,被评机构在三天现场评估结束后会收到一个口头反馈意见,之后,评估小组再起草正式的报告递交给委托机构。

六、评估结果

是否能通过认证的最后结论主要是基于自我评估报告、外部专家组评估报告以及被评机构对外部评价的意见而综合得出的。认证结论的得出有一个具体的时间表。

在哥伦比亚和匈牙利,认证机构的执行者将对于是否同意通过认证提出建议。然后,报告将提交给教育部作出最后的决定。通过认证的项目名单将由 CNA 公布。在哥伦比亚,如果认证结果不令人满意,被认证机构会在保密的基础上接受改进建议。根据改进意见整改后,两年之后被评机构可以再次提交申请认证的项目。

匈牙利通过 HAC 全体会议给教育部部长提出最终意见。所提意见会在会议上进行公开投票决定是否采纳,被公布在文化事务办公室公报上,并提交给部长。最终的结果由部长宣布,结果或者是"是,通过认证"或者是"否,未通过认证"。匈牙利根据这种等级划分,来明确一所大学或学院及其教职员工的质量。

在菲律宾,认证机构的评估组作出最后的决定并授予一到四级的认证等级。一级说明该机构在一到两年里有能力获得认证,二级说明被认证的情况,三级说明需要重新认证,四级对应的是取得卓越质量的教育。

在印度,NAAC 的执行委员会作出最终的认证结论。它们先给被认证机构一个分数,然后给出等级。认证结果被标上 A 和五颗星的标记,说明认证的情况。A***** 是最高的等级、A* 是最低等级。在最后评等级后,NAAC 在其网页上公布结果。没有被认可的机构将不被评等级。

在美国,认证机构委员会的理事会对认证作出最终决定。会后,官方书面通知将发给被评机构。

认证是阶段性的,认证期限各有不同。在匈牙利,每八年完成一轮质量评价,印度是五年一轮。在美国,认证的期限从五年到十年不等,一般是在三到十年中完成。因此,认证是周期性的并且必须不断更新。

七、认证的动机

认证体系通常既与激励性经费资助有关,也与其他与机构挂钩的利益有关,如可以获得更多的机构自主权。这些相关利益对认证者来说是非常重要的,因为在大多数情况下,认证是自愿性的。

在菲律宾,通过二级认证的机构将获得部分课程自主权以及政府对机构发展进行资助的优先权。通过第三级认证的机构,可以不受课程管制和拥有开设新课程的权利。而通过第四级认证的机构可以从高等教育发展基金获得为合格高等教育机构项目提供的资助。

在印度,只有被评估的大学才有资格获得 UGC 的发展基金。

在匈牙利,经费资助和认证之间关系是间接的。那些为最终得到高等教育研究委员会认可而通过认证和接受改进的项目,可以获得政府资金支持。因为授予学位并不要求认证,因此没有得到认证的项目不能在不同利益相关者筹集资金时为自己做广告。

除了物质利益,所有的案例显示认证提高了被认证机构的地位,在高等教育机构日益市场化导向,各利益相关者日益成为高等教育的顾客的情况下,认证变得越来越重要。

八、从成功运作的认证体系的比较研究中可以学到什么?

通过对五个不同国家案例分析的比较研究,可以看出认证所使用的基本程序是相似的。各国认证几乎都有一个合格测试阶段,然后是自我评价和同行评价。认证的目的主要是保证质量提高,但迫于政府压力,认证越来越关注绩效。认证越来越多使用认证标准,也说明了这一点。

在认证体系整体相同的框架下,本文试图就许多问题进行澄清。谈到这些问题,无法脱离高等教育体系的具体背景,尤其是高等教育的传统和文化。比如,我们已经知道认证体系倾向于弥补质量保障存在的差距,它关注其他认证机构还未涉及的功能。这就解释了为什么以上案例存在部分差异。另一个分歧的来源就是学术传统和文化。细化的程序只有在既定的体系中才被看作是合理的。

不过,从案例研究获得的许多经验都可以被看作是普遍化经验。所有的案例都说明,项目认证和机构认证之间存在区别。一些认证体系,如哥伦比亚的认证体系,关注的是项目认证,而另有一些则关注机构认证。还有一些体系,如匈牙利和菲律宾,既关注项目认证也关注机构认证,其机构在被认证前,必须先有一定数量的学习项目已获得认证。认证体系在最初开始时对项目认证和机构认证都很关注,但一旦一种认证在学者和利益相关人中获得通过,另一种认证过程也会被使用。

认证机构起到了重要作用。认证机构的职责可能仅仅是管理,也可能既是管理也有实质性的作用。认证机构常常参与开发认证的方法和程序,设计和组织认证过程。这通常涉及同行专家的遴选及参加专家培训。有时认证机构会委派一名正式人员与同行评估专家组一起,以确保过程的可比较性。案例研究已经表明,认证机构倾向于以管理职责开始,但一旦在体系中获得合法性,他们就开始越来越多地发挥实质性的作用。为了保证过程的透明性,清晰地区分认证机构和同行评价小组的职责是非常重要的,后者的职责是不受干扰地做出专业的判断。

认证机构需要独立。我们的案例研究表明,认证机构无论是对于政府机关还是对于学术团体而言,都具有一定程度的自主权。因此,在所有的研究案例中,认证机构或是私立的或者是半独立性的机构。对于认证机构要获得学术团体的信任而言,这是必要的。认证机构或者是独立工作(如菲律宾和美国),或者是作为政府和高等教育间的缓冲器(如哥伦比亚、匈牙利、印度)。正如匈牙利的报告所指出的,一旦作为缓冲器组织的作用完全发挥,它可能会完全独立于政府之外,起到新的作用。在所有的案例中,政府和认证机构间的合作和联系被看作是非常重要的。

认证体系的发展要求开发理想的质量模式。对于运行良好、透明的认证体系而言,开发一套评估标准和指南至关重要。当认证体系仍然习惯于使用"目的适切性"方法时,我们的案例研究经验表明,它目前正在向"基于标准的模式"发展,当然,两种方法的运用都不具有排他性。标准曾经与投入相关,认证体系也尝试将更多的产出标准包括在内。由于测量问题,这做起来往往有许多困难。标准将通过操作手册传达给评价者和被评机构;在一些案例中,评估手册是非常详细的(印度的自我评估报告),在另一些案例中,被评机构有更多的处理评估结果的自由(如哥伦比亚和美国)。

考虑到在实施质量模式时的作用,外部评估专家的选择和培训应慎重对待。同行专家组必须能够代表各相关行业专家,特别是在进行院校评估时。许多案例研究(印度、匈牙利)仍然在犹豫是否将专业人士引入同行专家队伍。不过,似乎这种实践正在慢慢发生变化。特别是在庞大的高等教育体系中建立专家数据库也被看作是一个非常好的方法。这个数据库可以包括参加现场评估的专家和被证实符合要求的评议专家。为了使现场评估和数据收集通过透明的方式进行,一个很好的实践就是给同行专家提供一个外部现场评估手册。同行专家在作出判断时的专业自主水平,在每个案例中都有所不同。在美国的认证体系中,同行专家在作出质性分析和判断时更加自由,而在印度的认证体系中,则要求专家使用预先制定的量化表格。

增强信任在认证的最初阶段是非常重要的。许多案例研究报告指出,他们的学术团体抱怨说在认证的初始阶段缺乏透明度(哥伦比亚、印度、菲律宾)。信任可以通过公开透明的认证过程来获得和提高,例如,当被评机构有权就外部专家组的组成发言,并对存在利害冲突的同行提出异议时(印度、美国)。被评机构也可以对外部评估报告发表意见（哥伦比亚、匈牙利、印度和美国）。透明度还可以通过积极地对外公布信息获得，同样可以通过认证工具和报告来获得。在印度，认证报告、评估、评级的标准和指南是发布在网上的。在匈牙利，认证结果发表在基本公开的专业杂志上。在哥伦比亚，书面建议是保密的，并且只有被评机构知道。

所有案例研究都强调，认证必须是自愿的过程。只有机构是主动的、愿意接受改变时，认证才能作为高等教育的发展工具起到作用。认证需要一个坚定的学术承诺，承诺要成为质量提高的工具。印度、哥伦比亚和菲律宾的许多案例研究表明，只有少数的机构和项目试图通过认证。在公平公正方面，这些系统需要反映认证实践的普遍原理，以使认证对那些需要大大提高质量的机构来说更容易获得。

中外合作办学认证办法(试行)

Methods for Accreditation of
Chinese-Foreign Cooperative Education
(Trial Format)

上海市教育评估协会
Shanghai Educational Evaluation Association(SEEA)

第一章 总 则
Chapter One　General Principle

第一条 为了规范中外合作办学认证行为,保证认证工作水平和提高服务质量,根据《中华人民共和国中外合作办学条例》及《中华人民共和国中外合作办学条例实施办法》以及《中华人民共和国认证认可条例》等有关法律、法规,借鉴国际上教育认证的通行做法,特制定本办法。

Article One　These Methods are formulated for the purpose of enhancing the accreditation of Chinese-Foreign Cooperative Education and ensuring the quality of accreditation and services in accordance with the *Regulations of the People's Republic of China on Chinese-Foreign Cooperation in Running Schools*, *Methods for the Regulations of the People's Republic of China on Chinese-Foreign Cooperation in Running Schools*, *Regulations of the People's Republic of China on Certification and Accreditation* and other international current practices.

第二条 中外合作办学认证(Accreditation)是指由认证机构证明中外合作办学机构或项目的质量和水平,符合政府、社会和同行等共同认可的准则(Criterion)、标准(Standard)和要求(Requirements)的合格性评估(Eligibility evaluation)活动。

Article Two　The Accreditation of Chinese-Foreign Cooperative Education indicates the eligibility evaluation activities of the quality and level of the cooperative educational institutions or programs by certain accreditation institute, using criterions, standards and requirements which are recognized by the government, society and peers.

第三条　中外合作办学认证是一种行业自律性行为,是教育质量保障体系的重要组成部分。开展中外合作办学认证,旨在确保中外合作办学质量和水平达到共同认可的标准,并促进其不断改进工作和提高质量。努力实现三方面功能:一是促进办学者进行自我质量保证,二是为学生及其家长、社会用人单位等提供信息咨询服务,三是协助政府进行宏观管理。

Article Three　The Accreditation of Chinese-Foreign Education is a conduct of self-discipline, and an important part of educational quality assurance system. The purpose of the accreditation is to ensure and improve the quality and level of Chinese-Foreign Education, which can reach the common recognized standards. There shall be three functions of the accreditation: first, to improve the self quality assurance of the educational cooperators; second, to provide information consultation services for the students, parents and employers; third, to assist the macro-administration of the government.

第四条　中外合作办学认证活动坚持科学、客观、公正的原则,维护中外合作办学者的合法权益,承认和尊重办学活动的自主性和多样性,为提高中外合作办学质量服务,保证认证结果的社会公信力。

Article Four　The Accreditation shall be on the principles of scientific, external and just, and shall protect the legal rights and interests of Chinese and foreign educational cooperators. The autonomy and varieties of the educational activities shall be accepted and respected. The quality of educational services shall be enhanced through accreditation, and the results of the accreditation shall be approved and recognized by the society.

第五条　本协会在政府教育行政部门的认可和支持下,争取中外合作办学者和社会各方面的理解和信任,自主开展中外合作办学机构或项目的认证活动。认证结果向社会公证,以提高被认证单位的社会知名度和信誉,并作为行政部门决策和宏观管理的参考依据。

Article Five　Under the recognition and support of the educational administrative department of the government, and the understanding and trust of Chinese and foreign educational cooperators and the society, SEEA carries out the accreditation activities on Chinese-Foreign Cooperative Educational Institutions or Programs. The results of the accreditation, which will be the reference and consultation for policy-making and macro-administration of the government, shall be announced to the public, so as to raise the popularity and reputation of the applicants.

第六条　本办法所称中外合作办学机构是指外国教育机构同中国教育机构(亦称中外合作办学者),在中国境内合作举办以中国公民为主要招生对象的教育机构；中外合作办学项目是指中外合作办学者以不单独设立教育机构的方式，在学科、专业、课程等方面，合作开展的以中国公民为主要招生对象的教育教学活动。

Article Six　The Chinese-Foreign Cooperative Educational Institutions referred to in these Methods, are the activities of the cooperation between foreign educational institutions and Chinese educational institutions within the territory of China to provide education service mainly to Chinese citizens; the Chinese-Foreign Cooperative Educational Programs referred to in these Methods, are the cooperative educational activities of disciplines, specialities and curriculums between Chinese and foreign cooperator, which provide education service mainly to Chinese citizens without establishing an independent educational institution.

第二章　认证机构
Chapter Two　Accrediting Authority Overview

第七条　在政府教育行政部门指导下，设立中外合作办学认证委员会（以下简称"认证委员会"）。认证委员会为非常设机构，由本协会常务理事和中外合作办学单位会员推荐，一般有中外合作办学单位的代表、教育评估专家、教育行政官员等几方面人员 9~15 人共同组成。认证委员会确定后，报上级主管部门批准或备案。

Article Seven　The Accreditation Committee is established under the instruction of the educational department of the government(hereinafter called "Accreditation Committee"). It is a non-permanent committee, the members of which are recommended by the managing directors of SEEA and the cooperative educational institutes. It consists of 9—15 persons, who are members from the cooperative educational institutes, educational evaluation experts, educational officers. Once the Accreditation Committee is established, it should be approved or recorded by the higher authority.

第八条　认证委员会的主要职责是：
1. 规划中外合作办学认证活动；
2. 审定中外合作办学认证的政策和标准；
3. 听取或审查认证秘书组的工作报告；
4. 审议认证专家组的认证建议，决定认证结果；
5. 就中外合作办学的认证活动和管理工作向有关部门提供咨询与建议。

Article Eight　The major responsibilities of the Accreditation Committee are to:
1. Plan the accreditation activities.
2. Review the policies and standards of the accreditation.
3. Listen to and /or review carefully the reports from the secretariat.

4. Consider and act on the recommendation of the Accreditation Expert Team and make final decisions concerning accreditation result.

5. Provide consultations and suggestions to the relevant departments on the accreditation activities and management of Chinese-Foreign Cooperative Education.

第九条 认证委员会的秘书组(以下简称"认证秘书组")为常设办事机构,其主要职责是:

1．组织起草中外合作办学认证标准、认证指南及相关工作文件;

2．受理中外合作办学者的认证申请;

3．建立认证专家库,根据每次认证工作的需要组建认证专家组,并组织认证培训活动;

4．具体安排中外合作办学的认证活动,根据初访、自评、材料审核和现场考察等方面的信息,形成综合认证报告;

5．整理和保存认证活动的档案资料,搜集中外合作办学的状态数据,向社会公布有关认证结果;

6．履行认证委员会赋予的其他职责。

Article Nine The major responsibilities of the Secretariat (hereinafter called "Secretariat"), which is the standing body of the Accreditation Committee, are to:

1. Organize the draft of the standards, guidelines and relevant documents of the accreditation.

2. Process applications for accreditation.

3. Establish the expert files and accreditation expert teams in accordance with the needs of every accreditation activities, provide accreditation training activities.

4. Arrange the actual accreditation activities and work out the final accreditation report according to the preliminary visit, self-evaluation, material examination and on-site visit.

5. Arrange and save the documentaries and materials of the accreditation, collect the status data and announce the results to the public.

6. Undertake other tasks as requested by the Accreditation Committee.

第十条 认证专家库的建设。从中外长期从事各类教育工作的学术专家、管理专家、评估专家以及社会行业和相关领域的专家中遴选认证专家,并创造条件逐步增加外籍(包括境外)专家的比例。所选专家必须是学术造诣深、同行声望高、实践经验丰富、作风正派和身体健康者。

Article Ten SEEA shall consider, select and propose persons to form a pool of accreditation experts. The experts of accreditation are selected from the experts, teachers, educational administrators, as well as professionals in other fields, domestic and abroad, who have undertaken research and practice in the field of basic education, with rich teaching experiences, high academic attainments and good healthy.

第十一条　认证专家组是临时性认证组织,根据每次认证工作的需要,从专家库相关教育领域专家中随机筛选,由认证委员会聘请。

Article Eleven　The accreditation expert team is a provisionality organization which is selected randomly from the expert pool and appointed by the Accreditation Committee.

第十二条　认证专家或专家组主要职责是:

1. 接受认证委员会的派遣,初访申请认证的中外合作办学机构或项目,指导他们做好认证准备工作;

2. 对中外合作办学者的申报材料进行审核,评审中外合作办学机构或项目的自评报告,并根据认证工作的需要进行访问,向认证秘书组提交材料审核报告和自评评审报告;

3. 对接受认证的中外合作机构或项目进行现场考察,向认证秘书组提交现场考察报告;

4. 根据认证委员会的决定,对被认证的中外合作机构或项目进行复审或非常规考察;

5. 履行认证委员会赋予的其他职责。

Article Twelve　The major responsibilities of the accreditation experts or expert teams are to:

1. Accept the distribution of the Accreditation Committee, make preliminary visit on the applied institutions or programs and instruct their preparations.

2. Examine the application materials, evaluate their self-evaluate reports, make visits as needed and submit the evaluation report of the materials and self-evaluate to the Secretariat.

3. Make on-site visit to the applied institutions or programs, and submit the on-site visit report to the Secretariat.

4. Make review or special visit to the institutions or programs under the instruction of the Accreditation Committee.

5. Undertake other tasks as requested by the Accreditation Committee.

第三章　申请认证
Chapter Three　Application for Accreditation

第十三条　具备下列条件的中外合作机构或项目,均可以自愿申报认证:

1. 经地方政府和国家审批部门批准正式设立,并具有二年以上办学经历;

2. 遵守《中华人民共和国中外合作办学条例》及《中华人民共和国中外合作

办学条例实施办法》,按照章程或协议从事办学活动；

3. 接受认证标准,并在认证过程中能履行相应义务和职责。

Article Thirteen The Chinese-Foreign Cooperative Educational institutions or programs that conform to the conditions listed below are eligible to apply for accreditation：

1. Have been approved by the local government and the administrative department of the State, and have the educational experience for at least two years.

2. Abide by the *Regulations of the People's Republic of China on Chinese-Foreign Cooperation in Running Schools*, and *Methods for the Regulations of the People's Republic of China on Chinese-Foreign Cooperation in Running Schools*, The educational activities shall be in accordance with the articles of association and agreement.

3. Accept the accreditation standards and implement its duties and responsibilities.

第十四条 中外合作办学者可向认证秘书组进行认证业务咨询,有意接受认证者可向认证秘书组提交申请表。

Article Fourteen Consultations on accreditation is provided by the Secretariat. The accreditation application form should be submitted to the Secretariat if the institution or program applies the accreditation.

第十五条 认证秘书组接到申请后,审查申请者的资格和条件,并对其进行必要的考察与访问,在 5 个工作日内作出是否接受认证申请的答复,双方签订认证协议。

Article Fifteen The Secretariat, after receiving the application, shall make necessary visit to the applicant and determine its eligibility to seed accreditation. The finial decision should be made within 5 working days and the agreement shall be signed.

第十六条 签订认证协议后,认证秘书组提供认证指南和操作手册,委派专人联络申请者,并对认证申请者的准备工作和自我评估进行业务指导。

Article Sixteen The Secretariat, after the agreement is signed, shall provide the guidelines, handbooks to the applicants and send a certain link person for the instruction on their preparations and self-evaluation.

第四章 认 证 程 序
Chapter Four Accreditation Process

第十七条 对中外合作办学的认证,一般要经历初访、自评、材料审核、现场考察、认证决定、后续复审等程序。

Article Seventeen The accreditation process involves those steps including the

Preliminary Visit, The Self-Evaluate, The Material Examination, The On-Site Visit, Accreditation decision and Subsequent Procedures.

第十八条 认证协议生效后,认证秘书组安排 2～3 名认证专家,对接受认证的单位(办学机构或项目)进行初访。初访的主要任务是:

1. 帮助被认证单位明确认证的目的和准则,向全体成员宣传和解释公认的认证标准;

2. 根据被认证单位的办学宗旨和目标及现实条件,共同商定具体的、个性化的认证标准;

3. 介绍认证的程序和方法,解释认证指南和操作手册,并提供相关的认证资料,帮助做好认证的各种准备工作;

4. 指导被认证单位认真做好自评工作,并客观地撰写自评报告;

5. 与被认证单位商定接受认证专家组现场考察的有关事宜;

6. 撰写初访报告,主要包括三个部分:一是接受认证单位的基本情况,二是该单位的自评和接受现场考察的准备情况,三是对该单位的评价及后续认证活动的建议。

Article Eighteen   Once the agreement is signed, the Secretariat shall send a Preliminary Visit to the applicant (either institution or program), normally involving 2—3 experts. The main tasks of the Preliminary Visit are to:

1. Assist the applicants to make clear of the purposes and principles of the accreditation, explain the standards to them.

2. Discuss with the applicant and confirm the particular and individual standards according to the educational goals and objectives of the applicants.

3. Introduce the accreditation process and methods, explain the guidelines and handbooks, provide relevant documents and assist the preparations of the applicants.

4. Instruct the self-evaluation of the applicants and the reports.

5. Discuss with the applicants on the On-Site Visit.

6. Write the report of the Preliminary Visit, which shall include three parts: Debrief of the applicant, Debrief of the applicant's Self-Evaluation and determine whether the applicant is ready for a On-Site Visit, Evaluation and recommendations on Subsequent Procedures.

第十九条 中外合作办学认证的自评过程,一般有以下几个环节:

1. 学习和理解认证标准,了解认证的过程和方法,学会使用认证手册;

2. 根据办学宗旨和目标及具体的认证标准,审查现有的文件、运作体系和实际操作;

3. 客观评价现实的工作绩效,广泛听取全体成员的意见,对存在的问题提出改进建议;

4. 实事求是撰写自评报告,并公布于众,接受所有教职员工的监督。自评报告中应着重表明:① 办学优势和特色,② 存在的问题和不足,③ 改进的计划和措施。

5. 向认证秘书组提交申报材料和自评报告。

Article Nineteen The Self-Evaluation of the accreditation normally involves the following steps:

1. Study and understand the accreditation standards, process and methods, learn to use the handbooks;

2. Review the existing documents, operation system and current practices according to the educational goals and objectives and its particular standards;

3. Make external evaluation on the performance, listen to the opinions of all the staff and make improvement on the problems;

4. Write the Self-Evaluate Report honestly, and announce to the public for the supervision of all the staff. The report shall emphasize the following: ① Principal strengths and features, ② Existing Problems and shortages, ③ Plan or proposals for improvements.

5. Submit the application materials and Self-Evaluation Report to the Secretariat.

第二十条 针对中外合作办学机构或项目提交的申报材料和自评报告,认证秘书组聘请专家进行审核、评议,主要任务是:

1. 审查申请者是否符合申报资格和接受认证的条件;

2. 审阅申报材料中文本的规范性、数据的真实性和材料的有效性;

3. 对照认证标准,审阅自评报告,记录需要进一步核查和实地考察的问题;

4. 撰写申报材料和自评报告的审阅报告。主要内容包括:① 申报材料的完备性和规范性情况,② 审阅自评报告后的突出印象,③ 申报材料和自评报告中需要核查的数据、事实和存在的主要问题,④ 对后续认证环节或现场考察的建议。

Article Twenty The Secretariat should appoint experts to review and evaluate the materials and reports that the applicants submitted. The major tasks of the experts are to:

1. Review whether the applicant is qualified to be accredited;

2. Review the standard of the document, authenticity of the data and the validity of the materials;

3. Review the report in accordance with the standards and make records of the issues that need more checks and visits;

4. Write the review report of the materials and the Self-Evaluate Report. Its main content should include: ① The integrity and standardization of the application materials, ② The deepest impression after reviewing the Self-Evaluate Report, ③ Data, facts and major issues that need to be checked in the materials and reports, ④ Sugges-

tions for the subsequent procedures or On-Site Visit.

第二十一条 在对申报材料和自评报告审核后,根据约定的时间,认证秘书组组织认证专家组,对被认证单位进行现场考察(考察时间长短视具体工作量而定)。现场考察专家组一般由 7～11 人组成,其中包括学术专家、评估专家、管理专家及用人单位的代表,必要时还可聘请外籍专家。

Article Twenty-One The Secretariat shall send the accreditation expert team for an On-Site Visit to the applicant on the discussed time after the review of the materials and Self-Evaluate Report(The visiting time depends on the different workload). The accreditation expert team normally involves 7—11 persons,including academic experts,evaluation experts,administrative experts and employers,and foreign experts if necessary.

第二十二条 认证现场考察专家组设正、副组长和学术秘书各 1 名,在组长领导下开展工作,主要任务是:

1. 核实申报材料和自评报告中的有关数据、文件、档案、账册和其他证据;

2. 采取听取汇报、查阅资料、实地参观、随堂听课、个别谈话、组织座谈等多种方法,广泛收集有效信息和听取不同意见;

3. 专家组内进行信息交流、意见交换和充分讨论,对照认证标准作出独立的评判;

4. 撰写对被认证单位的现场考察报告,内容包括:① 被认证单位的基本情况和现场考察活动概况;② 对照认证标准的各个部分,以事实为依据进行描述;③ 指出存在的主要问题和不足,并提出改进建议;④ 对被认证单位的申报材料和自评报告作出评价;⑤ 对被认证单位进行总体评价,并提出评判结果的建议。

5. 对被认证单位的现场考察报告在向认证秘书组提交之前,应交给被认证单位负责人审阅,以便对报告中的有关事实进行印证。

Article Twenty-Two The On-Site Visit Expert Team shall have one Team Leader,who instructs the accreditation,one Vice Team Leader and one Academic Secret. Their major tasks are to:

1. Check the relevant data,documents,files,account books and other evidence on the application materials and Self-Evaluate Report;

2. Collect widely the effective information and listen to different opinions by listening to the reports,reviewing the materials,on-site visit,class visiting,individual talking,colloquia and other ways;

3. There shall be information and opinion exchange and discussions within the expert team,independent evaluation shall be made in accordance with the standards.

4. Write the On-Site Visit Report of the applicant,and the content should include: ① Debrief of the applicant and the On-Site Visit; ② Factual description in accordance

with the standards; ③ Major problems and shortages, and suggestions for the improvement; ④ Evaluations on the application materials and Self-Evaluate Report; ⑤ General Evaluation on the applicant and suggestions on accreditation result.

5. Before the submission of the report of the On-Site Visit to the Secretariat, it should be reviewed by the principals of the applicant and the facts in the report shall be confirmed.

第二十三条　认证现场考察专家组工作期间，被认证单位应根据考察工作需要和日程安排，积极做好配合工作，提供必要的工作条件，并承担相应的费用。

Article Twenty-Three The applicant should make arrangement, provide necessary working conditions and afford the charges during the visiting period of the expert team.

第二十四条　认证委员会集体审议认证秘书组提交的综合认证报告，对认证结果进行评判，必要时可独立进行表决。认证结果的评判可分为四种：

一是通过认证。

二是有条件通过认证。是指原则上通过认证，但要求被认证单位在指定的期限内，对存在的问题制订改进计划，并报告整改结果。

三是延期认证。是指被认证单位存在一时难以改正的问题，待问题整改后，请求认证秘书组重新组织专家现场考察，直至认证专家组的认证报告被认证委员会表决通过为止。

四是否决认证。是指认证委员会对认证结果表决不通过。如果该单位今后再次提出认证申请，则需要按照认证全过程重新进行认证。

Article Twenty-Four The Accreditation Committee shall discuss collectively the General Report submitted by the Secretariat, and make evaluations or votes if necessary on the result. There are four evaluations on the accreditation result:

Award Accreditation.

Conditional Award Accreditation. The applicant basically meets the accreditation standards, but shall be requested to plan for the improvement and report the reform result.

Postpone Accreditation. There exist problems that will take a long time to be improved. The Secretariat will resend experts for an On-Site Visit after the improvement until the accreditation report is voted by the Accreditation Committee to award the accreditation.

Not Award Accreditation. The accreditation shall not be awarded in the vote of the Accreditation Committee. A whole new procedure of the accreditation shall be undertaken if the applicant applies for a second accreditation.

第二十五条　后续复查分为两种：

一是对"有条件通过认证"和"延期认证"的单位而言，在正式接到认证评判结果之后的一年内,应该对综合认证报告中提出的改进意见,做出积极的回应和采取整改措施,并做好认证专家组的再次回访或现场考察的准备工作。

二是对已经"通过认证"的单位而言,也要根据综合认证报告中提出的改进意见,采取积极的整改措施并及时反馈。同时,还应做好认证委员会组织的周期性或随机性复查准备工作。

Article Twenty-Five There are two kinds of Subsequent Review:

First, the applicants of "Conditional Award Accreditation" and "Postpone Accreditation", shall take improvement measures addressing each recommendation contained in the General Report within one year after receiving the accreditation result, and prepare for the revisit and review of the expert team.

Second, the applicants of "Award Accreditation" shall also take improvement measures addressing each recommendation contained in the General Report and prepare for the regular or random review by the Accreditation Committee.

第五章 认证结果处理
Chapter Five Consequences of Accreditation

第二十六条 本协会在认证委员会得出评判结果后,5 个工作日之内通知被认证单位。评判结果如果是有条件通过或延期通过,应向被认证单位提出明确的要求;评判结果如果是终止认证,则应向被认证单位解释没有通过的原因。

Article Twenty-Six The SEEA shall inform the applicant of the decision of the Accreditation Committee within 5 working days. In the event of a conditional or postpone accreditation, clear requirement should be proposed to the applicants; in the event of an accreditation not to award, the SEEA should give the applicant its reason for the decision.

第二十七条 如果被认证单位对评判结果有异议,可以在 5 个工作日内向认证委员会提出复核要求。如果被认证单位对评判结果无异议,本协会将在适当范围内公布其自评报告和综合认证报告,并将暂定的评判结果向社会公示 15 天,无争议后再正式确定认证结果。

Article Twenty-Seven If there is any objection to the accreditation result, the applicant can require a review to the Accreditation Committee within 5 working days. If there is no objection to the accreditation result, SEEA shall announce the Self-Evaluate Report and General Report within certain area and publicize the accreditation result for 15 days. The final decision will be made if there is no more disputation.

第二十八条 本协会有权向政府主管部门提交综合认证报告,在大众媒体上发布通过认证的中外合作办学机构或项目的名单,并授予认证证书和认证标志。

Article Twenty-Eight   SEEA is authorized to provide the General Report to the administrative department of the government, release the name list of the institutions and programs that are awarded the accreditation through media, and issue them the certifications and plagues.

第二十九条   认证结果的有效期为三年,如果已获证的单位在每年组织的周期性或随机性复查中,发现教学质量等方面存在严重问题,经认证委员会研究决定可以提前中止其认证资格。一旦认证资格被中止或认证有效期期满,本协会有权收回认证证书和认证标志等有关文件。同时,获证方必须立即停止涉及认证内容的各种招生广告和宣传展示等活动。

Article Twenty-Nine   Accreditation is valid for three years. If there are serious problems on teaching quality or other aspects during the regular or random review, the Accreditation Committee may terminate its accreditation before the validation. Once the accreditation is terminated or invalidated, SEEA is authorized to take back its certificate, plague and relevant documents. Meanwhile, the institutions or program should stop any activities involved with the accreditation, including its student enrollment advertisements and expositions.

第六章   工 作 规 范
Chapter Six   Professional Conduct for the Accreditation

第三十条   对中外合作办学机构或项目进行认证,应严格按照认证程序和办法,尊重被认证单位的办学宗旨和目标,对照认证标准,进行全面、客观、公正的评估,确保认证结果的可信度和权威性。

Article Thirty   The accreditation team, during the procedures of the accreditation, should strictly follow the Accreditation Process and methods, and make their overall judgment on the basis of the applicant's own educational goals and objectives and the accreditation standards. The evaluation should be based on objective fact, and the reliability and the authority of the result should be ensured.

第三十一条   认证专家要通过多种方法收集有效信息,奉行求实、诚信、中立的立场。认证专家组内应发扬民主作风,广泛交流信息、交换意见、充分评议。在认证过程中本着同行互助的精神,对被认证单位进行学术指导和进言献策。

Article Thirty-One   The accreditation experts shall collect effective information through various ways and should be honest and neutral. The information and opinion exchange and discussion shall be base on the principle of democracy. Assistance, academic instructions and suggestions shall be provided to the applicants.

第三十二条   中外合作办学认证实行回避制度,认证专家和工作人员与被认证单位有亲密关系时,不得参加对该单位的所有认证活动。

Article Thirty-Two　An avoidance system shall apply in the accreditation. If an accreditation expert has a special relationship with the applicant to be accredited, he or she should not be selected to attend all the activities of the accreditation of that applicant.

第七章　认证费用
Chapter Seven　The Cost of Accreditation

第三十三条　本协会开展的认证活动,不以盈利为目的,认证费用由申请认证的中外合作办学者承担。认证费用包括认证申请、自评指导、材料评审、现场考察等项目的收费,以及必要的专家(含外籍专家)交通费、食宿费和翻译费。

Article Thirty-Three　The accreditation carried out by SEEA is not on the purpose of any profit, and the cost of accreditation shall be afforded by the applicants. It includes the cost of application, Self-Evaluate instruction, material review, On-Site Visit and others, and necessary transportation, accommodations, dinners and translation cost of the experts(including foreign experts) as well.

第三十四条　收费项目和标准参照国际教育认证惯例,结合开展认证活动的实际开支,由双方在认证协议中共同商定。

Article Thirty-Four　The items and standards of charges shall consult the tradition of the international educational accreditation, and have mutual discussion in the agreement in accordance with the actual expenses.

第八章　附　　则
Chapter Eight　Others

第三十五条　本协会以认证的方式吸纳中外合作办学机构或项目为单位会员,凡通过认证的单位即享有会员的权利和义务,参与行业自律性管理,共同维护中外合作办学的市场秩序和质量标准。

Article Thirty-Five　SEEA recruit those institutions and programs as its group members by accreditation. Once the institutions and programs are awarded accreditation, they shall enjoy the rights and implement the duties as a member, participate in the self-discipline management and maintain the market order and quality standards of Chinese-Foreign Cooperative Education together.

第三十六条　认证委员会主动协调中外合作办学认证与国家相关评估及认证

活动之间的关系,积极开展与国外认证机构和国际相关组织之间的合作。

Article Thirty-Six The Accreditation Committee shall harmonize the relationship between the accreditation and relevant national evaluation activities, and develop corporations with foreign accreditation institute and relevant international organizations.

第三十七条 认证秘书组在本办法的基础上汇编有关的法律法规文件,制定相配套的认证指南和操作手册等。

Article Thirty-Seven The Secretariat produces other relevant documents on the basis of these Methods, and formulates relevant guidelines and handbooks.

第三十八条 本办法由本协会负责解释,自发布之日起试行。

Article Thirty-Eight It is the responsibility of SEEA to interpret these Methods. These Methods shall take effect from the date of promulgation.

中外合作办学机构认证指标(试行)

Accreditation Criterions For Chinese-Foreign Cooperative Educational Institutions (Trial Format)

上海市教育评估协会
Shanghai Educational Evaluation Association(SEEA)

一、办学宗旨、目标与实施
Ⅰ. Goals, Objectives and Implementation

1. 机构有明确的办学宗旨和目标,在章程、文件和有关介绍中准确、清晰地加以陈述,并得到管理者、教职工、学生及其家长的理解和认可。

ⅰ The institution shall have properly adopted educational goals and objectives, which have been accurately and clearly stated in the relevant documentaries, and have been understood and recognized by its administrators, staff, students and parents.

2. 机构有符合办学宗旨和目标的发展规划,在人力、物力、财力等资源上能够保障,实施计划做到责任明确、措施得力、切实可行。

ⅱ The institution shall have a development stratagem to match with its goals and objectives, and shall be ensured through human, material and financial resources. The stratagem shall be feasible and have clear responsibility and effective measures.

3. 机构的办学目标和培养规格符合我国教育方针,不低于国内同等教育的质量基准,并确保满足社会需求和学生需要。

ⅲ The educational targets, size and level of the institution shall meet the basic requirements of the educational laws and policies in China, and shall not under the basic quality standards of the domestic education at the same level in order to satisfy the need of society and students.

4. 机构有各项工作规程和必要的制度,并采取督察、评估等手段不断查找问题、自我改进,促进办学宗旨和目标的有效达成。

ⅳ　The institution shall provide necessary regulations and working systems, and shall have procedures such as supervision and evaluation for self-improvement and shall ensure that the goals and objectives are effectively carried out.

二、组织与管理

Ⅱ. Organization and Administration

1. 机构依法成立相应的管理机构,理事会(董事会或联合管理委员会)符合有关法规要求,并能有效地行使所赋予的职权。

ⅰ　The institution shall set up an administrative organization. The board of trustee (the board of directors or the joint managerial committee) shall be in accordance with the relevant provisions, and shall excise its powers efficiently.

2. 机构聘用的校长和主要教学行政人员,其资历符合有关规定,并能依法自主行使教育教学和行政管理职权。

ⅱ　The qualification of the president and principal administrators and teachers that the institution appointed shall be in accordance with he relevant provisions and shall excise their powers independently as authorized.

3. 机构依法制定章程,建立重大问题民主协商和科学决策制度以及健全的监督机制,并遵照章程或协议从事办学活动。

ⅲ　The institution shall formulate the articles of association in accordance with the provisions, and shall set up the supervision system for the discussion of the major issues and decision-making procedures. The educational activities shall be in accordance with the articles of association and agreement.

4. 机构内部规章制度的制定和实施,体现民主、公开的原则,支持教职员工及学生参与管理活动,并保障他们的合法权益。

ⅳ　The establishment and implement of the regulations and systems of the institution shall be on the principles of democracy, open and justness. The participation of teachers and students shall be supported and their lawful rights shall be guaranteed.

三、教职人员

Ⅲ. Staff

1. 中外双方教职人员在学历和资历上达到规定的要求,符合双方签订的协议,并遵守外国人员在中国就业的有关规定。

ⅰ　The quality of both Chinese and foreign staff shall meet the requirements of the regulation. The amount of the foreign teachers shall be in accordance with the agreement, and the foreign employees shall abide by the relevant provisions on employment of foreigners in China.

2. 机构依法制定了公平、合理的教师和管理人员的聘任政策,与所有的教职人员签订聘任合同或协议。

ⅱ   The institution shall work out a just and sound personnel policy for staff, and shall sign the contract with them.

3. 机构中有一支数量充足、配备合理、师德良好、相对稳定的教师队伍,能确保教育教学任务的完成。

ⅲ   The instructional staff of the institution shall be sufficient, stable, well-arranged and qualified. The teachers shall meet the requirements of the goals and objectives, and make sure that the educational tasks will be achieved.

4. 机构中教师的工作任务与办学宗旨和目标一致,无宗教活动,能够有效地履行教师工作职责。

ⅳ   The mission of the staff shall meet with the goals and objectives of the institution. Religious activities are not permitted. The responsibilities of the teachers shall be carried out sufficiently.

5. 机构支持教师的专业发展,并为教师的教学改革、业务培训和学术活动提供机会和创造条件。

ⅴ   The institution shall support the professional development of the teachers, and provide opportunities and conditions for their teaching reform, training and academic activities.

四、招生与学生服务
Ⅳ. Student Enrollment and Services

1. 机构实行与办学宗旨和目标一致的招生政策,依照中国相关法规和机构章程确定招生范围、入学条件和招生方式等,广告如实反映机构的现实状况。

ⅰ   The policy of student enrollment shall be in accordance with the educational goals and objectives of the institution. The scope, requirements and methods of student enrollment shall be conducted in accordance with the relevant provisions of the State. Its advertisement shall reflect the fact of the institution.

2. 机构创设良好的学习环境,有合格的专业人员担任学生辅导员或班主任,能履行教学活动之外的指导与服务,师生关系融洽。

ⅱ   The institution shall provide good study environment and qualified staff as the student counselor or class teacher, who will provide students instructions and services apart from teaching, and set up a harmonious relationship with students.

3. 机构能够全面、准确地记载学籍档案并妥善保存,制定学生发展与服务的政策和程序,并周期性地对学生服务工作进行评估。

ⅲ   The institution shall keep records and maintain student documents, work out the policy and procedure of student development and services, and regularly evaluate services for students.

4. 机构明确学生的权利和义务,学生有表达自己意愿的渠道,所反映的意见和建议能得到及时反馈和妥善解决。

ⅳ The institution shall make clear the rights and duties of the students. Students shall have the access to express their wish. There shall be the feedbacks of their suggestions and opinions, and problems shall be solved on time.

五、课程与教学

Ⅴ. Curriculum and Teaching

1. 机构开设与办学宗旨和目标相一致的专业和课程,教学内容符合中国相关法规的要求,尊重中外双方的民族文化和民族情感。

ⅰ The program and courses shall be conducted in accordance with the educational goals and objectives. The teaching content shall be conducted in accordance with the relevant provisions of the State, and respect the nation's culture and emotion.

2. 机构根据国内需要引进国外先进的课程和教材,颁发学历、学位文凭的课程设置,不低于所属国相应的标准和要求。

ⅱ The institution shall introduce foreign advanced courses and teaching materials that are needed in China. Courses which provide certificates of academic qualifications or certificates of academic degrees shall not under the standards and requirements of its own country.

3. 机构对各项教学活动进行系统安排,合理配置教学资源,能满足社会经济和学生个性的发展需要。

ⅲ The institution shall arrange the teaching activities as a whole, and distribute teaching resources in order to satisfy the development needs of social economy and student individuality.

4. 教师能严格执行教学计划,作必要调整前能妥善做好安排,有效运用多种教学方法进行针对性教学,满足不同学生的学习需求。

ⅳ Teachers shall carry out the teaching plan strictly and make necessary adjustment. Various teaching methods shall be adopted to satisfy the different needs of the students.

5. 机构有开发教学资源的意识,能够充分利用中外教职人员文化的、种族的多样性,促进跨文化的交流和学习。

ⅴ The institution shall have the sense of exploiting teaching resources and promote cultural exchange through the cultural and national diversity of Chinese and foreign staff.

六、质量保证

Ⅵ. Quality Assurance

1. 机构建立了自我质量保证体系,各项工作有明确的质量标准,决策、执行、评价、信息反馈与控制等系统相互衔接、运行良好。

i   The institution shall set up an internal quality assurance system, which contains clear quality standards. Systems such as decision-making, implementation, evaluation, information feedback and control shall be well connected and functioned.

2. 机构对办学政策、资源配置、改革措施的合理性和实效性进行评估,对各类人员履行岗位职责情况定期考核,并不断提出改进措施。

ii   The institution shall evaluate the rationality and effectiveness educational policy, resource distribution and reform measures. There shall be a system of regular staff appraisal for the improvement.

3. 机构合理配置教学资源,定期审核课程设置、教学大纲和教学计划等,开展多样化的教学评价,确保教学目标的有效达成。

iii   The institution shall adequately distribute the teaching resources and audit the curriculum setting, teaching outlines and plans. Various teaching assessments shall be carried out to ensure the effectiveness of the educational goals.

4. 机构建立了教师评价制度,有明确的教学工作质量标准,经常开展教学评价活动,着力于改进教学和促进教师专业发展。

iv   The institution shall set up a system of evaluation for teachers. Its Chinese educational institute shall often carry out the evaluation activities in order to improve teaching and professional development of teachers.

5. 机构对学生的学业成绩及行为表现进行多样化的评价,其结果作为改进教育教学工作的基本依据。

v   The institution shall carry out various assessments on students learning results and performance, and utilize the results to improve the education and teaching.

七、设施设备
VII. Facilities

1. 机构有充足的物质资源,特别是校舍设施、教学设备和实习工场等,达到中国同级同类教育机构的办学标准,满足教学活动的需要。

i   The institution shall have sufficient material resources to meet the needs of the educational activities, especially the school house, teaching facilities and practice work shops, which shall reach the standards of the institutions of the same level and type in China.

2. 机构对办学设施的使用、保管、更新和维修有明确的政策、规则和程序,有应对紧急情况的预案。

ii   The institution shall have clear policy, rules and procedures on utilization, storage, renewal and maintenance of the facilities. There shall be counter plans for the emergencies.

3. 机构有规模适当的图书馆或信息中心,能够为教师、学生提供必要的图书信息资料,为教学活动提供便利、高效的服务。

ⅲ   There shall be a library and/or media center of adequate size and resources, which shall provide teachers and students the necessary reference materials, and to provide convenient and effective service to the educational activities.

八、财务与资产管理

Ⅷ. Assets and Financial Management

1. 机构的办学收费项目和标准得到物价部门的核准,并在招生简章和招生广告中载明,没有违法违规的现象。

ⅰ   The items and standards of charges of the institution shall be approved by the relevant price department and shall be stated in regulations and advertisements of student enrollment. There shall be no violation of the laws and regulations.

2. 机构建立经费的筹集、管理和报告制度,有保障办学活动正常进行的经费来源,并具备应对突发财政危机或可能出现困难的能力。

ⅱ   The institution shall set up systems of raise, management and report of the funds, ensure the financial resource for the educational activities and there shall be evidence of the ability for dealing with the sudden financial crisis.

3. 机构按照有关法规和章程提取发展基金和合理回报,确保发展基金用于教学活动和改善办学条件。

ⅲ   The institution shall draw development funds and reasonable repay according to the relevant provisions, so as to ensure the development funds for the teaching activities and facilities improvement.

4. 机构有健全的财务、会计制度,按照有关法规进行会计核算和接受财务审计,并在适当范围内公布财务报告和审计结果。

ⅳ   The institution shall establish and improve their financial and accounting systems, and prepare for the audit in accordance with law. The financial report and audit findings shall be publicized within certain areas.

5. 机构能按照有关规定和资产管理制度,对国有资产和所接受的捐赠财产依法进行使用、监督和管理,确保国有资产的保值和增值。

ⅴ   The State assets and the donated assets shall be utilized, supervised and managed in accordance with regulations and assets management system, and ensure its value and increment.

九、公共关系和社会诚信

Ⅸ. Public Relationship and Reputation

1. 机构中合作双方保持和谐融洽的关系,与社区居民及相关用人单位保持友好合作,能充分利用一些公共资源和社会关系。

i A harmonious relationship shall be kept between the Chinese and foreign co-operators. The institution shall also maintain friendly relationship with the community and relevant employers, and utilize the public resources and relationships sufficiently.

2. 机构颁发或授予中方的学历、学位文凭或学业证书,能够遵循中国有关法规;由外方颁发或授予的文凭或证书,应与该国相同并获得权威机构认可。

ii The institution offering Chinese certificates of academic qualifications, certificates of academic degrees or other education certificates shall be in accordance with the relevant provisions of the State; those that offering foreign ones shall be identical with the ones issued by the foreign educational institution in its own country and shall be recognized by the authorized institute of that country.

3. 机构通过大众传媒定期向社会公布办学层次和类别、专业设置、课程内容、招生规模、收费标准等情况,保证信息真实、准确。

iii The institution shall announce to the public regularly its level and form of education, its program setting, curriculum content, size of student enrollment and charge standards, and make sure the accuracy of the information.

4. 机构的办学活动因故发生变化,能及时地向学生及其家长做出解释,并积极采取有效措施予以补救。

iv The institution shall explain to the students and parents in time if any change of educational activities occurs, and shall take efficient measures to make up.

5. 机构建立毕业或结业学生的跟踪调查制度,办学质量得到毕业生、学生家长的认可和用人单位、社会各界的好评。

v The institution shall set up systems for graduate trace. Its educational quality shall be approved by its graduates, parents, employers and society.

附录四：

中外合作办学项目认证指标（试行）

Accreditation Criterions For Chinese-Foreign Cooperative Educational Programs (Trial Format)

上海市教育评估协会
Shanghai Educational Evaluation Association(SEEA)

一、办学宗旨、目标与实施
Ⅰ. Goals, Objectives and Implementation

1. 项目有明确的办学宗旨和目标，在有关文件和介绍中准确、清晰地加以陈述，并得到中外合作双方、项目教职人员、学生及其家长的理解和认可。

ⅰ The program shall have properly adopted educational goals and objectives, which have been accurately and clearly stated in the relevant documents, and have been understood and recognized by its both Chinese and foreign partners, staff, students and parents.

2. 项目有符合办学宗旨和目标的发展规划，有足够的人力、物力、财力等资源保障，实施计划做到责任明确、措施得力、切实可行。

ⅱ The program shall have a development strategy to match with its goals and objectives, and shall be ensured through human, material and financial resources. The strategy shall be feasible and have clearly-defined responsibilities and effective measures.

3. 项目的培养目标和培养规格符合我国教育方针，不低于国内同等教育的质量基准，并确保满足社会需求和学生需要。

ⅲ The educational targets, size and level of the program shall meet the basic requirements of the educational laws and policies in China, and shall not under the basic quality standards of the domestic education at the same level in order to satisfy the need of society and students.

246

4. 项目有各项工作规程和必要的制度,并采取督察、评估等手段不断查找问题、自我改进,促进办学宗旨和目标的有效达成。

ⅳ The program shall provide necessary regulations and working systems, and shall have measures such as supervision and evaluation for self-improvement to ensure that the goals and objectives are effectively carried out.

二、组织与管理

Ⅱ. Organization and Administration

1. 项目依法成立相应的管理委员会或类似机构,并能有效地行使所赋予的职权。

ⅰ The administrative committee or similar governing body functions effectively according to the law.

2. 项目建立重大问题民主协商与科学决策制度和健全的监督机制,并遵照章程或协议从事办学活动。

ⅱ The administrative committee shall set up the system of democratic consultation, scientific decision-making and complete supervision according to the contract.

3. 项目主要行政人员的资历符合有关规定,并能依法自主行使行政管理职权。

ⅲ The qualifications of the chief executive officers meet the relevant requirements, and could exercise the executive power according to the law.

4. 项目内部规章制度的制定与实施,体现民主、公开的原则,项目的运作得到中外合作双方学校的支持。

ⅳ The establishment and implement of the regulations and systems of the program shall be on the principles of democracy and openess. The operation of the program is supported by both the Chinese and foreign cooperative schools.

三、教职人员

Ⅲ. Staff

1. 中外双方教职人员在资历上达到规定的要求,外方教师在数量上符合双方签订的协议,并遵守外国人员在中国就业的有关规定。

ⅰ The quality of both Chinese and foreign staff shall meet the requirements of the regulation. The amount of the foreign teachers shall be in accordance with the agreement, and the foreign employees shall abide by the relevant provisions on employment of foreigners in China.

2. 项目依法制定了公平、合理的教师聘用政策,有明确的教师选拔程序和标准。

ⅱ The program shall work out a just and sound personnel policy with clear procedures and standards.

3. 项目有一支数量充足、结构合理、师德优良、相对稳定的教师队伍,能确保教育教学任务的完成。

ⅲ The faculty of the program is sufficient in number, well-structured, excellent in moral and relevantly stable and make sure that the educational tasks will be achieved.

4. 教职人员的工作任务与办学宗旨和目标一致,能够有效地履行教师工作职责,在教育教学过程中不得从事宗教活动。

ⅳ The mission of the staff shall meet with the goals and objectives of the program. Religious activities are not permitted in the process of teaching. The responsibilities of the teachers shall be carried out sufficiently.

5. 项目支持教师的专业发展,并为教师的教学改革、业务培训和学术活动提供机会和创造条件。

ⅴ The program shall support the professional development of teacher, and provide opportunities and conditions for their teaching reform, training and other relevant academic activities.

四、招生与学生服务
Ⅳ. Student Enrollment and Services

1. 项目实行与办学宗旨和目标一致的招生政策,依照中国相关法规和项目协议确定招生范围、入学条件和招生方式等,广告如实反映项目的现实状况。

ⅰ The policy of student enrollment shall be in accordance with the educational goals and objectives of the program. The scope, requirements and measures of student enrollment shall be conducted in accordance with the relevant provisions of the State. Its advertisement shall reflect the fact of the program.

2. 项目创设良好的学习环境,有合格的教辅人员为学生提供指导与服务。

ⅱ The program shall provide good study environment, and have qualified staff to provide instructions and services for students.

3. 学生的学籍档案全面、准确,并能得到妥善保存,制定学生服务的政策和程序,并周期性地对学生服务工作进行评估。

ⅲ The files of student's study are well maintained. The program works out the policies and procedures of student services, and regularly evaluate this kind of services.

4. 项目明确学生的权利和义务,学生有表达自己意愿的渠道,所反映的意见和建议能得到及时反馈和妥善解决。

ⅳ The program shall make clear the rights and duties of the students. Students shall have the access to express their wish. There shall be the feedbacks of their suggestions and opinions, and problems shall be solved on time.

5. 项目为学生的境外交流和进修创造机会和条件。

ⅴ The program shall create opportunities and conditions for students' overseas exchange.

五、课程与教学

V. Curriculum and Teaching

1. 项目开设与办学宗旨和目标相一致的专业和课程,教学内容符合中国相关法规的要求,尊重中外合作双方的民族文化和民族情感。

ⅰ The program and courses shall be conducted in accordance with the educational goals and objectives. The teaching content shall be conducted in accordance with the relevant provisions of the State, and respect the nation's culture and emotion of both sides.

2. 项目根据国内需要引进国外先进的课程和教材,颁发学历、学位文凭的课程设置,不低于所属国相应的标准和要求。

ⅱ The program shall introduce foreign advanced courses and teaching materials that are needed in China. Courses which provide certificates of academic qualifications or certificates of academic degrees shall not under the standards and requirements of its own country.

3. 项目对各项教学活动进行系统安排,合理配置教学资源,能满足学生的发展需要。

ⅲ The program shall arrange the teaching activities as a whole, and distribute teaching resources in order to satisfy the development needs of student development.

4. 教师能严格执行教学计划,有必要调整前能妥善做好安排,有效运用多种教学方法进行针对性的教学,满足不同学生的学习需求。

ⅳ Teachers shall carry out the teaching plan strictly and make necessary adjustment. Various teaching methods shall be adopted to satisfy the different needs of the students.

5. 项目有开发教学资源的意识,能够充分利用中外教职人员文化的、种族的多样性,促进跨文化的交流和学习。

ⅴ The program shall have the sense of exploiting teaching resources and promote cultural exchange through the cultural and national diversity of Chinese and foreign staff.

六、质量保证

VI. Quality Assurance

1. 项目建立了自我质量保证体系,各项工作有明确的质量标准,决策、执行、评价、信息反馈与控制等系统相互衔接、运行良好。

ⅰ The program shall set up an internal quality assurance system, which contains clear quality standards. Systems such as decision-making, implementation, evaluation, information feedback and control shall be well connected and functioned.

2. 项目对办学政策、资源配置、改革措施的合理性和实效性进行评估,并不断提出改进措施。

ii　The program shall evaluate the rationality and effectiveness of educational policy, resource distribution and reform measures, and constantly put forward measures for improvement.

3. 项目定期审核课程设置、教学大纲和教学计划等,开展多样化的教学评价,确保教学目标的有效达成。

iii　The program shall reguarly audit the curriculum setting, teaching outlines and plans. Various teaching assessments shall be carried out to ensure the effectiveness of the educational goals.

4. 项目建立教师评价制度,有明确的教学工作质量标准,经常开展教学评价活动,着力于改进教学和促进教师专业发展。

iv　The program shall set up a system of evaluation for teachers, and shall often carry out the evaluation activities with clearly-defined teaching standards in order to improve teaching and professional development of teachers.

5. 项目对学生的学业成就及行为表现进行多样化的评价,其结果作为改进教育教学工作的基本依据。

v　The program shall carry out various assessments on students learning results and performance, and utilize the results to improve the education and teaching.

七、设施设备
Ⅶ. Facilities

1. 项目有充足的物质资源,特别是校舍设施和教学设备等,达到中国同级同类教育项目的办学标准,满足教学活动的需要。

i　The program has sufficient physical resources, especially teaching buildings and equipments which shall fit the standards for the same level and type of program in china and meet the requirements of teaching.

2. 项目有适当规模的图书馆或信息中心能够为教师、学生提供必需的图书信息资料,为教学活动提供便利、高效的服务。

ii　The program shall have a library or information center with proper scale, which could provide the necessary books or information for teachers and students.

3. 项目对办学设施的使用、保管、更新和维修有明确的政策、规则和程序,有应对紧急情况的预案。

iii　The program shall have clear policy, rules and procedures on utilization, storage, renewal and maintenance of the facilities. There shall be counter plans for the emergencies.

八、财务与资产管理

VIII. Assets and Financial Management

1. 项目的办学收费项目和标准得到物价部门的核准,并在招生简章和招生广告中载明,没有违法违规的现象。

ⅰ The items and standards of fees of the program shall be approved by the relevant price department, and shall be stated in regulations and advertisements of student enrollment. There shall be no violation of the laws and regulations.

2. 项目建立经费的筹集、管理和分配制度,有保障办学活动正常进行的经费来源,并具备应对突发财政危机或可能出现困难的能力。

ⅱ The program shall set up systems of raise, management and distribution of the funds, ensure the financial resources for the educational activities and shall be able to deal with the sudden financial crisis.

3. 项目有健全的财务、会计制度,按照有关法规进行会计核算和接受财务审计,并在适当范围内公布财务报告和审计结果。

ⅲ The program shall establish and improve their financial and accounting systems, and prepare for the audit in accordance with the law. The financial report and audit findings shall be publicized within certain areas.

4. 项目能按照有关规定和资产管理制度,对国有资产和所接受的捐赠财产依法进行使用、监督和管理,确保国有资产的保值和增值。

ⅳ The State assets and the donated assets shall be utilized, supervised and managed in accordance with regulations and assets management systems, and ensure its value and increment.

九、公共关系和社会诚信

IX. Public Relationship and Reputation

1. 项目内各方人员之间的关系和谐融洽,能充分利用合作双方及所在国的公共资源和社会关系。

ⅰ The relationship between the people in the program is harmonious. The program could utilite the public resources of both the Chinese and foreign partners.

2. 项目公布的信息真实准确,相互一致,并准确地反映了项目的现状和发展。

ⅱ The information published by the program is accurate and consistent with one another, which could exectly reflect the development of the program.

3. 项目建立毕业或结业学生的跟踪调查制度,办学质量得到毕业生、学生家长的认可和用人单位、社会各界的好评。

ⅲ The program shall keep a well cooperative relation with the relevant employers, commit teaching and other social services and make remarkable achievements.

郑 重 声 明

　　高等教育出版社依法对本书享有专有出版权。任何未经许可的复制、销售行为均违反《中华人民共和国著作权法》，其行为人将承担相应的民事责任和行政责任，构成犯罪的，将被依法追究刑事责任。为了维护市场秩序，保护读者的合法权益，避免读者误用盗版书造成不良后果，我社将配合行政执法部门和司法机关对违法犯罪的单位和个人给予严厉打击。社会各界人士如发现上述侵权行为，希望及时举报，本社将奖励举报有功人员。

反盗版举报电话：(010)58581897/58581896/58581879

反盗版举报传真：(010)82086060

E - mail：dd@hep.com.cn

通信地址：北京市西城区德外大街 4 号

　　　　　　高等教育出版社打击盗版办公室

邮　　编：100120

购书请拨打电话：(010)58581118

策划编辑	孔全会　刘金菊
责任编辑	王友富
封面设计	王　雎
责任绘图	黄建英
版式设计	范晓红
责任校对	王　雨
责任印制	